U0165542

訴訟文書撰寫範例

非訟編

增訂三版

吳光陸 主編

五南圖書出版公司 印行

序

　　古有明訓「工欲善其事，必先利其器」，法律實務之處理，書狀係一重要之方式，即在處理實務時，往往需用書狀，而書狀之撰寫，不僅必須要合乎法律規定之程式，其內容亦須切題，正確表達該書狀所欲表達之意思。而此表達不僅要言簡意賅，且須適時表明證據，以彰顯書寫內容之確實，俾法院接受。

　　五南圖書公司在法律書籍之出版不遺餘力，為了使讀者正確撰寫書狀，囑余邀集有實務經驗，又富有學理之律師撰寫「訴訟文書撰寫範例」以供使用，本套書狀共分四冊，分別為民事、刑事、行政訴訟及非訟事件等書狀範例，本書為非訟篇，其內容係以法院辦理之非訟事件為主，包括聲請拍賣抵押物裁定、聲請本票裁定、大陸地區裁判認可、仲裁、公司法內之非訟事件、強制執行、破產等，於每一範例，分別以假設之案例撰寫其書狀，並有撰寫說明、相關法條及裁判要旨，希讀者能舉一反三，靈活運用。

　　當然，法律規定係抽象者，實際案件變化萬千，以上撰寫之範例均係就常見者撰寫，若遇有事實或法律關係複雜者，仍以委請專業之律師為宜，以免誤用而損及自己之權利。

　　本書得以完成，感謝本所助理涂淑蘋、蔡維娜繕打書稿，特此致謝。

吳光陸

民國100年9月19日

精誠法律事務所

目　錄

CONTENTS

導　論

一、非訟書狀簡介

(一) 非訟程序與種類

　　非訟程序係指民事訴訟以外之程序，有屬民事、家事及商事性質，其範圍甚廣，包括假扣押、假處分之保全程序、聲請拍賣抵押物、法人登記、土地登記、公司登記、強制執行、破產、公證等，尤其家事事件法施行後，其第3條之丁類、戊類及其他非家事訴訟事件均適用該法第四編之家事非訟事件，範圍更廣。有由法院處理者，亦有法院以外之機關處理，例如地政事務所等，除非訟事件法有規定外，另公證法、土地登記規則、強制執行法等，甚至民事訴訟法及家事事件法、公司法均有非訟事件規定，其種類非常之多，其中有僅需填寫表格者，例如法人登記、土地登記，亦有需用書狀。一般言之，此與受理機關有關，即受理者為行政機關，僅需填寫表格，但如為法院，則需書狀，本書僅就需向法院聲請之常用者撰寫。又民事訴訟法中之非訟事件，可參閱本套書之民事書狀部分。

(二) 非訟書狀之組成

　　依非訟事件法第29條第1項「聲請或陳述，除另有規定外，得以書狀或言詞為之。」及家事事件法第75條第1項「聲請或陳述，除別有規定外，得以書狀或言詞為之。」故除可用陳述外，原則上應以書面聲請，而此聲請狀依民事訴訟法第116條至第118條、非訟事件法第30條、家事事件法第75條規定，均有一定格式，一般言之，該書狀由案號欄、股別欄、當事人欄、事實暨理由欄、證據欄、管轄法院名稱欄、日期欄、具狀人及撰狀人欄組成，茲分述如下：

1.案號欄

　　係法院受理後編列者，除第一次具狀聲請，因尚未編號，毋庸填寫外，以後如有具狀，則宜填寫，以方便法院迅速地將書狀分發到承辦人員手上，但如未填寫，法院仍會查明交承辦人員。

2.股別欄

　　法院內部為了區別各承辦人員，均會設置股別，因此可按通知書或傳票上之股別填寫。同上，第一次具狀不需填寫，爾後，始須填寫，如未填寫，亦無不可。

3.當事人欄

非訟事件書狀大多均有對立之兩造，但亦有無者，僅一造聲請，故視狀況記載，一般以聲請人、相對人形式記載，即在聲請人或相對人下，記載其姓名或名稱、住所或居所，毋庸記載年齡等，除有未成年人需由法定代理人代理者，始需記載年齡。又如有指定送達代收人者，應將送達代收人之姓名及住址載明，或再加記電話號碼，以便法院連絡。上開住居所之記載，如依法應保密，可記載送達住所，例如家庭暴力防治法第12條第2項「前項聲請得不記載聲請人或被害人之住居所，僅記載其送達處所。」

4.理由欄

即書狀之內容欄。

5.證人欄

書寫證人姓名及住址，以供法官傳喚。

6.證物欄

書寫檢附證物簡稱，並按順序分證物1、證物2……。

7.管轄法院名稱欄

即該書狀送交之受理法院。例如：臺灣臺中地方法院、臺灣高等法院臺中分院、最高法院……等。至於應由何法院管轄，視各該書狀之事件性質定之。

8.日期欄

如係親自送狀給法院，即送交之當天日期。如係郵寄，則為撰寫該書狀之日。

9.具狀人欄

即撰此書狀之當事人姓名，如無代理人，具狀人應在此簽名或蓋章。

10.撰狀人欄

如係代理人撰寫書狀，則由代理人在此具名，並簽名或蓋章，但需附委任狀，具狀人欄可以不由具狀人簽名、蓋章，但仍應記載其姓名。

二、如何撰寫非訟書狀

(一) 撰狀之前置工作

　　撰寫非訟書狀乃是相當需要專業知識及實務經驗，方能達到言簡意賅之效果，因此以委託專業律師為之較妥，但遇有親自撰擬時，究竟應做哪些準備呢？茲分述如下：

1.最新之六法全書

　　撰寫書狀牽涉當事人的主張或答辯的內容、甚至引用之法條等，這些事項往往規定於法令之中，當事人如未能先行查索相關法令的規定，必然容易造成錯誤，致損及自身權益，尤其目前法律修正頻繁，更應注意最新規定。例如：民法之繼承，在民國97年修正後，民國98年又修正。因此，為了查詢最新的法條以避免引用錯誤，首先必須準備最新的六法全書。此外，亦可至立法院網站之法律系統查詢，網址為http://lis.ly.gov.tw/lgc.gi/lglaw。

2.查閱相關實務見解

　　抽象的法條在具體適用時，常會產生見解的不同，故除了須知悉法條外，尚須瞭解該法條具體適用的情形以為參考，如：大法官會議解釋、最高法院判例、判決、最高法院民庭總會決議、法律問題座談會座談意見、司法院司法業務研究會研究意見……等。既要參考這些資料，即須查閱相關判解叢書，例如：「最高法院判例要旨」、「最高法院民刑事裁判選輯」、「大法官會議解釋彙編」、「民事法律問題研究彙編」、「刑事法律問題研究彙編」……等書。目前司法院已提供一套非常實用之法學資料檢索系統，網址為http://jirs.judicial.gov.tw/Index.htm。

3.分析案件事實

　　撰狀必須明瞭案件之事實經過，將該案件之人事時地物徹底掌握，明瞭歷史事實及證據主張方法，如此才能掌握案件的有利發展，切勿含混，俾免不利於己，並造成法院處理困擾，延誤時間。

4.研究法律關係

　　撰狀除應先明瞭案件的事實及主張證據的方法外，還須研究其法律關係。例如：拍賣抵押物裁定，該抵押權究為最高限額或普通，此涉及須否提出債權證明文件。

(二) 撰狀技巧

1.書狀名稱要正確

　　表明書狀之目的，常用者爲聲請狀、答辯狀，視案件具體實際狀況使用之。

2.當事人欄之稱謂要精確

　　表明書狀具狀者之身分，即當事人欄之稱謂，常用者爲聲請人、相對人。

3.狀前語須載明

　　即案由，在緊接當事人欄後的第一行撰寫，用來表明該狀之用意。當用之狀前語，例如：爲聲請拍賣抵押物裁定事，爲清償債務聲請強制執行事。

4.理由及證據之引用

(1) 主要原則

　　不論何種書狀，其內容均涉及事實、理由及證據之引用，雖然非訟事件書狀只有理由欄，無事實欄，但此理由包括事實，例如聲請本票裁定，在理由欄即需先載明持有相對人簽發之何一本票（此即爲事實），再表明依票據法第123條聲請裁定。撰狀時，此部分需正確，因爲誤載事實及錯引法條、甚至將證據附載錯誤，均會導致法院之錯誤判斷，故必須愼重，不可草率行之。因此，撰狀必須：

　　①事實明確，掌握人、事、時、地、物。
　　②理由周詳，引用法條、法理、判解……等。
　　③證據確鑿，辯解有據。

(2) 敘述要領

　　①聲請狀「理由」欄，應將撰寫本狀所主張之事實，簡明扼要敘述，並將有關本事件之時間、地點、人物等加以具體說明。
　　②同一事件，程序問題與實體問題併存時，分段記載之，並先記載程序問題。
　　③同一事件，有兩種以上之事實或法律關係時，分段記載之，每段記載一種事實或法律關係。其有多數當事人而情形各別者，亦同。
　　④分段記載時，斟酌情形，於每段之首冠以編號，大段中再分小段者，亦同。
　　⑤標的如有多項，可以附表代之，例如聲請本票裁定，其本票有數張時，

可以附表記載此數張本票內容。

⑥書狀「理由」欄後加「謹狀」或「此致」二字，該兩字應於緊接次行書
　狀未「公鑒」前一行書寫，此乃為免遭他人增添不實之內容。

⑦關於證據，應記載編號及名稱。

5.標點符號之使用

狀紙中各欄之記載，均應使用新式標點符號，其用法如下：

(1) 逗號〔，〕用於意義未完之語句。

(2) 句號〔。〕用於意意已完之語句。

(3) 引號〔「　」〕凡文中有所引用時用之，多與冒號連用。

(4) 冒號〔：〕用於引敘或總括之文句，如原文照敘時，即與引號連用。

(5) 頓號〔、〕用於分隔句中各對等之詞語。

(6) 圓括號〔（　）〕凡文中有夾註詞句，不與上下文氣相連者用之。

(7) 分號〔；〕用於長句，包括併列之短句或複句中間。

6.狀紙文字之刪增

狀文寫妥之後最好不要增刪，萬一需要增刪，則須在增刪處簽名或蓋章，
並在該刪寫處之前端空白處，註明刪改之字數，例如「增加○○字」或「刪除
○○字」或「刪改○○字」並蓋章。

7.最後仔細檢查

狀紙撰寫完竣，於遞狀以前，應檢查狀末「具狀人」有無署名蓋章，有無
在狀內增刪之處蓋章，並於其增刪之上面書狀空白處首註明增刪或減少之字數
後蓋章，於狀紙銜接處有無加蓋騎縫章（按：不蓋亦可，但為慎重，以蓋章為
宜），作為證物之文件依序排列附於狀尾，視情形而決定是否同時附具送達他
造同數繕本份數（可用白紙繕打或直接影印，無須使用狀紙），另外自留一份
存底，以為自己使用。

三、書狀之遞送

撰寫之書狀，當事人應如何遞送？分為下列三種方法：

(一) 郵寄寄送

即利用中華郵政公司之郵寄寄送，如須繳納裁判費用，可用匯票夾在書狀
上為之。此外，須注意寄送時於信封上應寫明其收受之單位，例如：○○地方

法院。

(二) 送法院之收發單位

　　各級法院於一樓均設有服務中心，可將書狀正本及存底送交該單位之收發，並請收發之人員於書狀存底加蓋法院收受之戳章，用以證明該書狀法院已收訖。

(三) 當庭呈交

　　在法院訊問時，可以利用開庭訊問時當庭呈交。

四、收到法院通知或裁定之處理

　　提出書狀後，法院分別情形為通知或為裁定。

(一) 通知

1. 例如拋棄繼承，法院查明聲請無誤，會通知准予備查，此時應妥善保管該通知，以備他日有需要時提出，以為證明已拋棄繼承。
2. 如提出書狀有欠缺應附之文件，例如戶籍文件，法院通知補正，則應依其意旨補正，如有不明，可向承辦人員洽詢。

(二) 裁定

1. 裁定准許者，例如聲請拍賣抵押物裁定，法院審核無誤後，會裁定准許，如無意見，待法院核發確定證明書後，可持該裁定及確定證明書進一步聲請強制執行。
2. 不服裁定者，視裁定人為法官或司法事務官可以抗告或異議救濟。例如法官不准以仲裁判斷聲請強制執行而裁定駁回，或相對人就准予拍賣抵押物裁定認清償期未屆至不可准許，則對此不利於己之裁定可以抗告，由抗告法院處理（按：如法律規定不准抗告者，始不可抗告）。又如本票裁定或假扣押裁定、強制執行程序中之裁定係由司法事務官為之，因裁定僅法官有權為之，依民事訴訟法第240條之3規定「司法事務官處理事件所為之處分，與法院所為者有同一之效力。」或依強制執行法第30條之1準用該規定，司法事務官有權依上開規定為裁定，但其裁定實為處分性質，不可對此裁定抗告，即對此處分不服應依第240條之4第1項前段「當事人對於司法事務官處理事件所為之終局處分，得於處分送達後十日之不變期間內，以書狀向司法事務官提出異議。」第2項「司法事務官認前項異議有理由時，應另為適當之處分；

認異議爲無理由者，應送請法院裁定之。」第3項「法院認第一項之異議爲有理由時，應爲適當之裁定；認異議爲無理由者，應以裁定駁回之。」處理，即對司法事務官之裁定不服，於十日之不變期間以書狀異議，如司法事務官認異議無理由，再由其法官審查司法事務官處分是否無誤而爲裁定，此時對法官之裁定不服，始可抗告。

(三) 抗告狀或異議狀之撰寫

抗告狀之撰寫，類似聲請狀，需表明抗告理由，即就裁定不利於己者，載明其裁定錯誤之理由。法院裁定是否准許，應視法律規定，由於本書所附書狀格式均係有法律依據，故不服者，提出抗告時，可審查各該書狀範例之說明，本書未就每一書狀附抗告狀內容，茲就此撰寫下列範例，以供參考。至於對抗告法院之裁定不服，符合再抗告條件者，可提起再抗告，但因民事訴訟法第486條第4項「除前二項之情形外，對於抗告法院之裁定再爲抗告，僅得以其適用法規顯有錯誤爲理由。」及第495條之1第2項「第四百三十六條之二第一項之逕向最高法院抗告、第四百八十六條第四項之再爲抗告，準用第三編第二章之規定。」準用第466條之1第1項「對於第二審判決上訴，上訴人應委任律師爲訴訟代理人。但上訴人或其法定代理人具有律師資格者，不在此限。」應由律師代理，不可由當事人自爲再抗告。

至於抗告之管轄法院，則視該事件而定，例如依民事訴訟法之假扣押、假處分事件，就此法官裁定抗告係依民事訴訟法第486條第1項「抗告，除別有規定外，由直接上級法院裁定。」由上級法院管轄，強制執行事件依第30條之1準用民事訴訟法，亦由上級法院裁定，但非訟事件，依非訟事件法第44條第1項「抗告，除法律另有規定外，由地方法院以合議裁定之。」仍由地方法院管轄，故對拍賣抵押物裁定、本票裁定抗告，其管轄法院爲原裁定之地方法院。

異議狀之撰寫，與抗告狀相同，載明不服之理由，其管轄法院仍爲原法院。茲就此範例撰寫如後，可供參考。

(四) 異議狀範例

1.對駁回假扣押裁定提起異議

狀別：民事異議狀
案號：○○○年度司裁全字第○○○號
異　議　人　甲　　　　　　新竹市東區○○路○○號

相　對　人　乙有限公司　臺中市南屯區○○號
法定代理人　A　　　　　住同上
相　對　人　丙　　　　　住同上
　　為聲請假扣押裁定事件，不服臺灣臺中地方法院○○○年度司裁全字第
○○○號裁定，依法異議事。
　　　　　異議聲明
一、原裁定廢棄。
二、上開廢棄部分，請准異議人以現金為擔保，就相對人之財產在新臺幣
　　○○○元之範圍內假扣押。
三、異議費用及聲請程序費用由相對人等負擔。
　　　　　理由
一、原裁定駁回異議人本件聲請，係以異議人就假扣押原因即債務人有日後
　　不能強制執行或甚難執行之虞，僅提出第三人陳○怡泛稱「據聞乙公司
　　及丙目前財務困難，已在處分財產」之證明書，實難認已有釋明，異議
　　人既未提出任何可供法院得隨時進行調查之證據，異議人之聲請即不應
　　准許，駁回異議人之聲請。
二、惟查：
(一) 民事訴訟法第526條第1項「請求及假扣押之原因，應釋明之。」第2項
　　「前項釋明如有不足，而債權人陳明願供擔保或法院認為適當者，法院
　　得定相當之擔保，命供擔保後為假扣押。」就假扣押原因釋明一事之爭
　　議，學者吳從周已予說明：「伍、結論一、就民訴法第526條第2項修正
　　必要性而言：本文認為，其實只要將舊法之『雖未為釋明』與新法之雖
　　經釋明，但『釋明不足』，相對於第3項之『已達釋明程度』，解為同
　　屬『未達（完全）釋明之程度』，因此都是發生應否以『供擔保』代替
　　（完全）『釋明』之效果，二者只是分量與程度的不同而已，並將新法
　　或舊法均以『未達釋明程度』或『未完成釋明』加以相同看待，再由法
　　院本於其心證程度判斷是否准許命供擔保以代釋明，或許即可以緩和新
　　舊法適用上的變化與歧異，並且貫徹原來第二項規定保護債權人之立法
　　初衷。二、修正後之新法應注意『釋明』之程度，降低法院心證度之標
　　準，證明度只要超過50%心證度的『優勢蓋然性』即可，也就是以債權
　　人及債務人所提出之證據，何者較為可信加以比較，如果債權人證明之

『保全必要性』事實的存在機率較高，即應准許可供擔保命爲假扣押。此外，我國學說及實務對於釋明之對象即『假扣押之原因』或『保全之必要性』之內涵，闡述較少，本文特詳細加以介紹，並歸納與評析實務上的幾個案例，俾供法院在新法適用上之參考。」（抗證3），未釋明與釋明不足應可同視，可供參考。

(二) 依辦理民事訴訟事件應行注意事項第89點「民事訴訟法條文中所用釋明一語，乃相對於證明而言。證明與釋明，均係當事人提出證據使法院得生心證之行爲。證明必須使法院信爲確係如此。釋明祗須使法院信爲大概如此，無須遵守嚴格之形式上證據程序，釋明不可解爲敍明或說明之意。法律規定某事實應釋明者，當事人提出之證據能使法院信爲大概如此，即爲已足，其所用之證據，固以可即時調查者爲原則，如偕同證人、鑑定人到場，添具證物於提出之書狀或攜帶到場等是。但依證據之性質不能即時調查者，如證人確實不能到場，而依事件之性質認爲適當且不致延滯訴訟時，法院得延展期日而爲調查或允許證人提出書面陳述（含經公證及未經公證者）以代到庭作證等，不在此限。（民事訴訟法二八四）」、最高法院99年度台抗字第768號裁定「釋明，乃當事人提出證據，使法院產生較薄弱之心證，相信其主張之事實大致可信之行爲，有別於應爲證明者，須其提出之證據達到使法院產生強固心證，確信其主張爲眞實之程度。又依前開規定，只須債權人有所釋明，縱未達到使法院產生較薄弱之心證，相信其主張之事實大致可信之程度，亦屬釋明不足，而非全無釋明，如債權人陳明願供擔保或法院認爲適當者，法院得定相當之擔保，命供擔保後爲假扣押，可知法律要求債權人聲請假扣押時，應爲舉證之程度甚低。法律所以爲此設計，係鑑於假扣押程序之急迫性，通常難以期待債權人於聲請假扣押前，得提出債務人之全體財產變動狀況之證據，以資與聲請保全之債權比較，作爲判斷日後有無不能或難予強制執行之虞。」100年度台抗字第61號裁定「按證明與釋明在構成法院之心證上程度未盡相同，所謂證明者，係指當事人提出之證據方法，足使法院產生堅強之心證，可以完全確信其主張爲眞實而言，與釋明云者，爲當事人提出之證據未能使法院達於確信之程度，僅在使法院得薄弱之心證，信其事實上之主張大概爲如此者有間，二者非性質上之區別，乃分量上之不同。是依當事人之陳述及提出之相關證據，倘可

使法院得薄弱之心證,信其事實上之主張大概爲如此者,自不得謂爲未釋明。且依前開規定,只須債權人有所釋明,縱未達到使法院產生較薄弱之心證,相信其主張之事實大致可信之程度,亦屬釋明不足,而非全無釋明,如債權人陳明願供擔保或法院認爲適當者,法院得定相當之擔保,命供擔保後爲假扣押。」100年度台抗字第63號裁定「又釋明,得用可使法院信其主張爲真實且得即時調查之一切證據,包括人證、文書、鑑定、勘驗、當事人本人訊問等,其與證明在分量上並不相同,凡當事人提出證據,雖未能使法院達於確信之證明程度,但可使法院得薄弱之心證,信其事實上之主張大概爲如此者,應認已盡釋明之責。」102年度台抗字第60號裁定「當事人所提出之證據,足使法院產生堅強之心證,確信其主張爲真實者,即爲所稱之證明,而當事人所提出之證據,僅使法院產生薄弱之心證,信其事實上之主張大概爲如此者,則爲釋明。故法院依當事人之陳述或提出之證據而得有薄弱之心證,並信其事實上之主張大概爲如此者,自不得謂其未釋明。至債權人經釋明,縱因釋明不足而未能使法院產生心證,仍非全然無釋明,如其願供擔保或法院認有適當者,法院自得命供相當之擔保後爲假扣押。」104年度台抗字第712號裁定「按民事訴訟法第526條第1項規定,債權人聲請假扣押,就請求及假扣押之原因,應予以釋明,在此所謂『釋明』,係指當事人提出之證據足使法院得薄弱之心證,信其事實上之主張大概爲如此者。此與『證明』必須係當事人提出之證據方法,足使法院產生堅強之心證,可以完全確信其主張爲真實,兩者間有所不同。」是爲釋明提出之證據,本不以嚴格爲必要,且所謂以可即時調查者爲原則,即包含添具證物於提出之書狀,故當事人提出之資料表明爲釋明之證據,即屬已提出釋明,至多係其釋明足夠與否,並非全無證據以爲釋明。本件異議人提出之存證信函暨回執及負責處理帳務之第三人陳○怡出具證明書等文書資料(參見聲證5、6),已表明係爲釋明本件假扣押之原因,即爲釋明之證據,如何能謂異議人未盡釋明之責,至多僅釋明尚有不足。

(三) 又參照最高法院98年台抗字第746號裁定「按假扣押制度乃爲保全債權人將來之強制執行,並得命其供擔保以兼顧債務人權益之保障,所設暫時而迅速之簡易執行程序,是民事訴訟法第五百二十三條第一項所稱『有日後不能強制執行或甚難執行之虞』之『假扣押之原因』者,本不以債

務人浪費財產、增加負擔或將其財產為不利益之處分，致達於無資力之狀態，或債務人移住遠方、逃匿無蹤或隱匿財產等積極作為之情形為限，祇須合於該條項『有日後不能強制執行或甚難執行之虞』之條件，即足當之。倘債務人對債權人應給付之金錢或得易為金錢請求之債權，經催告後仍斷然堅決拒絕給付，且債務人現存之既有財產，已瀕臨成為無資力之情形，或與債權人之債權相差懸殊，將無法或不足清償滿足該債權，在一般社會之通念上，可認其將來有不能強制執行或甚難執行之虞之情事時，亦應涵攝在內。」則一方面相對人對於異議人之請求均未加置理，另一方面相對人楊○威公司於100年7月29日設立，登記資本額僅有25萬元（抗證2），衡情以此資本額狀況未能完全清償，是依上開實務見解，異議人提出之證據，應有釋明假扣押之原因，並非全無釋明。

三、綜上所述，原裁定誤以異議人未盡釋明假扣押原因，實有不當，懇請鈞院廢棄原裁定，改裁定如異議聲明所示，俾維異議人權益，實感至德。

　　　　　　謹狀

臺灣臺中地方法院　公鑒

證物：

證1：臺灣法學雜誌第187期，吳從周撰論供擔保代明之假扣押文章影本1件。

證2：商業登記公示資料1件。

中　華　民　國　○○　年　○○　月　○○　日

　　　　具狀人　甲　　印

2.對駁回強制執行者提起異議

狀別：民事異議狀

原審法院臺灣臺中地方法院案號：○○年執字第○○號

抗　告　人　甲　　　　住臺中市大里區○○路○○號

即債權人

相　對　人　丙　　　　住臺中市西區○○街○○號

即債務人

為不服臺灣臺中地方法院○○年執字第○○號裁定提起異議事。

　　　　　異議聲明
一、原裁定廢棄。
二、本件請准予強制執行。
三、異議費用及聲請程序費用由相對人負擔。
　　　　　理由
　　本件異議人持有　鈞院民事確定判決聲請對丙強制執行，係因丙爲該判決被告乙之繼承人，即因乙已死亡，丙爲其繼承人，遂依強制執行法第4條第1項第1款及第4條之2第1項第1款聲請對丙強制執行，詎　鈞院以丙已拋棄繼承爲由駁回抗告人之聲請。
　惟查丙並未拋棄繼承，此由卷內並無法院核備之拋棄繼承文件，是　鈞院否准異議人之聲請強制執行有誤，爲此提起異議。
　　　　　　　謹狀
臺灣臺中地方法院　公鑒
中　　華　　民　　國　　100　　年　　3　　月　　5　　日
　　　　　　具狀人　甲　㊞

(五) 抗告狀範例

相對人對拍賣抵押物裁定抗告

狀別：民事抗告狀
原審法院臺灣南投地方法院
案號：100年拍字第113號
股別：愼股
抗　告　人　　甲　　　　　　住南投縣南投市○○路○○號
即債務人
相　對　人　　乙　　　　　　詳卷
即債權人
爲聲請拍賣抵押物裁定事件，提起抗告事。
　　　　　抗告聲明
一、原裁定廢棄。
二、相對人在原審法院之聲請駁回。

三、抗告費用及聲請費用由相對人負擔。

　　　　　理由

　　　原審法院裁定，准相對人拍賣抗告人所有之不動產，惟查本件係最高限額抵押權，抗告人於抵押權設定後，未向相對人借款700萬元，亦未簽發本票，原審法院在未查明相對人對抗告人有無債權證明文件即准予拍賣抗告人之不動產，顯有違誤，敬請廢棄原裁定，另爲適法之裁定。

　　　　　　謹狀

臺灣南投地方法院　公鑒

中　華　民　國　100　年　5　月　5　日

　　　　　具狀人　甲　　印

狀別：民事抗告狀

原審法院臺灣臺中地方法院

案號：100年拍字第2582號

股別：厥股

抗　告　人　甲　　　　　　　住臺中市大安區○○路○○號
即債務人

相　對　人　乙　　　　　　　詳卷
即債權人

爲拍賣抵押物事件，提起抗告事。

　　　　　抗告聲明

一、原裁定廢棄。

二、相對人在原審法院之聲請駁回。

三、抗告費用及聲請費用由相對人負擔。

　　　　　理由

　　　原審法院裁定謂：因抗告人對相對人負債50萬元，已屆民國97年6月25日清償期而未爲清償，爲此聲請准予拍賣抵押物，經核其所提出之他項權利證明書：不動產登記簿謄本、抵押權設定契約書等尚無不合，應予准許云云，但查：

一、抗告人非系爭抵押物之所有權人，也非抵押設定契約書之債務人，抗告人更未積欠相對人50萬元，上開裁定竟對抗告人裁定拍賣抵押物，依法

未合。

二、抗告人已拋棄對被繼承人丙之繼承權，此有臺灣臺中地方法院89年12月4
　　日中院洋允89繼字第811號家事法庭函可證，故抗告人依法不應繼承丙之
　　債務。

三、基上所述，上開裁定謂抗告人以系爭不動產向相對人設定50萬元之抵押
　　權並准予拍賣抵押物乙節，於法有違，敬請廢棄上開裁定，另為適法裁
　　定。

　　　　　　　謹狀

臺灣臺中地方法院　公鑒

證物：臺灣臺中地方法院家事民事庭函影本1件。

中　　華　　民　　國　　100　年　　5　月　　5　日

　　　　　　　　　具狀人　甲　　印

相關法條及裁判要旨

■非訟事件法第44條：

抗告，除法律另有規定外，由地方法院以合議裁定之。

抗告法院之裁定，應附理由。

五、卷宗檔案之整理

　　書狀之遞狀、法院文件及他造書狀之收受，應妥為處理。

　　目前律師事務所處理當事人的文件，也均裝訂成一卷宗，按照該書狀或裁
判書類之時間順序，有秩序地加以整理，如有收狀條或收據時，則將之與該類
書狀集中一起，俾便於查案。有些當事人不知整理訴訟資料，於有需要查閱
時，即無資料可用，致影響權益，所以今後處理非訟書狀，養成整理卷宗的習
慣，有助於瞭解案件進行的情形，以及資料的查閱。

各類書狀範例

一、聲請拍賣抵押物裁定（民法第873條）

(一) 普通抵押權

案例事實

　　甲向乙借得1,000萬元，以坐落臺中市清水區之一筆土地及該地上建物設定抵押權1,000萬元為擔保，約定清償日為民國102年5月1日，屆期未清償，乙為行使抵押權以追討借款，乃對甲聲請拍賣抵押物裁定，以便向法院聲請強制執行。

撰狀說明

(1)抵押權係為擔保債務清償，如未清償，依民法第873條規定「抵押權人，於債權已屆清償期，而未受清償者，得聲請法院，拍賣抵押物，就其賣得價金而受清償。」可聲請拍賣抵押物。即為行使抵押權，依強制執行法第4條第1項，需有執行名義始可強制執行拍賣抵押物，故需先取得拍賣抵押物裁定，為該項第5款之執行名義。至此聲請應向抵押物所在地法院聲請。

(2)本件係普通抵押權，故毋須提出債權證明文件，但抵押權設定契約書有註明以借據或支票為憑者，即應提出借據或支票，並於書狀表明。

(3)拍賣抵押物裁定程序係非訟事件，法院僅形式審查抵押權是否登記，至於是否真有債務、債務之數額是否如抵押權人主張、抵押權是否無效，均不審酌，有爭執時，由債務人另行循民事訴訟程序提起確認抵押債權不存在或抵押權不存在之訴訟解決。

(4)狀首之訴訟標的金額係為法院收狀時計算裁判費之依據，不寫亦可，收狀人員須就狀內資料尋找判斷，故為方便，仍以書寫為宜。此項金額一般係指聲請人主張權利之金額，在本件抵押權則為登記之擔保金額。

(5)非訟事件法第72條：「民法所定抵押權人、質權人、留置權人及依其他法律所定擔保物權人聲請拍賣擔保物事件，由拍賣物所在地之法院管轄。」故應向抵押物所在地法院聲請裁定。

(6)如抵押物已經其他人先強制執行，除他人係保全執行者外，此時抵押權人可不需取得拍賣抵押物裁定，即可依強制執行法第34條第2項「依法對於執行標的物有擔保物權或優先受償權之債權人，不問其債權已否屆清償期，應提出其權利證明文件，聲明參與分配。」持抵押權證明文件聲明參與分配。

書狀內容

狀別：民事拍賣抵押物聲請狀

訴訟標的金額：1,000萬元

聲　請　人　乙　　　　住臺中市梧棲區○○街○○號

相　對　人　甲　　　　住同上區○○街○○號

為聲請拍賣抵押物裁定事。

　　　　　　聲請事項

一、相對人所有如附表所示之不動產准予拍賣。

二、程序費用由相對人負擔。

　　　　　　理由

　　相對人於民國100年9月5日以如附表所示之不動產設定新臺幣（以下同）1,000萬元抵押權給聲請人，擔保自己向聲請人之借款1,000萬元，利息依年息百分之十計算，清償日期為民國102年5月1日，並經登記在案。

　　詎屆清償期，相對人未予清償，為此依民法第873條及非訟事件法第72條聲請准予裁定拍賣抵押物。

　　　　　　謹呈

臺灣臺中地方法院　公鑒

證物：抵押權設定契約書、他項權利證明書建物登記謄本各1件、土地登記謄本3件。

中　　華　　民　　國　　102　年　　8　月　　11　　日

　　　　　　具狀人　乙　　印

附表

建物部分										所有權人：甲	
編號	建號	基地坐落	建物門牌	主要建材料及房屋層數	建物面積（平方公尺）					權利範圍	備考
					一層	二層	三層	四層	騎樓	總面積		
1	臺中市清水區○○號	臺中市清水區中興段○○地號	臺中市清水區○○路○○號	鋼筋混凝土造	59.8	76.41	76.41	76.41	17.50	306.53	全部	

土地部分								
編號	土 地 坐 落					地目	面積（平方公尺）	權利範圍	備考
	縣市	鄉鎮市區	段	小段	地號				
1	臺中市	清水	中興		○○	建	203	1/2	
2	臺中市	清水	中興		○○	建	231.54	1/2	
3	臺中市	清水	中興		○○	建	42.13	1/2	

相關法條及裁判要旨

■最高法院40年台抗字第80號判例：

抵押權人，於債權已屆清償期，而未受清償，依民法第873條第1項之規定，僅得聲請拍賣抵押物，若債務人對於金錢債務之數額有爭執，則應提起確認之訴，以求解決，自非於聲請拍賣抵押物程序中所得一併請求。

(二) 最高限額抵押權

案例事實

甲以坐落雲林縣之土地設定最高限額抵押權2,040萬元給乙公司，以擔保經銷乙公司之汽車所生債務，嗣因未能清償積欠之汽車貸款，乙公司為行使抵押權而聲請拍賣抵押物裁定。

撰狀說明

除與上述相同外，最高限額抵押權與普通抵押權不同在於聲請拍賣裁定時，須附債權證明文件。蓋最高限額抵押權設定時，並非一定有債權，其係擔保將來於一定期間所發生之債權，民國96年3月修訂之民法第881條之1第1項規定「稱最高限額抵押權者，謂債務人或第三人提供其不動產為擔保，就債權人對債務人一定範圍內之不特定債權，在最高限額內設定之抵押權。」即已明示，修訂前實務見解亦同，故抵押權人須提出債權證明文件，以證明確有債權發生。至此證明文件，法院仍係形式審查。如形式上觀之有債權存在，即會准許，至於其債權實際是否存在、抵押權是否消滅等，非拍賣抵押物裁定所審查，如有爭執，仍須提起民事訴訟以為解決。

書狀內容

狀別：民事拍賣抵押物聲請狀
訴訟標的金額：1,790萬元
聲　請　人　　乙公司　　　　　　設臺北市○○路○○號
法定代理人　　　A　　　　　　　同上
相　對　人　　　甲　　　　　　　住雲林縣虎尾鎮○○路○○號
為聲請拍賣抵押物裁定事。
　　　　　聲請事項
一、相對人所有如附表所示之不動產准予拍賣。
二、程序費用由相對人負擔。
　　　　　理由
　　相對人以如附表所示之不動產設定最高限額新臺幣（以下同）2,040萬元抵押權給聲請人，經於民國100年8月30日登記完畢，擔保相對人與聲請人間所生之過去、現在及將來因經銷汽車所生債務，其存續期間為不定期，清償日違約金等依各個契約約定。嗣後相對人依經銷契約應給付之民國101年貨

款未給付，積欠金額累計2,990萬元。經聲請人多次催討，相對人清償1,200萬元，迄今尚餘1,790萬元未清償，依契約約定，清償期屆至。為此依民法第873條及非訟事件法第72條聲請准予裁定拍賣抵押物。

謹呈

臺灣雲林地方法院 公鑒

證物：抵押權設定契約書、他項權利證明書、土地及建物登記簿謄本、經銷契約影本各1件。

中 華 民 國 102 年 11 月 3 日

具狀人 乙公司 [印]

法定代理人 A [印]

附表

建物部分

編號	建號	基地坐落地號	建物門牌	主要建材料及房屋層數	建物面積（平方公尺）			附屬建物		權利範圍	備考
					一層	二層	總面積	陽台	花台		
1	234	雲林縣○○鄉鎮○○號	雲林縣○○鄉鎮○○號	二層樓房、加強磚造、農舍	308.02	159.90	467.92	8.69		全部	

土地部分

編號	土地坐落					地目	面積（平方公尺）	權利範圍	備考
	縣市	鄉鎮市區	段	小段	地號				
3	雲林縣	○○	○○		○○	田	3317	全部	

相關法條及裁判要旨

■非訟事件法第74條：

最高限額抵押權人聲請拍賣抵押物事件，法院於裁定前，就抵押權所擔保之債權額，應使債務人有陳述意見之機會。

■最高法院71年台抗字第306號判例：

抵押權人聲請拍賣抵押物，在一般抵押，因必先有被擔保之債權存在，而後抵押權始得成立，故祇須抵押權已經登記，且登記之債權已屆清償期而未受清償，法院即應准許之。惟最高限額抵押，抵押權成立時，可不必先有債權存在，縱經登記抵押權，因未登記已有被擔保之債權存在，如債務人或抵押人否認先已有債權存在，或於抵押權成立後，曾有債權發生，而從抵押權人提出之其他文件為形式上之審查，又不能明瞭是否有債權存在時，法院自無由准許拍賣抵押物。

(三) 抵押人死亡

案例事實

　　甲以土地設定最高限額抵押權給乙以擔保借款，嗣甲死亡，乙因該借款未償，為此聲請拍賣抵押物裁定。

撰狀說明

(1)此與前二件不同之處，在於抵押人死亡時，應向何人聲請拍賣抵押物裁定。一般言之，如有繼承人，且已辦理繼承登記，則以抵押物現登記之繼承人為相對人，如未辦理繼承登記，則以全體繼承人為相對人。如有無繼承人不明，則依民法第1177條「繼承開始時，繼承人之有無不明者，由親屬會議於一個月內選定遺產管理人，並將繼承開始及選定遺產管理人之事由，向法院報明。」以遺產管理人為相對人，如未選定，抵押權人可依第1178條第2項「無親屬會議或親屬會議未於前條所定期限內選定遺產管理人者，利害關係人或檢察官，得聲請法院選任遺產管理人，並由法院依前項規定為公示催告。」聲請法院選任遺產管理人。

(2)同理，如抵押物移轉第三人，並辦妥移轉登記，則以第三人為相對人。

(3)同理，如抵押權人死亡、抵押權讓與第三人，亦以繼承登記、抵押權移轉登記之第三人為聲請人。

書狀內容

狀別：民事拍賣抵押物聲請狀
訴訟標的金額：500萬元
聲　請　人　乙　　　　住臺中市大里區○○路○○號
相　對　人　丙　　　　住新北市汐止區○○路○○號
　　（即甲之繼承人）
為聲請拍賣抵押物裁定事。
　　　　聲請事項。
一、相對人所有如附表所示之不動產准予拍賣。
二、程序費用由相對人負擔。
　　　　理由
　　相對人之被繼承人甲於民國94年2月25日以如附表所示之不動產設定最高限額新臺幣（以下同）500萬元抵押權給聲請人，以擔保其對聲請人債務，經

於民國94年3月1日登記完畢，其存續期間爲民國94年2月25日至民國100年5月24日，清償日及違約金依該契約約定（聲證1）。甲於民國94年2月27日簽發面額500萬元本票乙紙給聲請人以借500萬元，到期日爲民國99年5月28日，屆期提示不獲兌現（聲證2），爲此依民法第873條及非訟事件法第72條聲請准予裁定拍賣抵押物。

又甲業於民國96年4月13日死亡（聲證3），丙爲繼承人，已辦妥繼承登記（參見聲證1），爰以丙爲相對人，併此敘明。

謹呈

臺灣士林地方法院　公鑒

證物：

聲證1：土地登記謄本2件、抵押權設定契約書影本及他項權利證明書影本各乙件。

聲證2：本票影本乙件。

聲證3：戶籍謄本影本乙件。

中　　華　　民　　國　　101　年　9　月　1　日

具狀人　乙　　印

附表

土地附表　　　　　　　　　　　　　　　　　　　　　　　　　所有權人：丙

編號	土　　地　　坐　　落					地目	面積平方公尺	權利範圍
	縣市	鄉鎮市區	段	小段	地號			
1	新北市	汐止區	○○腳		1001	林	868	全部
2	新北市	汐止區	○○腳		1013-1	林	207	全部

相關法條及裁判要旨

■最高法院74年台抗字第431號判例：

不動產所有人設定抵押權後，將不動產讓與他人者，依民法第867條但書規定，其抵押權不因此而受影響，抵押權人得本於追及其物之效力實行抵押權。系爭不動產既經抵押人讓與他人而屬於受讓之他人所有，則因實行抵押權而聲請法院裁定准許拍賣該不動產時，自應列受讓之他人爲相對人。

二、本票裁定（票據法第123條）

(一) 發票人爲一人者

案例事實

　　甲簽發100萬元之本票三紙給乙，向乙借款，到期日記載爲民國102年10月1日，屆期提示未兌現，乙爲行使權利，依票據法第123條「執票人向本票發票人行使追索權時，得聲請法院裁定後強制執行。」聲請裁定。

撰狀說明

(1)本票不獲支付時，依票據法第123條，執票人爲行使追索權可對發票人聲請裁定以強制執行。該裁定爲強制執行法第4條第1項第6款規定之執行名義，本票執票人爲強制執行，自有聲請裁定之必要。但依該第123條規定，只限於對發票人始可適用，如本票倘有他人背書、保證，對背書人、保證人即不可依此規定聲請裁定強制執行。

(2)如不聲請裁定，可以對甲聲請支付命令或起訴，以取得執行名義，此與上開裁定不同。即裁定較迅速、裁判費用較低，不似支付命令或起訴，或拖延較久，或費用較高。但本票裁定只能對發票人聲請，且時效仍爲三年，不似支付命令或起訴，不限於對發票人，對背書人亦可，且起訴獲勝訴判決，其時效依民法第137條第3項「經確定判決或其他與確定判決有同一效力之執行名義所確定之請求權，其原有消滅時效期間不滿五年者，因中斷而重行起算之時效期間爲五年。」可延長爲五年（按：支付命令因104年修正後已無確定判決同一效力，時效不延長）。

(3)依票據法第124條準用第85條第1項、第86條第1項，本票執票人爲行使追索權，必須在提示本票不獲支付作成拒絕證書時，而拒絕證書之作成，依票據法第106條規定「拒絕證書，由執票人請求拒絕承兌地或拒絕付款地之法院公證處、商會或銀行公會作成之。」甚爲麻煩，爲此票據法第94條第1項規定「發票人或背書人，得爲免除作成拒絕證書之記載。」第2項規定「發票人爲前項記載時，執票人得不請求作成拒絕證書而行使追索權。但執票人仍請求作成拒絕證書時，應自負擔其費用。」是有發票人爲免除作成拒絕證書之記載者，毋庸拒絕證書即可聲請裁定，反之則否，故一般本票正面皆印有「免作成拒絕證書」之文字，以爲適用。

(4)依非訟事件法第194條第1項：「票據法第一百二十三條所定執票人就本票聲

請法院裁定強制執行事件,由票據付款地之法院管轄。」故應向付款地法院聲請裁定。如本票上未記載付款地,依票據法第120條第5項「未載付款地者,以發票地為付款地。」以發票地為付款地,如發票地亦未記載,依同條第4項「未載發票地者,以發票人之營業所、住所或居所所在地為發票地。」以發票人之住所地所在地之法院管轄。

(5)本票裁定為非訟程序,法院只形式審查,不審查實體,故:①只以本票上記載之發票人姓名為裁定,不會就其他姓名(例如本名、外國姓名)為之。②如發票人否認債權,除主張為偽造,可依非訟事件法第195條第1項「發票人主張本票係偽造、變造者,於前條裁定送達後二十日內,得對執票人向為裁定之法院提起確認之訴。」起訴外,只可依民事訴訟法提起確認債權不存在之訴。

書狀內容

狀別:民事本票裁定聲請狀

訴訟標的金額:300萬元

聲請人即債權人　　　乙　　　　住臺中市○○區○○街○○號

相對人即債務人　　　甲　　　　住彰化縣鹿港鎮○○路○○號

為聲請本票裁定強制執行事。

　　　　　　聲請事項

一、相對人簽發如附表所示本票三紙之金額及遲延利息,請准予強制執行。

二、程序費用由相對人負擔。

　　　　　　理由

一、聲請人執有相對人簽發如附表所示並免除作成拒絕證書之本票三紙(聲證1),因屆期提示竟不獲兌現,為行使追索權,爰依非訟事件法第194條第1項、票據法第123條規定,聲請裁定准為強制執行,至感德便。

二、系爭本票之付款地,記載為臺中市○○區○○街○○號,依非訟事件法第194條第1項規定,　鈞院有管轄權。

　　　　　　　謹狀

臺灣臺中地方法院　公鑒

中　　華　　民　　國　　103　年　　5　月　　9　日

　　　　　　　具狀人　乙　　[印]

附表

編號	發票人	發票日	到期日	金額（新臺幣）	遲延利息	號碼
1	甲	100.03.20	101.10.1	100萬	自101年10月1日起至清償日止按年利百分之六計算	WG3087566
2	甲	100.03.20	101.10.1	100萬	自101年10月1日起至清償日止按年利百分之六計算	WG3087567
3	甲	100.03.20	101.10.1	100萬	自101年10月1日起至清償日止按年利百分之六計算	WG3087568

相關法條及裁判要旨

■票據法第97條第1項：

執票人向匯票債務人行使追索權時，得要求左列金額：

一、被拒絕承兌或付款之匯票金額，如有約定利息者，其利息。

二、自到期日起如無約定利率者，依年利六釐計算之利息。

三、作成拒絕證書與通知及其他必要費用。

■最高法院52年台抗字第163號判例：

執票人依票據法第123條規定，向本票發票人行使追索權時，聲請法院裁定對發票人之財產強制執行者，發票人縱對於簽章之眞正有所爭執，法院仍應爲准許強制執行之裁定。

■最高法院57年台抗字第76號判例：

本票執票人，依票據法第123條規定，聲請法院裁定許可對發票人強制執行，係屬非訟事件，此項聲請之裁定，及抗告法院之裁定，僅依非訟事件程序，以審查強制執行許可與否，並無確定實體上法律關係存否之效力，如發票人就票據債務之存否有爭執時，應由發票人提起確認之訴，以資解決。

(二) 發票人為二人以上者

案例事實

甲、丙二人共同簽發本票二紙給乙公司，向乙公司借款使用，屆期提示未獲付款，乙對甲、丙二人聲請本票裁定。

撰狀說明

依票據法第5條第2項「二人以上共同簽名時，應連帶負責。」甲、丙二人應連帶負責，故可對甲、丙二人一併聲請裁定。

書狀內容

狀別：民事本票裁定聲請狀
訴訟標的金額：100萬元
聲請人即債權人　　乙公司　　　設臺南市永康區○○路○○號
法 定 代 理 人　　A　　　　　住同上
送 達 代 收 人　　廖○○　　　住臺中市○○區○○路○○號
相對人即債務人　　甲　　　　　住苗栗縣頭份鎮○○路○○號
　　　　　　　　　丙　　　　　住同上
為聲請本票裁定強制執行事。
　　　　　　聲請事項
一、相對人共同簽發如附表所示本票之金額與利息，請准強制執行。
二、程序費用由相對人負擔。
　　　　　　理由
　　聲請人執有相對人共同所簽發如附表所示之本票二紙，並均記載免作拒絕證書，屆期提示，未獲兌付。爰此，依票據法第123條、非訟事件法第194條第1項之規定，聲請裁定准予強制執行。
　　　　　　謹呈
臺灣苗栗地方法院　公鑒
證物：本票正本2紙。
中　　華　　民　　國　　102　年　　12　月　　11　日
　　　　　　　具狀人　乙公司　　印
　　　　　　　法定代理人　A　　印

附表

編號	金額 （新臺幣）	發票日	到期日	遲延利息	票號
1	陸拾萬元整	100.10.8	未載	自民國100年10月8日起至清償日止按年利百分之六計算	332802
2	肆拾萬元整	100.10.8	未載	自民國100年10月8日起至清償日止按年利百分之六計算	332803

三、大陸地區裁判之認可（兩岸關係條例第74條）

案例事實

甲在大陸地區經商，向大陸地區之乙公司購買原料，因貨款未付，經乙公司在大陸地區之上海市中級人民法院起訴，請求甲給付貨款人民幣50萬元，經判決乙公司勝訴確定，乙公司在大陸地區強制執行甲時，發現甲無財產，只有臺灣地區有財產，遂持上海中級人民法院判決在臺灣對甲強制執行。

撰狀說明

(1)依臺灣地區與大陸地區人民關係條例第74條第1項「在大陸地區作成之民事確定裁判、民事仲裁判斷，不違背臺灣地區公共秩序或善良風俗者，得聲請法院裁定認可。」第2項「前項經法院裁定認可之裁判或判斷，以給付為內容者，得為執行名義。」乙公司如欲對甲在臺灣地區之財產強制執行，必須依該規定聲請臺灣地區法院之認可，始可以認可裁定對甲強制執行。

(2)以經認可之裁定聲請強制執行，其執行名義仍為該裁定，並非大陸地區之法院裁判，大陸地區法院之裁判在臺灣並無既判力，故債務人仍可依強制執行法第14條第2項「執行名義無確定判決同一之效力者，於執行名義成立前，如有債權不成立或消滅或妨礙債權人請求之事由發生，債務人亦得於強制執行程序終結前提起異議之訴。」就裁定前有權利不存在事由提起債務人異議之訴。

書狀內容

```
狀別：民事聲請狀
訴訟標的金額：200萬元
聲　請　人　　乙公司　　　　　　設上海市浦東區○○號
法定代理人　　A　　　　　　　　住同上
送達代收人　　李○○律師　　　　住臺北市○○路○○號
相　對　人　　甲　　　　　　　　住臺中市豐原區○○路○○號
為聲請裁定認可大陸地區判決事。
　　　　聲請事項
一、請認可大陸地區上海市中級人民法院96年訴字第○○號判決。
二、程序費用由相對人負擔。
```

　　　　理由
　　　相對人在大陸地區向聲請人購買原料，積欠貨款人民幣50萬元未付，聲請人向上海中級人民法院起訴，經判決相對人應給付人民幣50萬元勝訴確定，茲為強制執行相對人在臺灣地區財產，為此依臺灣地區與大陸地區人民關係條例第74條第1項「在大陸地區作成之民事確定裁判、民事仲裁判斷，不違背臺灣地區公共秩序或善良風俗者，得聲請法院裁定認可。」提出上開判決及經財團法人海峽交流基金會認證之認證書，聲請　鈞院裁定認可，以為德便。
　　　　謹狀
臺灣臺中地方法院　公鑒
證物：判決書、確定證明書、認證書影本各1件。
中　　華　　民　　國　　102　　年　　12　　月　　1　　日
　　　　　　　具狀人　乙公司　　印
　　　　　　　法定代理人　A　　印

相關法條及裁判要旨

■臺灣地區與大陸地區人民關係條例施行細則第68條：
依本條例第74條規定聲請法院裁定認可之民事確定裁判、民事仲裁判斷，應經行政院設立或指定之機構或委託之民間團體驗證。

■最高法院96年台上字第2531號判決：
按兩岸關係條例第74條僅規定，經法院裁定認可之大陸地區民事確定裁判，以給付為內容者，得為執行名義，並未明定在大陸地區作成之民事確定裁判，與確定判決有同一之效力，該執行名義核屬強制執行法第4條第1項第6款規定其他依法律之規定得為強制執行名義，而非同條項第1款所稱我國確定之終局判決可比。……是經我國法院裁定認可之大陸地區民事確定裁判，應祇具有執行力而無與我國法院確定判決同一效力之既判力，債務人自得依強制執行法第14條第2項規定，以執行名義成立前，有債權不成立或消滅或妨礙債權人請求之事由發生，於強制執行程序終結前，提起債務人異議之訴。

■最高法院97年台上字第2376號判決：

按系爭大陸地區判決經我國法院依兩岸關係條例第74條規定裁定許可強制執行，固使該判決成為強制執行法第4條第1項第6款規定之執行名義而有執行力，然並無與我國確定判決同一效力之既判力。債務人如認於執行名義成立前，有債權不成立或消滅或妨礙債權人請求之事由發生者，在強制執行事件程序終結前，即得依同法第14條第2項規定，提起債務人異議之訴。

四、仲裁判斷聲請許可執行（仲裁法第37條）

案例事實

甲公司與乙公司訂立契約，由甲公司承攬乙公司之營建工程，因乙公司變更設計，致甲公司工期展延，就此展延，乙公司雖另計工期，但只給變更之材料費用，就工期展延所衍生之管理費、外勞保證金、履約保證金等費用拒絕給付，爲此甲公司依契約內之仲裁條款，向中華民國仲裁協會聲請仲裁，請求給付變更設計而增加工期之上開管理費等間接成本，仲裁庭判斷結果，乙公司應給付100萬元，乙公司仍不給付，甲公司爲對乙公司聲請強制執行，需聲請法院裁定。

撰狀說明

依仲裁法第37條第1項規定「仲裁人之判斷，於當事人間，與法院之確定判決，有同一效力。」第2項規定「仲裁判斷，須聲請法院爲執行裁定後，方得爲強制執行。但合於下列規定之一，並經當事人雙方以書面約定仲裁判斷無須法院裁定即得爲強制執行者，得逕爲強制執行：一、以給付金錢或其他代替物或有價證券之一定數量爲標的者。二、以給付特定之動產爲標的者。」是仲裁判斷雖與確定判決有同一效力，除有上開第2項但書情形者外，仍須經裁定認可始可強制執行。

書狀內容

狀別：民事聲請狀
訴訟標的金額：100萬元
聲　請　人　　甲公司　　　　　設臺中市○○區○○路○○號
法定代理人　　A　　　　　　　住同上
相　對　人　　乙公司　　　　　設臺北市○○區○○路○○號
法定代理人　　B　　　　　　　住同上
爲聲請認可仲裁判斷事。
　　　　聲請事項
一、中華民國仲裁協會96年聲仲字第○○號判斷書准予強制執行。
二、程序費用由相對人負擔。
　　　理由

兩造間訂有契約，由聲請人承攬相對人之營造工程，因相對人變更設計，展延工期，未給付工期展延衍生之相關費用，經中華民國仲裁協會96年聲仲字第○○號判斷相對人應給付100萬元，然相對人仍不給付，為此依仲裁法第37條第2項，聲請准予強制執行。
　　　　　　　　　　謹狀
臺灣臺北地方法院　公鑒
證物：判斷書影本1件。
中　　華　　民　　國　　102　　年　　12　　月　　1　　日
　　　　　　　　具狀人　甲公司　　[印]
　　　　　　　　法定代理人　A　　[印]

相關法條及裁判要旨

■仲裁法第52條：
法院關於仲裁事件之程序，除本法另有規定外，適用非訟事件法，非訟事件法未規定者，準用民事訴訟法。

五、聲請仲裁

案例事實

　　甲保險公司承保乙銀行之住宅放款風險，即乙銀行之住宅放款，如借款人未能清償，甲保險公司在一定金額內賠償，茲乙銀行有符合之住宅放款未能收回情事，請求甲保險公司給付，甲保險公司拒絕，因契約內有約定，如發生爭執可以仲裁方式處理，為此乙銀行對甲保險公司聲請仲裁。

撰狀說明

　　依仲裁法第1條第1項規定「有關現在或將來之爭議，當事人得訂立仲裁協議，約定由仲裁人一人或單數之數人成立仲裁庭仲裁之。」是契約內有仲裁協議者，雙方遇有爭執，可依仲裁法聲請仲裁解決，毋庸訴訟。如一方未遵守協議，提起訴訟，依仲裁法第4條第1項規定「仲裁協議，如一方不遵守，另行提起訴訟時，法院應依他方聲請裁定停止訴訟程序，並命原告於一定期間內提付仲裁。但被告已為本案之言詞辯論者，不在此限。」處理，亦不須立刻撤回訴訟。

書狀內容

狀別：仲裁聲請狀
仲裁標的金額：500萬元
聲　請　人　　乙銀行　　　　　設臺中市○○區○○路○○號
法定代理人　　　A　　　　　　住同上
相　對　人　　甲保險公司　　　設臺北市○○區○○路○○號
法定代理人　　　B　　　　　　住同上
為給付保險金事件聲請仲裁事。
　　　　仲裁聲明
一、相對人應給付聲請人新臺幣（以下同）500萬元及自聲請狀繕本送達翌日起至清償日止按年利百分之十計算之利息。
二、仲裁費用由相對人負擔。
　　　　事實及理由

甲、程序方面

　　緣兩造在民國100年9月1日訂立合約書，約定聲請人以住宅抵押貸款客戶，由相對人與該客戶訂立「住宅抵押貸款償還保證保險」，其內容以保單所載條款為依據（聲證1），即由各貸款客戶分別為要保人，以聲請人為受益人向相對人投保，相對人再簽發各別保單及所附批單交聲請人。茲因該保險基本條款第14條之約定，已因批單第8條改為「本保單第3章承保條款第14條批改為：對於賠償金額如發生爭議時，本公司應先行墊付，並交付仲裁，由抵押權人及本公司選定仲裁人一人仲裁之，如雙方不能同意仲裁人一人時，則雙方各以書面選定仲裁人一人共同決定之，經仲裁後如須歸還保險人者，被保險人及抵押權人須立即歸還保險人，不得異議。」（聲證2），該約定對聲請人亦有適用（參見聲證3），故兩造間已有書面仲裁協議，合於仲裁法第1條第1項「有關現在或將來之爭議，當事人得訂立仲裁協議，約定由仲裁人一人或單數之數人成立仲裁庭仲裁之。」之規定，茲因保險事故發生，聲請人依約申請理賠，然相對人拖延拒不處理，未遵約先行墊付，是聲請人自可依上開約定提付本件仲裁。

乙、實體方面

一、依上開保險基本條款第1章承保範圍第1條「抵押人因貸款所發生之債務，無法依約按期償還，致抵押權人於依法處分本保險單所載抵押住宅後，其所得價款，不足抵付貸款償還契約分期還款表未清償之金額而受有損失時，本公司對抵押權人應收回之差額部分負賠償責任，但本公司之賠償責任仍以本保險單所載之保險金額為限。」（參見聲證1），茲有抵押人賴○○以其自有住宅設定抵押予聲請人，向聲請人貸款，並以聲請人為受益人，向相對人投保上開保險。嗣因渠等無法依約按期償還，是上開約定承保範圍內之保險事故已發生，聲請人自可向相對人請求理賠。

二、依該保險批單第10條「遇有本保險單及本批單之承保意外事故發生時，本公司依本保險單及本批單之相關規定負賠償責任。本保單理賠依保險金額分列如下：(一)保險金額：以已還款抵押貸款金額承保成數比例分攤，未償還之保險金額由公司先行墊付，最高以保險金額為限。(二)利息：以買受人未償還之保險金額依個人借款契約最高六個月單利計算。以上先行墊付之保險金額與利息之總和最高以保險金額為限。」（參見

聲證2），茲參酌相對人所提理賠金額計算範例（聲證3），計算相對人應先行墊付金額爲500萬元。

三、聲請人前於保險事故發生時，曾檢齊相關證明文件向相對人申請理賠（聲證4），惟相對人於接獲通知後均未給付，依保險法第34條第1項「保險人應於要保人或被保險人交齊證明文件後，於約定期限內給付賠償金額。」及同條第2項「保險人因可歸責於自己之事由致未在前項規定期限內爲給付者，應給付遲延利息年利一分。」之規定，相對人並應給付年利百分之十之遲延利息。

　　　　　　　　謹狀

中華民國仲裁協會　公鑒

證物：

聲證1：合約書及保險基本條款影本各乙件。

聲證2：保險批單影本1件。

聲證3：理賠範例影本1件。

中　　　華　　　民　　　國　　　102　　年　　　10　　月　　　18　　日

　　　　　　　　　　具狀人　乙銀行　　[印]

　　　　　　　　　　法定代理人　A　　　[印]

相關法條及裁判要旨

■仲裁法第37條第1項：

仲裁人之判斷，於當事人間，與法院之確定判決，有同一效力。

六、聲請公示送達（非訟事件法第66條）

案例事實

　　甲、乙二人訂立買賣契約，約定甲出售土地給乙，價金分五期給付，契約訂立後，乙除當場付第一期價金外，即失蹤未付其他各期價金，甲因連絡未果，欲以乙遲延，催告給付，待其不給付時，解除契約，然所寄催告之存證信函，皆因遷移不明，無人收受，其催告通知只能以公示送達始為合法而可解除契約。

撰狀說明

　　依民法第254條規定「契約當事人之一方遲延給付者，他方當事人得定相當期限催告其履行，如於期限內不履行時，得解除其契約。」為解除契約，必須先催告履行。又依第229條第2項規定「給付無確定期限者，債務人於債權人得請求給付時，經其催告而未為給付，自受催告時起，負遲延責任。其經債權人起訴而送達訴狀，或依督促程序送達支付命令，或為其他相類之行為者，與催告有同一之效力。」在給付未約定期限者，亦須催告，始生遲延責任。凡此催告之通知必須合法送達，是若能送達固無問題，如不能送達，此時即須依民法第97條規定「表意人非因自己之過失，不知相對人之姓名、居所者，得依民事訴訟法公示送達之規定，以公示送達為意思表示之通知。」為公示送達。

書狀內容

```
狀別：民事聲請公示送達狀
聲　請　人　甲　　　　住臺中市○○區○○路○○號
相　對　人　乙　　　　原住新北市淡水區○○路○○號
　　　　　　　　　　　（現住居所不明）
為聲請公示送達事。
　　　　聲請事項
一、如附件信函之意思表示，請准予公示送達。
二、程序費用由相對人負擔。
　　　　理由
　　按表意人非因自己之過失，不知相對人之姓名、居所者，得依民事訴訟
法公示送達之規定，以公示送達為意思表示之通知，民法第97條定有明文。
```

　　兩造間訂有買賣契約，由聲請人出售土地給相對人，因相對人迄未給付第二期之價金，經以如附件之信函通知，因遷移不明而退回，為此依上開規定，聲請將該信函之催告公示送達。
　　　　　　　　謹狀
臺灣士林地方法院　公鑒
證物：存證信函及信封影本各1件。
附件：存證信函影本1件。

中	華	民	國	102	年	12	月	1	日

　　　　　　　　　具狀人　甲　　印

相關法條及裁判要旨

■非訟事件法第66條：
民法第97條之聲請公示送達事件，不知相對人之姓名時，由表意人住所地之法院管轄；不知相對人之居所者，由相對人最後住所地之法院管轄。

七、公司法

(一) 選任臨時管理人（公司法第208條之1）

案例事實

甲企業股份有限公司之全體董事，因他人聲請假處分，經法院禁止行使職權，致董事不能行使職權，其債權人乙為對甲公司訴訟，欲依公司法第208條之1第1項「董事會不為或不能行使職權，致公司有受損害之虞時，法院因利害關係人或檢察官之聲請，得選任一人以上之臨時管理人，代行董事長及董事會之職權。但不得為不利於公司之行為。」聲請法院選任臨時管理人代行董事長職權。

又依公司法第108條第4項規定「第三十條、第四十六條、第四十九條至第五十三條、第五十四條第三項、第五十七條至第五十九條、第二百零八條第三項、第二百零八條之一及第二百十一條第一項及第二項之規定，於董事準用之。」有限公司可準用上開第208條之1規定，故有限公司如無董事，亦可聲請選任臨時管理人。

撰狀說明

(1) 以公司為被告時，必須以董事長為法定代理人，如董事長經假處分不能行使職權，即無人為法定代理人，為解決此一困境，乙除可依民事訴訟法第51條第1項「對於無訴訟能力人為訴訟行為，因其無法定代理人或其法定代理人不能行代理權，恐致久延而受損害者，得聲請受訴法院之審判長，選任特別代理人。」聲請法院之審判長選任特別代理人外，亦可依上開規定處理，以選任之臨時管理人為法定代理人。至於該公司需為原告對他人訴訟，亦同。一般言之，臨時管理人可代行董事長職權，較訴訟中之特別代理人可行使之權職範圍大，故如有必要，仍以選任臨時管理人為妥。

(2) 依非訟事件法第171條規定「公司法所定由法院處理之公司事件，由本公司所在地之法院管轄。」應向公司所在地法院聲請。

書狀內容

1.股份有限公司

狀別：民事聲請狀

聲　請　人　乙　　　　　　　　住臺中市大甲區○○路○○號

為聲請選任臨時管理人事。

　　　　　　聲請事項

　　請選任甲公司之臨時管理人。

　　　　　　理由

　　　按董事會不為或不能行使職權，致公司有受損害之虞時，法院因利害關係人或檢察官之聲請，得選任一人以上之臨時管理人，代行董事長及董事會之職權。但不得為不利於公司之行為，公司法第208條之1第1項定有明文。

　　　經查甲企業股份有限公司（以下簡稱甲公司）之全體董事，業經臺灣臺北地方法院100年度裁全字第○○號裁定，禁止行使董事職權（聲證1），是該公司目前已無董事長、董事行使職權。

　　　聲請人為甲公司之債權人（聲證2），欲對甲公司訴訟，因該公司無董事長及董事可為法定代理人應訴，為此依上開規定，聲請　鈞院選任臨時管理人。

　　　　　　謹狀

臺灣臺北地方法院　公鑒

證物：

聲證1：臺灣臺北地方法院100年裁全字第○○號裁定影本1件。

聲證2：借據影本1件。

中　　華　　民　　國　　102　　年　　10　　月　　1　　日

　　　　　　　具狀人　乙　　印

2.有限公司

狀別：民事聲請狀

聲　請　人　甲　　　　住臺中市大里○○區○○街○○號

　　　　　　乙　　　　住同上區○○路○○號

　　　　　　丙　　　　住臺中市太平區○○街○○號

為聲請選任臨時管理人事。

　　　聲請事項

　　請選任○○企業有限公司臨時管理人。

　　　理由

一、依非訟事件法第171條「公司法所定由法院處理之公司事件，由本公司所在地之法院管轄。」因○○○企業有限公司（以下簡稱○○○公司）設於臺中市大里區○○路○○號（聲證1），故本件應由　鈞院管轄。

二、有限公司依公司法第108條第4項「第三十條、第四十六條、第四十九條至第五十三條、第五十四條第三項、第五十七條至第五十九條、第二百零八條第三項、第二百零八條之一及第二百十一條之規定，於董事準用之。」準用第208條之1第1項「董事會不為或不能行使職權，致公司有受損害之虞時，法院因利害關係人或檢察官之聲請，得選任一人以上之臨時管理人，代行董事長及董事會之職權。但不得為不利於公司之行為。」是有限公司之董事不能行使職權，致公司有受損害之虞時，法院因利害關係人之聲請，可選任一人以上之人為臨時管理人，代行董事之職權。至於上開選任之人必須為適任之人，以免損及公司之利益，此由上開公司法第208條第1項但書規定及非訟事件法第183條第3項「第一項事件，法院為裁定前，得徵詢主管機關、檢察官或其他利害關係人之意見。」可明。

三、按○○○公司之股東為○○一人，並為公司董事，但其已於○○年○○月○○日死亡（聲證2），致無人為董事行使職權，而目前停業中（聲證3），致公司可收取之應收帳款及應履行之應付帳款及費用、公司原料、設備無從處理，雖○○有配偶及子女A、B、C為繼承人，但除配偶在臺灣有設戶籍，其他繼承人等三人均未在台設籍，且均在美國居住未返回臺灣，致公司無人可處理事務，而公司尚有應收取之債權、積欠供應商貨款及員工薪水、資遣費、原料、設備，急待處理，依上開規定有選任臨時管理人以代行董事職權之必要，以免公司受有損害。

四、聲請人為○○○公司工人（聲證4），因○○死亡，無人處理○○○公司事務，致公司積欠聲請人工資及資遣費，為有利害關係之人，而公司尚有資產可以給付，但因無董事可以處理，故需　鈞院選任臨時管理人以為處理公司事務。

五、○○○公司原有廠長○○（住臺中市大里區○○路○○號）在臺灣負責
　　公司事務（聲證5），公司設於臺中市大里區○○路○○號之廠房，係向
　　他人承租，由○○爲連帶保證人（聲證6），目前公司之原料、設備暫由
　　○○保管，○○生前常居住在美國，公司事務均由○○處理，○○目前
　　雖已離職，但因熟悉公司事務，亦有意願擔任臨時管理人，是選任○○
　　爲臨時管理人應爲適當之人，爲此聲請　鈞院選任○○爲臨時管理人。
　　　　　　　　　　謹狀
證據：
聲證1：變更登記表影本1件。
聲證2：戶籍謄本影本1件。
聲證3：經濟部工商登記公示資料影本1件。
聲證4：勞保被保險人投保資料明細、健保投保對象歷史資料明細影本各3
　　　　件。
聲證5：勞保被保險人投保資料明細、健保投保對象歷史資料明細影本各1
　　　　件、報價單影本2件、銷售確認書影本1件。
聲證6：房屋租賃契約書影本1件。
　　　　　　　　　　謹狀
臺灣臺中地方法院　公鑒
中　華　民　國　○○　年　○○　月　○○　日
　　　　　　　　具狀人：甲　[印]
　　　　　　　　　　　　乙　[印]
　　　　　　　　　　　　丙　[印]

相關法條及裁判要旨

■非訟事件法第183條：

公司法第二百零八條之一所定選任臨時管理人事件，由利害關係人或檢察官向
法院聲請。

前項聲請，應以書面表明董事會不爲或不能行使職權，致公司有受損害之虞之
事由，並釋明之。

(二) 變更管理人

案例事實

　　在前例中，法院已選任A為甲公司之臨時管理人，但因A有不適任情形，有聲請變更管理人之必要。

撰狀說明

　　公司法及非訟事件法雖無可變更管理人之規定，但既係法院選任，自應可由法院變更。

書狀內容

　　狀別：民事聲請狀

　聲　請　人　丙　　　　　　　住高雄市○○區○○路○○號
　相　對　人　A　　　　　　　住新北市○○區○○路○○號

為聲請解任相對人為甲公司臨時管理人，並另為選任事。

　　　　聲請事項

一、解任相對人為甲公司臨時管理人。

二、選任聲請人或其他適任之第三人為甲公司臨時管理人。

　　　　理由

　　本件依非訟事件法第171條「公司法所定由法院處理之公司事件，由本公司所在地之法院管轄。」由　鈞院管轄。

　　依公司法第208條之1第1項「董事會不為或不能行使職權，致公司有受損害之虞時，法院因利害關係人或檢察官之聲請，得選任一人以上之臨時管理人，代行董事長及董事會之職權。但不得為不利於公司之行為。」是股份有限公司所置之董事不能行使職權，致公司有受損害之虞時，法院因利害關係人之聲請，選任一人以上之人為臨時管理人，代行董事之職權。至於上開選任之人必須為適任之人，以免損及公司之利益，此由上開公司法第208條第1項但書規定及非訟事件法第183條第3項「第一項事件，法院為裁定前，得徵詢主管機關、檢察官或其他利害關係人之意見。」可明，從而如選任之臨時管理人不適任，違反公司法第208條之1第1項但書為不利於公司之行為，即應解任，而另為選任。

　　設於臺北市○○區○○路○○號之甲企業股份有限公司（以下簡稱甲公司）（聲證1），聲請人為股東（聲證2），因甲公司全體董事，均經法院裁

定禁止行使董事職權，經第三人向　鈞院聲請選定A為臨時管理人。

　　　鈞院裁定准許，選任相對人為臨時管理人，在裁定中諭知相對人不得為不利於甲公司之行為（聲證3），然相對人接任後，擅自將原有之員工解聘，致公司無從經營，為不利於甲公司行為，是本件應有解任相對人之必要，而另為選任適任之臨時管理人。

　　　　　　　　　謹狀

臺灣臺北地方法院　公鑒

證物：

聲證1：甲公司變更登記表影本1件。

聲證2：股東名簿影本1件。

聲證3：鈞院裁定影本1件。

中　　華　　民　　國　　103　　年　　5　　月　　27　　日

　　　　　　　　具狀人　丙　　印

(三) 公司重整（公司法第282條）

案例事實

　　甲股份有限公司因財務困難，暫停營業，爲聲請重整，以解決經營之問題。

撰狀說明

　　依公司法第282條第1項「公開發行股票或公司債之公司，因財務困難，暫停營業或有停業之虞，而有重建更生之可能者，得由公司或左列利害關係人之一向法院聲請重整：一、繼續六個月以上持有已發行股份總數百分之十以上股份之股東。二、相當於公司已發行股份總數金額百分之十以上之公司債權人。」是凡符合規定者，可以聲請重整。

書狀內容

狀別：民事聲請狀

聲　請　人　　甲股份有限公司　　　　設臺中市○○區○○路○○號

法定代理人　　　　A　　　　　　　　住同上

爲聲請重整事。

　　　　　　聲請事項

一、請准聲請人重整。

二、程序費用由聲請人負擔。

　　　　　　理由

　　聲請人爲公開發行股票之公司，經營百貨銷售業已10年，在臺中市頗有盛名，銷售業績均佳，惟最近一年，因臺中市百貨公司增加，聲請人以盈利轉投資建築，亦逢景氣不佳，致銷售成績不理想，留有大批成屋，經○○會計師事務所出具報告，聲請人如能重整，將可繼續經營，爲此提出如附件之重整具體方案、最近一年依公司法第228條編造之表冊、上半年資產負債表及上開報告，聲請　鈞院准予重整。

　　　　　　謹狀

臺灣臺中地方法院　公鑒

中　　華　　民　　國　　102　　年　　10　　月　　1　　日

　　　　　　具狀人　甲股份有限公司　　印

　　　　　　法定代理人　A　　　印

相關法條及裁判要旨

■公司法第283條第1項：

公司重整之聲請，應由聲請人以書狀連同副本五份，載明下列事項，向法院為之：

一、聲請人之姓名及住所或居所；聲請人為法人、其他團體或機關者，其名稱及公務所、事務所或營業所。

二、有法定代理人、代理人者，其姓名、住所或居所，及法定代理人與聲請人之關係。

三、公司名稱、所在地、事務所或營業所及代表公司之負責人姓名、住所或居所。

四、聲請之原因及事實。

五、公司所營事業及業務狀況。

六、公司最近一年度依第二百二十八條規定所編造之表冊；聲請日期已逾年度開始六個月者，應另送上半年之資產負債表。

七、對於公司重整之具體意見。

■非訟事件法第171條：

公司法所定由法院處理之公司事件，由本公司所在地之法院管轄。

(四) 聲請緊急處分（公司法第287條第1項）

案例事實

如前例，甲公司向臺灣臺中地方法院聲請重整後，在法院尚未為准駁裁定前，因有他人對公司財產執行，遂請求法院為緊急處分。

撰狀說明

公司聲請重整，法院須經過一段時間調查，以決定是否准許，如可由他債權人強制執行，因一方面裁定准許後，依公司法第294條規定「裁定重整後，公司之破產、和解、強制執行及因財產關係所生之訴訟等程序，當然停止。」各項強制執行應停止，另一方面如現可強制執行，公司財產減少，影響重整計畫，依公司法第287條第1項第4款，可請求法院為緊急處分，以停止強制執行程序。

書狀內容

狀別：民事聲請狀
聲　請　人　　甲股份有限公司　　　設臺中市○○路○○號
法定代理人　　　A　　　　　　　　住同上
為聲請緊急處分事。
　　　　　　聲請事項
在　鈞院裁定聲請人重整前，債權人對聲請人之強制執行應停止。
　　　　　　理由
按法院為公司重整之裁定前，得因公司或利害關係人之聲請或依職權，以裁定為左列各款處分：公司破產、和解或強制執行等程序之停止，公司法第287條第1項第4款定有明文。聲請人於民國102年10月1日向　鈞院聲請重整，尚未獲得准許裁定，但因有債權人○○銀行股份有公司已對聲請人強制執行，由　鈞院編為102年度執字第10001號，如不停止執行，將來　鈞院准許重整，恐亦無財產可供執行重整計畫，為此依上開規定，聲請為緊急處分。
　　　　　　謹狀
臺灣臺中地方法院　公鑒
證物：鈞院102年度執字第10001號執行通知影本1件。
中　　華　　民　　國　　102　年　　12　月　　1　日
　　　　　　具狀人　甲股份有限公司　　印
　　　　　　法定代理人　　A　　　印

(五) 選派清算人（公司法第79條、第322條、民法第38條）

案例事實

　　甲證券股份有限公司因經營不善，經股東會決議解散，但無法決定清算人，該公司之股東為此向法院聲請選派清算人，以進行清算事務。

撰狀說明

　　公司解散後，應進行清算程序，無限公司依公司法第79條規定「公司之清算，以全體股東為清算人。但本法或章程另有規定或經股東決議，另選清算人者，不在此限。」有限公司依公司法第113條第2項規定「除前項規定外，公司變更章程、合併、解散及清算，準用無限公司有關之規定。」股份有限公司依公司法第322條第1項規定「公司之清算，以董事為清算人。但本法或章程另有規定或股東會另選清算人時，不在此限。」及民法第37條規定「法人解散後，其財產之清算，由董事為之。但其章程有特別規定，或總會另有決議者，不在此限。」需有清算人以進行解散後之清算事務，若無法決定清算人，依有限公司準用無限公司之第81條規定「不能依第七十九條規定定其清算人時，法院得因利害關係人之聲請，選派清算人。」股份有限公司依第322條第2項規定「不能依前項之規定定清算人時，法院得因利害關係人之聲請，選派清算人。」民法第38條亦規定「不能依前條規定，定其清算人時，法院得因主管機關、檢察官或利害關係人之聲請，或依職權，選任清算人。」是現若無法決定，即應聲請由法院選派。

　　又公司經主管機關，依公司法第397條第1項規定「公司之解散，不向主管機關申請解散登記者，主管機關得依職權或據利害關係人申請，廢止其登記。」廢止登記後，亦應辦理清算程序，如無清算人，應向法院聲請選派清算人。

書狀內容

1.股份有限公司解散之選派

```
狀別：民事聲請狀
聲　請　人　乙　　　　　　　　設臺北市○○路○○號
為聲請選派清算人事。
　　　　聲請事項
```

請選派清算人。

　　　　　理由
　　聲請人為甲證券股份有限公司股東，有股票影本一件為證（證1）。
　　緣甲證券股份有限公司經股東會決議解散（證2），依公司法第322條第1項「公司之清算，以董事為清算人。但本法或章程另有規定或股東會另選清算人時，不在此限。」本應以董事為當然清算人，惟因該公司所有之董事均已辭任，公司章程別無規定清算人，而股東會在決議解決時，未能選任清算人，公司清算事務無從進行，為此依公司法第322條第2項「不能依前項之規定定清算人時，法院得因利害關係人之聲請，選派清算人。」請　鈞院選派清算人。
　　　　　　　謹狀
臺灣臺北地方法院　公鑒
證物：
證1：股票影本1件。
證2：股東會議決議影本1件。
中　　華　　民　　國　　102　　年　　12　　月　　1　　日
　　　　　　具狀人　乙　　印

2.有限公司廢止登記後之選派

狀別：民事聲請狀
聲　請　人　甲　　　　　　住臺南市○○路○○號
為聲請選派清算人事。
　　　　　聲請事項
一、請選派甲為○○企業有限公司清算人。
二、程序費用由○○企業有限公司負擔。
　　　　　理由
一、依非訟事件法第171條「公司法所定由法院處理之公司事件，由本公司所在地之法院管轄。」因○○企業有限公司（以下簡稱○○公司）設於臺中市大里區○○路○○號（聲證1），故本件應由　鈞院管轄。
二、有限公司依公司法第113條第2項「除前項規定外，公司變更章程、合

併、解散及清算，準用無限公司有關之規定。」準用第81條「不能依第七十九條規定定其清算人時，法院得因利害關係人之聲請，選派清算人。」是有限公司清算，不能依第79條規定「公司之清算，以全體股東爲清算人。但本法或章程另有規定或經股東決議，另選清算人者，不在此限。」定其清算人，可因利害關係人之聲請選派清算人。

三、按○○公司之股東爲乙一人，並爲公司董事，但其已於○○年○○月○○日死亡（聲證2），致無人爲董事行使職權而自○○年○○月○○日起停業（聲證3），但公司有可收取之應收帳款及應履行之應付帳款、員工薪資、資遣費及費用，另有公司原料、設備需待處理，雖乙有配偶及子女A、B、C爲繼承人，但除配偶在臺灣有設戶籍，其他繼承人等三人均未在臺設籍，且均在美國居住未返回臺灣，致公司無人可處理事務，前經　鈞院○○年司字第○○號裁定選任聲請人爲臨時管理人以處理相關事務（聲證4）。目前除已清償員工薪水、資遣費、部分供應商貨款外，尚有如附表之公司機械設備暫由聲請人保管，有應收帳款及應付貨款及積欠國稅局稅款等未了事務尚待處理。但臺中市政府竟以○○公司有公司法第10條事由（按：即停業），而依公司法第397條第1項規定「公司之解散，不向主管機關申請解散登記者，主管機關得依職權或據利害關係人申請，廢止其登記。」廢止公司登記（聲證5），依公司法第24條「解散之公司除因合併、分割或破產而解散外，應行清算。」及經濟部95年5月8日經商字第09502067450號函公司廢止登記後，須俟清算完結，法人人格始消滅（聲證6），則○○公司現應由清算人辦理清算程序，以消滅法人人格。

四、然如上所述，公司現無股東可爲清算人，爲此依上開說明，聲請　鈞院選派。又因聲請人原爲　鈞院選定之臨時管理人，乙在世時，聲請人爲公司廠長處理臺灣事務（聲證7），公司機械設備目前由聲請人保管中，了解公司應收帳款及應付貨款，故以選派聲請人爲清算人爲適當，爲此聲請　鈞院選派聲請人爲清算人，以完成清算事務。

五、依非訟事件法第175條第3項「第一項事件之聲請爲有理由時，程序費用由公司負擔。」如　鈞院准許本件聲請時，由公司負擔本件程序費用。

　　　　　　謹狀

證據：

附表：公司機械設備清單1件。

聲證1：變更登記表影本1件。

聲證2：戶籍謄本影本1件。

聲證3：經濟部工商登記公示資料影本1件。

聲證4：　鈞院○○○年度司字第○○號民事裁定及確定證明書影本1件。

聲證5：臺中市政府○○年○○月○○日函影本1件。

聲證6：經濟部95年5月8日經商字第09502067450號函影本1件。

聲證7：勞保被保險人投保資料明細、健保投保對象歷史明細影本各1件、報
　　　　價單影本2件、銷售確認書影本1件。

　　　　　　　　　　謹狀

臺灣臺中地方法院　公鑒

中　華　民　國　○○　年　○○　月　○○　日

　　　　　　具狀人：甲　　印

相關法條及裁判要旨

■非訟事件法第175條第1項、第3項：

對於法院選派或解任公司清算人、檢查人之裁定，不得聲明不服。但法院依公司法第二百四十五條第一項規定選派檢查人之裁定，不在此限。

第一項事件之聲請為有理由時，程序費用由公司負擔。

■非訟事件法第176條：

有下列情形之一者，不得選派為清算人：

一、未成年人。

二、受監護或輔助宣告之人。

三、褫奪公權尚未復權者。

四、受破產宣告尚未復權者。

五、曾任清算人而被法院解任者。

(六) 解任清算人（公司法第323條第2項）

案例事實

　　甲證券股份有限公司經決議解散，股東會決定乙律師為清算人，但因乙律師執行清算事務與部分股東發生衝突，該等股東丙遂向法院聲請解任乙律師為清算人職務。

撰狀說明

　　公司解散後，清算人執行清算事務，依公司法第324條規定「清算人於執行清算事務之範圍內，除本節有規定外，其權利義務與董事同。」與董事相同，難免與部分股東相衝突，亦有清算人未能盡責，甚至怠忽事務，除清算人自行辭職，或股東會另行決議解任，公司法第323條第2項「法院因監察人或繼續一年以上持有已發行股份總數百分之三以上股份股東之聲請，得將清算人解任。」設有可向法院聲請解任之規定，惟法院就此聲請，並非一定准許，仍應查明有無理由。

書狀內容

> 狀別：民事聲請狀
> 聲　請　人　丙　　　　　　住臺北市○○區○○路○○號
> 相　對　人　乙　　　　　　住臺中市○○區○○路○○號
> 為聲請派任清算人事。
> 　　　　　聲請事項
> 一、請准解任乙為甲證券股份有限公司清算人。
> 二、聲請費用由相對人負擔。
> 　　　　　理由
> 　　聲請人為甲證券股份有限公司繼續一年以上，持有已發行股份總數百分之三以上股東，此有股東名簿一件可證。按法院因監察人或繼續一年以上持有已發行股份總數百分之三以上股份股東之聲請，得將清算人解任，公司法第323條第2項定有明文。經查甲證券股份有限公司於民國101年3月1日經股東會決議，選任乙為清算人，惟乙就任後，未能積極處理清算事務，且竟否認聲請人申報之債權，而對聲請人提起確認債權不存在訴訟，為此依上開規定，聲請　鈞院解任其清算人職務。
> 　　　　　謹狀

臺灣臺中地方法院　公鑒
證物：股東名簿影本1件。

中	華	民	國	102	年	12	月	15	日

具狀人　丙　印

相關法條及裁判要旨

■公司法第82條：

法院因利害關係人之聲請，認為必要時，得將清算人解任。但股東選任之清算人，亦得由股東過半數之同意，將其解任。

■公司法第323條第1項：

清算人除由法院選派者外，得由股東會決議解任。

(七) 清算人聲報 (公司法第83條第1項)

案件事實

　　同前，乙律師經股東會決議選定為清算人時，應依公司法第83條第1項「清算人應於就任後十五日內，將其姓名、住所或居所及就任日期，向法院聲報。」具狀向法院聲報已就任。

撰狀說明

　　公司法第83條第1項規定「清算人應於就任後十五日內，將其姓名、住所或居所及就任日期，向法院聲報。」雖係就無限公司規定，但依公司法第113條、第334條，有限公司及股份有限公司於清算時均準用，故清算人選任後就任，即應向法院聲報，法院接到聲請狀後，會發函表示備查，屆時清算人可以此備查函證明自己之身分。

　　又律師或會計師為清算人者，住所可填載事務所地址。

書狀內容

状別：民事聲請狀
聲　請　人　乙　　　　　　　　　住臺北市○○路○○號
為聲報就任清算人事。

　　按清算人應於就任後十五日內，將其姓名、住所或居所及就任日期，向法院聲報，公司法第83條第1項定有明文，股份有限公司之清算人，依同法第334條亦準用之。

　　聲請人因甲證券股份有限公司於民國101年3月1日股東會決議解散，選任為清算人，現已就任，為此依上開規定，向　鈞院聲報如下：
一、清算人乙住所為臺中市○○路○○號。
二、請算人已於民國101年3月1日就任。
　　　　　　　　　　謹狀
臺灣臺中地方法院　公鑒
證物：股東會議紀錄影本、律師證書影本各1件。
中　　華　　民　　國　　101　年　　3　月　　10　　日
　　　　　　　　　具狀人　乙　　印

相關法條及裁判要旨

■非訟事件法第178條：

公司法所定清算人就任之聲報，應以書面為之。

前項書面，應記載清算人之姓名、住居所及就任日期，並附具下列文件：

一、公司解散、撤銷或廢止登記之證明。

二、清算人資格之證明。

(八) 清算展期（公司法第87條第3項）

案例事實

　　在前例，乙就任為清算人後，未能於六個月內完結清算，依公司法第87條第3項規定「清算人應於六個月內完結清算；不能於六個月內完結清算時，清算人得申敘理由，向法院聲請展期。」（按：有限公司及股份有限公司依第113條第2項、第334條準用）應向法院聲請展期，法院接到聲請狀後，會發函表示准許。

　　又展期後仍未能於六個月內完結清算，屆期前仍需再聲請，直到清算完結。

撰狀說明

　　清算人之職務有了結現務、收取債權、清償債務，分派盈餘、分派剩餘財產，為避免清算人拖延，雖公司法第87條第3項規定，應於六個月內完成清算，但若公司之業務較多或糾紛較多，不易迅速處理，無法於六個月內完成清算事務必須展期者，清算人即應依上開規定辦理展期。此一展期須於六個月將屆滿前聲請，法院收到後，會發函表示准予備查或展期，如展期後仍無法於六個月完成，再聲請展期，如此反覆至清算事務處理完畢。如漏未聲請，對清算人職務不影響，僅依同法第87條第4項「清算人不於前項規定期限內清算完結者，各處新臺幣一萬元以上五萬元以下罰鍰。」處罰清算人。上開展期規定，有限公司及股份有限公司均準用之。

書狀內容

```
狀別：民事聲請展期狀
案號：101年度司字第125號
股別：己股
聲　請　人　　甲股份有限公司　　設臺中市○○區○○路○○號
法定代理人　　乙　　　　　　　　住臺中市○○區○○路○○號
即清算人
為清算事件聲請展期事。
　　按清算人應於六個月內完結清算；不能於六個月內完結清算時，清算人
得申敘理由，聲請法院展期。公司法第334條、第87條第3項定有明文，股份
有限公司之清算，依公司法第334條準用之。
```

本件聲請人已陸續處理清算事務完結，現因會計師處理報稅事宜尚未辦妥（已請○○會計師事務所協助），致仍無法於　鈞院前准展期之期限即民國97年8月27日前完結清算程序（證1），為此聲請　鈞院惠准再予展期六個月。
　　　　　　　　　謹狀
臺灣臺中地方法院　公鑒
證物：
證1：裁定影本1件。
中　　華　　民　　國　　102　年　8　月　20　日
　　　　　　　　　具狀人　甲股份有限公司　　印
　　　　　　　　　法定代理人即清算人　　乙　　印

(九) 聲請特別清算（公司法第335條第1項）

案例事實

在前例，清算人發現申報之債權超過公司資產，但申報之債權有不實情事，現已提起確認債權不存在訴訟，但不實之債權人因有執行名義，已對公司財產聲請強制執行，如可執行，公司財產減少，無法辦理清算，有需要進入特別清算。

撰狀說明

在清算事務進行中，如申報之債權超過公司資產，依公司法第89條第1項規定「公司財產不足清償其債務時，清算人應即聲請宣告破產。」清算人應向法院聲請宣告破產，但因申報之債權並非一定實在，如清算人認有不實，固可提起確認債權不存在之訴，但若不實之債權人有執行名義可以強制執行，清算之公司為股份有限公司者，同法第335條第1項規定「清算之實行發生顯著障礙時，法院依債權人或清算人或股東之聲請或依職權，得命令公司開始特別清算；公司負債超過資產有不實之嫌疑者亦同。但其聲請，以清算人為限。」可由清算人聲請特別清算，如經法院准許，依同條第2項「第二百九十四條關於破產、和解及強制執行程序當然停止之規定，於特別清算準用之。」強制執行程序停止，俾清算人可妥適處理，此時即進入特別清算程序，上開第89條第1項，同前，於有限公司及股份有限公司準用之，但特別清算只有於股份有限公司有規定，其他則無。

書狀內容

狀別：民事聲請狀
案號：101年司字第125號
股別：己股
聲　請　人　乙　　　　　　　　　　　住臺中市○○區○○路○○號
　　　　　　（即甲股份有限公司清算人）
為聲請准予特別清算事。
　　　　　聲請事項
一、請准甲股份有限公司開始特別清算。
二、程序費用由聲請人負擔。
　　　　　理由

按清算之實行發生顯著障礙時，法院依債權人或清算人或股東之聲請或依職權，得命令公司開始特別清算；公司負債超過資產有不實之嫌疑者亦同。但其聲請，以清算人為限，公司法第335條第1項定有明文。

　　緣甲股份有限公司經股東會決議解散，選任聲請人為清算人，茲清算進行已將近一年，清算人已將公司之財產清理，並辦理債權申報完畢，但近日忽有債權人B、C，分別持確定之支付命令，聲請強制執行清算人持有之公司財產，惟一方面B、C之債權有虛偽不實，業經清算人對B、C提起民、刑事訴訟，另一方面因其二人債權金額超過公司財產，苟可執行，公司將予破產，是清算之實行，發生顯著障礙，為此依上開規定，聲請准予進行特別清算。

　　　　　　　謹狀
臺灣臺中地方法院　公鑒
證物：鈞院執行命令影本1件、告訴狀及起訴狀影本各1件。

| 中 | 華 | 民 | 國 | 102 | 年 | 12 | 月 | 1 | 日 |

　　　　　　具狀人　乙　　印

相關法條及裁判要旨

■非訟事件法第190條：

公司法所定特別清算程序中應聲請法院處理之事件，其聲請應以書面為之。

前項事件，準用第一百七十二條第二項之規定。

(十) 特別清算之協定認可（公司法第350條第2項）

案例事實

　　在前例中，進入特別清算程序後，清算人為迅速處理清算事務，經監理人同意，提出與債權人和解之方案，即各債權人以五成清償，利息免除，經債權人會議通過，清算人依公司法第350條第2項「前項決議，應得法院之認可。」須聲請法院認可。

撰狀說明

　　在特別清算程序中，債權人亦可與清算人達成和解，以迅速處理清算事務，為此公司法第347條規定「清算人得徵詢監理人之意見，對於債權人會議提出協定之建議。」第350條第1項「協定之可決，應有得行使表決權之債權人過半數之出席，及得行使表決權之債權總額四分之三以上之同意行之。」但為避免協定不公平，即同條第2項規定，此一決議，須經法院認可，即在認可後始生效。

書狀內容

　　狀別：民事聲請狀
　　案號：101年司字第125號
　　聲　請　人　乙　　　　　　　　　住臺中市○○區○○路○○號
　　　　　　　（即甲股份有限公司清算人）
　　為聲請協定認可事。
　　　　　　聲請事項
　　一、請准予認可如附件之協定。
　　二、程序費用由聲請人負擔。
　　　　　　理由
　　　聲請人為甲股份有限公司之清算人，該公司已經　鈞院准許實行特別清算（證1），合先敘明。
　　　茲為能迅速完成清算，聲請人於徵詢監理人之意見後，對於債權人會議提出以五成清償，利息免除之協定建議，詳如附件，現已經債權人會議全數通過（證2），依公司法第350條第1項「協定之可決，應有得行使表決權之債權人過半數之出席，及得行使表決權之債權總額四分之三以上之同意行之。」協定已可決而成立，為此依同條第2項「前項決議，應得法院之認

可。」聲請　鈞院認可。
　　　　　　　　　　謹狀
臺灣臺中地方法院　公鑒
證物：
證1：鈞院裁定影本1件。
證2：債權人會議紀錄影本1件。
中　華　民　國　103　年　2　月　1　日
　　　　　　具狀人　乙　印

相關法條及裁判要旨

■非訟事件法第189條：
公司法第三百三十五條第一項命令開始特別清算、第三百五十條第二項及第三百五十一條協定之認可或變更，準用第一百七十二條第二項、第一百八十二條第四項及前條之規定。

■非訟事件法第190條第1項：
公司法所定特別清算程序中應聲請法院處理之事件，其聲請應以書面爲之。

(十一) 清算完結之聲報（公司法第331條第4項）

1.股份有限公司

案例事實

　　在前例，清算人已完成清算事務，依公司法第331條第4項「第一項清算期內之收支表及損益表，應於股東會承認後十五日內，向法院聲報。」應向法院聲報。

撰狀說明

　　清算人完成清算事務，依公司法第331條第1項「清算完結時，清算人應於十五日內，造具清算期內收支表、損益表、連同各項簿冊，送經監察人審查，並提請股東會承認。」第3項「簿冊經股東會承認後，視為公司已解除清算人之責任。但清算人有不法行為者，不在此限。」即已結束，此時，須依同條第4項向法院聲報，法院收到聲請狀，認無問題，即會發函表示備查。

書狀內容

```
狀別：民事聲請狀
案號：101年司字第125號
　聲　請　人　乙　　　　　　　　　住臺中市○○路○○號
　　　　　（即A股份有限公司清算人）
為聲請清算完結事。
　　甲股份有限公司經股東會於民國101年3月1日決議解散，選任聲請人為清算人，現清算事務已處理完畢，經監察人審查通過之收支表、損益表、各項簿冊已經股東會決議承認（證1），為此依公司法第331條第4項向　鈞院聲報，請鑒核。
　　　　　　　　　謹狀
臺灣臺中地方法院　公鑒
證物：
證1：收支表、損益表及股東會議紀錄影本1件。
中　華　民　國　103　年　4　月　8　日
　　　　　　　具狀人　乙　　印
```

2.有限公司

狀別：民事聲報狀

案號：○○年度司司字第○○號

聲　請　人　○○○企業有限公司

法定代理人即清算人　○○○　　住○○市○○區○○路○○號

爲清算事件　謹具聲報狀事。

　　　　本件已清算完結，依公司法第113條第2項「除前項規定外，公司變更章程、合併、解散及清算，準用無限公司有關之規定。」準用第92條「清算人應於清算完結後十五日內，造具結算表冊，送交各股東，請求其承認，如股東不於一個月內提出異議，即視爲承認。但清算人有不法行爲時，不在此限。」清算人應造具表冊送交各股東承認，因該公司唯一之股東○○○已死亡（附件1），其繼承人繼承該股權，因其未在臺設籍，在臺灣無住居所，無戶政系統資料（附件2），清算人已以電子郵件將造具表冊傳送請求承認（附件3），但逾一個月均未異議，視爲承認，爲此依第93條第1項「清算人應於清算完結，經送請股東承認後十五日內，向法院聲報。」向　鈞院聲報。

　　　　　　　　　　　　謹狀

臺灣臺中地方法院　公鑒

證物：

附件1：戶籍謄本影本1件。

附件2：　鈞院○○年度司字第○○號民事裁定及確定證明書影本1件。

附件3：電子郵件影本1件。

中　華　民　國　　　○○○　　年　○○　月　○○　日

　　　具狀人：○○○企業有限公司　　　　　印

　　　　　　法定代理人即清算人　○○○　　印

(十二) 清算完結聲請指定保存人

案例事實

在前例，清算人聲報清算完結，依公司法第332條規定「公司應自清算完結聲報法院之日起，將各項簿冊及文件，保存十年。其保存人，由清算人及其利害關係人聲請法院指定之。」清算人應向法院指定文件保存人。

撰狀說明

清算人聲報清算完結後，就其持有之公司各項簿冊及文件，應有人保存十年，待法院指定後，即移交給該指定之人，一般清算仍指定清算人保存，保存十年後即可處理該文件，例如廢棄。

書狀內容

```
狀別：民事聲報狀
案號：○○年度司司字第○○號
聲　請　人　○○○股份有限公司
法定代理人即清算人　○○○　　住○○市○○區○○路○○號
為聲請指定保存人事。
　　　　按「公司應自清算完結聲報法院之日起，將各項簿冊及文件，保存十
年。其保存人由清算人及其利害關係人聲請法院指定之。」公司法第332條定
有明文，茲○○股份有限公司之清算已於民國93年4月6日完結，並向　鈞院
聲報（附件1），為此依上開規定聲請　鈞院指定各項簿冊及文件保存人。
　　　　　　　　　謹狀
臺灣臺中地方法院　公鑒
證物：
附件1：聲報狀影本乙件。
中　華　民　國　　○○○　　年　　○○　　月　　○○　　　　日
　　　　具狀人：○○○股份有限公司　　　　　　　　　印
　　　　　　　　法定代理人即清算人　○○○　　　　　印
```

八、婚姻非訟事件（家事事件法第98條）

依家事事件法第98條所定之事件爲婚姻非訟事件。

(一) 夫妻同居（民法第1001條）

案例事實

甲與乙結婚後，乙因與甲發生爭吵而離家出走，甲依民法第1001條「夫妻互負同居之義務。但有不能同居之正當理由者，不在此限。」向法院聲請乙應與甲同居。

撰狀說明

依上開民法第1001條規定，夫妻互負同居義務，故如有一方不履行，另一方可向法院聲請命對方履行，如法院裁定應履行，但對方仍然拒絕履行，可以民法第1052條第1項第5款之惡意遺棄爲理由，請求判決離婚。又乙離家，甲如知其住居處所，可在聲請狀載明其居住處，否則可記載現住居所不明。

又依家事事件法第3條第5項第2款，此爲戊類事件，再依第98條「夫妻同居、指定夫妻住所、請求報告夫妻財產狀況、給付家庭生活費用、扶養費、贍養費或宣告改用分別財產制事件之管轄，準用第五十二條及第五十三條之規定。」可由夫妻住所地或經常共同居所地或發生聲請事實之妻居所地法院管轄。

書狀內容

狀別：家事聲請狀
聲　請　人　　甲　　　　住臺南市安平區○○路○○號
相　對　人　　乙　　　　住同上（現住居所不明）
爲聲請履行同居事。
　　　　　聲請事項
一、相對人應與聲請人同居。
二、聲請費用由相對人負擔。
　　　　　理由
　　兩造於民國99年9月9日結婚，共同以臺南市○○區○○路○○號爲住所，並住在該處，有戶籍謄本可證（聲證1），詎相對人不知何故，竟於民國103年3月1日離家，迄今仍不返回，聲請人四處尋找未著，爲此依民法第1001

條「夫妻互負同居之義務。但有不能同居之正當理由者，不在此限。」請求裁定令相對人與聲請人同居。

　　　　　　　　　　謹狀

臺灣臺南地方法院　公鑒

證物：

聲證1：戶籍謄本1件。

中　　華　　民　　國　　103　　年　　5　　月　　2　　日

　　　　　　　　具狀人　甲　　　印

(二) 指定夫妻住所（民法第1002條第1項）

案例事實

　　甲男乙女戶籍分別設在臺北市與高雄市，結婚後，共同居住臺中市，但戶籍仍在原籍，均未遷移至臺中市共同居住處。某日二人因乙經常返回娘家住居發生爭吵，甲男欲起訴請求離婚，始發見二人之住所為何尚未確定，依民法第1002條第1項「夫妻之住所，由雙方共同協議之；未為協議或協議不成時，得聲請法院定之。」應由法院決定，為此聲請法院決定住所（惟應注意者，夫妻雖未協議，但實際上二人之戶籍已同在一處，依第1002條第2項規定「法院為前項裁定前，以夫妻共同戶籍地推定為其住所。」可以該共同戶籍地為住所而訴訟，即毋庸為此聲請指定）。

撰狀說明

　　依民法第1001條規定「夫妻互負同居之義務。但有不能同居之正當理由者，不在此限。」則一方無故不履行同居義務，另一方得聲請請求履行同居，此同居係指居住於雙方住所，故若住所尚未確定，如何能請求履行同居？民法第1002條第1項規定「夫妻之住所，由雙方共同協議之；未為協議或協議不成時，得聲請法院定之。」就未能協議者，設有處理之規定，是甲男可據此向法院聲請確定夫妻二人之住所。惟應注意者，夫妻雖未協議，但實際上二人之戶籍已同在一處，依第1002條第2項規定「法院為前項裁定前，以夫妻共同戶籍地推定為其住所。」可以該共同戶籍地為住所而訴訟。

　　又指定住所事件屬家事事件法第3條第5項第3款之戊類案件。

書狀內容

```
狀別：家事聲請狀
聲　請　人　甲　　　　　住臺北市○○區○○路○○號
相　對　人　乙　　　　　住高雄市○○區○○路○○號
為聲請定住所事。
　　　　聲請事項
一、請定兩造之住所為臺中市○○路○○號。
二、程序費用由相對人負擔。
　　　　理由
　　按夫妻之住所，由雙方共同協議之；未為協議或協議不成時，得聲請法
```

院定之，民法第1002條第1項定有明文，兩造自民國100年3月3日結婚後，因未協議住所，爲此依上開規定，請法院定兩造之住所。

又兩造雖未協議，但實際上，兩造因工作關係，均住居臺中市○○路○○號，該房屋爲聲請人之財產，可定爲住所。

本件聲請，依家事事件法第98條，準用第52條定法院管轄，因臺中已爲兩造經常共同居住處，　鈞院爲第52條第1項第2款「夫妻共同居所地法院」，故由　鈞院管轄。

　　　　　　　　　　　謹狀
臺灣臺中地方法院　公鑒
證物：戶籍謄本及建物登記謄本各1件。
中　　華　　民　　國　　102　　年　　8　　月　　1　　日
　　　　　　　　　具狀人　甲　[印]

相關法條及裁判要旨

■民法第1002條：

夫妻之住所，由雙方共同協議之；未爲協議或協議不成時，得聲請法院定之。
法院爲前項裁定前，以夫妻共同戶籍地推定爲其住所。

■家事事件法第98條：

夫妻同居、指定夫妻住所、請求報告夫妻財產狀況、給付家庭生活費用、扶養費、贍養費或宣告改用分別財產制事件之管轄，準用第五十二條及第五十三條之規定。

■家事事件法第52條：

確認婚姻無效、撤銷婚姻、離婚、確認婚姻關係存在或不存在事件，專屬下列法院管轄：

一、夫妻之住所地法院。

二、夫妻經常共同居所地法院。

三、訴之原因事實發生之夫或妻居所地法院。

當事人得以書面合意定管轄法院，不受前項規定之限制。

第一項事件夫或妻死亡者，專屬於夫或妻死亡時住所地之法院管轄。

不能依前三項規定定法院管轄者，由被告住、居所地之法院管轄。被告之住、居所不明者，由中央政府所在地之法院管轄。

■家事事件法第53條：

婚姻事件有下列各款情形之一者，由中華民國法院審判管轄：

一、夫妻之一方爲中華民國人。

二、夫妻均非中華民國人而於中華民國境內有住所或持續一年以上有共同居所。

三、夫妻之一方爲無國籍人而於中華民國境內有經常居所。

四、夫妻之一方於中華民國境內持續一年以上有經常居所。但中華民國法院之裁判顯不爲夫或妻所屬國之法律承認者，不在此限。

被告在中華民國應訴顯有不便者，不適用前項之規定。

■家事事件法第78條：

法院應依職權調查事實及必要之證據。法院認爲關係人之聲明或陳述不完足者，得命其敘明或補充之，並得命就特定事項詳爲陳述。

(三) 給付扶養費（民法第1084條第2項、第1116條之2）

案例事實

　　甲男與乙女婚後生有二子丙、丁，嗣因甲乙不和，協議離婚，約定丙丁由甲行使親權（即由甲監護），甲扶養丙丁若干年後，始發覺乙亦應負擔丙丁之生活費用，為此就甲已支付（即甲支付超過自己應負擔者）及乙將來應支付丙丁者，請求乙給付。

撰狀說明

　　依民法第1084條第2項規定「父母對於未成年之子女，有保護及教養之權利義務。」第1089條第1項「對於未成年子女之權利義務，除法律另有規定外，由父母共同行使或負擔之。父母之一方不能行使權利時，由他方行使之。父母不能共同負擔義務時，由有能力者負擔之。」第1116條之2規定「父母對於未成年子女之扶養義務，不因結婚經撤銷或離婚而受影響。」第1119條規定「扶養之程度，應按受扶養權利者之需要，與負扶養義務者之經濟能力及身分定之。」參照最高法院92年台上字第2184號判決「父母對於未成年子女之扶養義務，不因結婚經撤銷或離婚而受影響。其扶養程度應按受扶養權利者之需要與負扶養義務者之經濟能力及身分定之。觀之民法第一千一百十六條之二、第一千一百十九條自明。故父母離婚後，未行使親權之父母一方，僅其親權之行使暫時停止，其與未成年子女之身分關係，不因離婚而受影響，父、母仍應各依其經濟能力及身分，與未成年子女之需要，共同對未成年子女負保護教養之義務，不因父、母之一方之經濟能力足以使受扶養人獲得完全滿足之扶養，而解免他方之共同保護教養義務。」則夫妻離婚後，子女由一方行使親權，未行使之一方，除可探視子女，仍有扶養義務，應給扶養費用。

　　給付扶養費，如係夫妻一方請求對方返還乙方支出超過自己應負擔者（即超過部分對方墊付，可依不當得利請求），屬婚姻非訟事件，但子女亦可請求一方給付應負擔者，則為家事事件法第104條之親子非訟事件，固可分別請求，但一般均係合併請求，即如本範例所示。

　　又此項扶養費請求，亦可於夫妻一方請求離婚時一併請求，即在請求離婚訴訟中，一併請求親權由一方行使，並請求子女扶養費，此親權行使及扶養費為家事事件審理細則第101條之親子非訟事件，但依家事事件法第41條第1項「數家事訴訟事件，或家事訴訟事件及家事非訟事件請求之基礎事實相牽連者，得向就其中一家事訴訟事件有管轄權之少年及家事法院合併請求，不受民

事訴訟法第五十三條及第二百四十八條規定之限制。」第6項「法院就第一項至第三項所定得合併請求、變更、追加或反請求之數宗事件合併審理時，除本法別有規定外，適用合併審理前各該事件原應適用法律之規定為審理。」第42條第1項「法院就前條第一項至第三項所定得合併請求、變更、追加或反請求之數宗事件，應合併審理、合併裁判。但有下列各款情形之一者，得分別審理、分別裁判：一、請求之標的或其攻擊防禦方法不相牽連。二、兩造合意分別審理、分別裁判，經法院認為適當。三、依事件性質，認有分別審理、分別裁判之必要。」第2項「法院就前項合併審理之家事訴訟事件與家事非訟事件合併裁判者，除別有規定外，應以判決為之。」即應以家事事件法之家事訴訟程序處理。

書狀內容

1.單獨聲請扶養費

狀別：家事聲請狀
訴訟標的金額：（請容裁定後補繳）
聲　　請　　人　　丙　　　　臺中市東區○○里○○路○○號
　　　　　　　　　丁　　　　住同上
兼法定代理人　　　甲　　　　住同上
相　　對　　人　　乙　　　　臺中市潭子區○○路○○號
為請求給付扶養費等聲請事。

　　　　　聲請事項

一、相對人應給付聲請人甲新臺幣1,740,460元及自聲請狀繕本送達翌日起至清償日止按年利百分之五計算之利息。

二、相對人應自　鈞院裁定確定之日起至聲請人丙、丁成年之日止，按月於每月1日給付聲請人丙、丁之扶養費各新臺幣11,446元，如有一期延遲給付，其後之給付視為全部到期。

三、聲請費用由相對人負擔。

　　　　　原因事實

　　按給付扶養費事件，為婚姻非訟事件。未成年子女扶養請求，為親子非訟事件。家事事件審理細則第95條第1項第6款、第101條第1項第6款分別定有明文。復依家事事件審理細則第95條之立法說明，代墊已屆期之扶養請

求，關係人雖以不當得利為請求權基礎，聲請命相對人給付已屆期之扶養費用，然因事件之基礎事實仍屬夫妻等家庭成員間之給付關係，性質上屬於家事事件，允宜適用家事事件法之各種程序，調整夫妻家庭成員之關係，以確保夫妻等關係人之程序利益與實體利益。是本件請求代墊子女扶養費之不當得利事件及給付扶養費事件，於家事事件法施行後，均應適用家事非訟程序，合先陳明。

聲請人甲與相對人乙於民國89年1月27日結婚（聲證1），又於民國96年10月3日協議離婚（聲證2），婚姻關係存續中生有丙（民國89年9月4日出生）、丁（民國93年8月21日出生）兩子，聲請人甲與相對人乙於民國96年10月3日之離婚協議書約定兩造子女監護權歸聲請人甲。按父母對未成年子女，有保護及教養之權利義務。對未成年子女之權利義務，除法律另有規定外，由父母共同行使或負擔之。父母對未成年子女之扶養義務，不因結婚經撤銷或離婚而受影響，民法第1084條第2項、第1089條第1項前段及第1116條之2分別定有明文。且未成年子女對其父母有扶養請求權，未任親權行使之父母，仍應負擔該未成年子女之扶養義務。據此，本件相對人乙經離婚協議後雖非行使負擔未成年之子丙、丁權利義務之人，然其既為該未成年人之生母，依前揭說明，仍不得免除其對於子女之扶養義務。

按無法律上之行為而受利益，至他人受損害者，應返還其利益，民法第179條前段定有明文。父母之一方單獨扶養，得依不當得利之規定請求他方償還代墊其應分擔之扶養費用。自從民國96年10月3日聲請人甲與相對人乙離婚時起，相對人乙未負擔未成年二子丙丁之扶養費，均係由聲請人甲單獨負擔之。依行政院主計總處民國102年6月5日主地家字第1020010091號函（聲證3），臺中市平均每人每月經常性支出（含消費性支出、非消費性支出），民國96年係新臺幣（下同）24,741元、民國97年係23,537元、民國98年係23,185元、民國99年係24,422元、民國100年係22,013元、民國101年為22,892元，民國102年尚無資料，亦以22,892元計算。故自民國96年10月3日起至民國102年12月31日止，聲請人甲支付未成年二子丙丁之扶養費，相對人乙本應分擔一半，卻未分擔，由聲請人甲單獨扶養，其受有不當得利，聲請人即自得依民法第179條請求相對人乙給付，計算方式如附表所載。

相對人乙對聲請人丙、丁負有法定扶養義務，依民法第1116條之2規定，不因離婚而受有影響，聲請人丙、丁自得請求相對人乙自　鈞院裁定確定之

日起至聲請人丙、丁成年止，相對人乙應按月各給付新臺幣11,446元之扶養費（以每月22,892÷2＝11,446元）。

敬請賜判如聲明所載。

謹狀

臺灣臺中地方法院　公鑒

證物：

聲證1：戶籍謄本影本1件。

聲證2：離婚協議書影本1件。

聲證3：主計總處家庭收支調查報告1件。

中　　華　　民　　國　　102　年　　10　月　　24　日

具狀人　丙　丁

兼法定代理人　甲　印

附表：相對人不當得利金額

未成年子女丙、丁二人自民國96年10月3日起至本裁定確定之日止，暫計至民國102年12月31日。

計算方式如下：

(1)民國96年：(24,741×12)÷365＝813（元）×90天＝73,170

(2)民國97年：23,537×12＝282,444

(3)民國98年：23,185×12＝278,220

(4)民國99年：24,422×12＝293,064

(5)民國100年：22,013×12＝264,156

(6)民國101年：22,892×12＝274,704

(7)民國102年：(22,892×12)＝274,704（按目前尚無102年調查資料，暫以民國101年者計算）

以上合計：73,170＋282,444＋278,220＋293,064＋264,156＋274,704＋274,704＝1,740,462

1,740,462×2（人）＝3,480,924

3,480,924÷2（父母各分擔一半）＝1,740,462

狀別：家事給付扶養費聲請狀
聲　請　人　　甲　　　　　住臺北市○○區○○路○○號
相　對　人　　乙　　　　　住高雄市○○區○○路○○號
為請求給付子女扶養費事。
　　　　　聲請事項
一、相對人應自本裁定確定之日起至未成年子女丙、丁成年之日，按每月
　　於每月○日給付聲請人關於未成年子女丙、丁扶養費用新臺幣（各）
　　○○○元或法院所認適當之金額。如有遲誤一期履行，當期以後之各期
　　之給付視為亦已到期。
二、聲請程序費用由相對人負擔。
　　　　　事實及理由
　　　按關於未成年子女扶養請求、其他權利義務之行使或負擔之酌定、改
定、變更或重大事項權利行使酌定之親子非訟事件，專屬子女住所或居所地
管轄；無住所或居所者，得由法院認為適當之所在地法院管轄。未成年子女
有數人，其住所或居所不在一法院管轄區域內者，各該住所或居所地法院俱
有管轄權，家事事件法第104條第1項第1款及第2項定有明文。因本件未成年
子女住所地在臺中市，故本件應由　鈞院管轄。
　　　聲請人甲與相對人乙係未成年子女丙、丁之父、母，兩造於民國○年○
月○日離婚，離婚時雖約定經法院酌定對於未成年子女權利義務之行使及負
擔，均由聲請人甲任之，然相對人乙既為未成年子女之母，其依法對於未成
年子女仍負有扶養義務，惟相對人乙自兩造離異後迄今，均未確實分擔未成
年子女之扶養費用，爰依行政院主計處近期公布之臺灣地區家庭收支調查報
告臺中市民平均消費支出標準計算未成年子女每月之扶養費用，請求相對人
按月給付子女扶養費○○○元或法院所認適當之金額，如上開聲明所示。
　　　　　謹狀
臺灣臺中地方法院家事法院　公鑒
證物：
1.兩造子女戶籍謄本正本。
2.離婚判決書、兩願離婚協議書影本1份。
3.請求傳訊證人即兩造未成年子女○○○。
中　　華　　民　　國　　　　年　　　　月　　　　日
　　　　　　　具狀人　甲　　　印

2.提起離婚訴訟時一併請求

狀別：家事起訴狀

原　告　甲　　　住臺中市大里區○○路○○號
被　告　乙　　　住臺中市大里區○○路○○號

爲請求離婚等事件，依法起訴事。

　　　　　訴之聲明

一、請准兩造離婚。

二、兩造之未成年子女A權利義務之行使或負擔由原告任之。

三、被告應負擔A扶養費用至成年之日止二分之一。

四、訴訟費用由被告負擔。

　　　　　事實及理由

甲、程序方面

　　　　按數家事訴訟事件，或家事訴訟事件及家事非訟事件請求之基礎事實相牽連者，得向其中一家事訴訟事件有管轄權之少年及家事法院合併請求，不受民事訴訟法第53條及第248條規定之限制。前項情形，得於第一審或第二審言詞辯論終結前，爲請求之變更、追加或爲反請求；法院就前條第1項至第3項所定得合併請求、變更、追加或反請求之數宗事件，應合併審理、合併裁判。但有下列各款情形之一者，得分別審理、分別裁判：一、請求之標的或其攻擊防禦方法不相牽連。二、兩造合意分別審理、分別裁判，經法院認爲適當。三、依事件性質，認有分別審理、分別裁判之必要，家事事件法第41條第1項、第2項、第42條第1項分別定有明文。本件原告起訴請求判准兩造離婚，合併聲請酌定對於兩造所生未成年子女A（以下合稱未成年子女）權利義務之行使或負擔。經核原告所提上開家事訴訟事件及家事非訟事件，皆係因兩造婚姻及親子關係所生之家事紛爭，請求之基礎事實均相牽連，且核無上開得分別審理、分別裁判之情形，揆諸首揭規定，自應由　鈞院合併審理、判決。

乙、實體方面

一、兩造於民國（以下同）102年○○月○○日結婚（原證1），但被告於婚後，經常因個人情緒而對原告及子女爲暴力行爲，在對子女爲暴力行爲時，原告勸阻，轉而毆打原告，被告在毆打原告時，子女爲保護原告，被告轉而毆打子女，原告雖予忍讓，但被告仍不悔改，最後一次係110年

7月21日下午及晚間，因兩造所生之子A到兩造之女丙家，教導丙之子使用電腦視訊上課，被告竟以未得其同意，而牽怒原告，用手毆打原告右側頭部、右臉、後頸與上背處，並以腳踢原告右下腹（原證2），原告為此離家，向草屯分局草屯派出所報案，申請保護令，並由 鈞院受理（原證3），被告雖以簡訊向原告道歉，表明今後絕不對原告口出惡言、動手腳，請求原告原諒（原證4），原告雖撤回上開保護令之申請（原證5），提議離婚，但被告竟以需原告給付500萬或叫兩造之女丙拿出1,000萬元（原證6），始同意離婚，致未能協議離婚，茲不僅因被告多次對原告惡言、動手毆打，依民法第1052條第1項第3款「夫妻之一方對他方為不堪同居之虐待。」應准原告請求離婚，且兩造間因長期不睦，已難以維持婚姻，而被告雖願離婚（原證7），但竟以要原告給付一定金額為條件，原告無從答應，為此依民法第1052條第2項「有前項以外之重大事由，難以維持婚姻者，夫妻之一方得請求離婚。但其事由應由夫妻之一方負責者，僅他方得請求離婚。」亦請准許原告請求離婚。

二、兩造所生之子女A係103年○○月○○日生，尚未成年，但目前就讀大學，被告在A年幼時即施以暴力，致A對其心生畏懼，為其利益，應准由原告行使或負擔其權利義務。但被告應負擔其扶養費二分之一。

三、請判決如聲明。

謹狀

臺灣臺中地方法院 公鑒

證據：

原證1：戶口名簿影本1件。

原證2：驗傷診斷書影本1件。

原證3： 鈞院家事法庭通知影本1件。

原證4：被告簡訊影本1件。

原證5： 鈞院書記官通知影本1件。

原證6：LINE訊息影本2件。

原證4：LINE訊息影本1件。

中 華 民 國 113 年 ○○ 月 ○○ 日

具狀人：甲 ［印］

相關法條及裁判要旨

■家事事件法第98條：

夫妻同居、指定夫妻住所、請求報告夫妻財產狀況、給付家庭生活費用、扶養費、贍養費或宣告改用分別財產制事件之管轄，準用第五十二條及第五十三條之規定。

■家事事件法第99條：

請求家庭生活費用、扶養費或贍養費，應於準備書狀或於筆錄載明下列各款事項：

一、請求之金額、期間及給付方法。

二、關係人之收入所得、財產現況及其他個人經濟能力之相關資料，並添具所用書證影本。

聲請人就前項數項費用之請求，得合併聲明給付之總額或最低額；其聲明有不明瞭或不完足者，法院應曉諭其敘明或補充之。

聲請人為前項最低額之聲明者，應於程序終結前補充其聲明。其未補充者，法院應告以得為補充。

■家事事件法第100條：

法院命給付家庭生活費、扶養費或贍養費之負擔或分擔，得審酌一切情況，定其給付之方法，不受聲請人聲明之拘束。

前項給付，法院得依聲請或依職權，命為一次給付、分期給付或給付定期金，必要時並得命提出擔保。

法院命分期給付者，得酌定遲誤一期履行時，其後之期間視為亦已到期之範圍或條件。

法院命給付定期金者，得酌定逾期不履行時，喪失期限利益之範圍或條件，並得酌定加給之金額。但其金額不得逾定期金每期金額之二分之一。

■民法第1116條之2：

父母對於未成年子女之扶養義務，不因結婚經撤銷或離婚而受影響。

■民法第1084條第2項：

父母對於未成年之子女，有保護及教養之權利義務。

■最高法院56年台上字第795號判例：

民法第1084條，乃規定父母對於未成年子女之保護及教養義務，與同法第1114條第1款所定，直系血親相互間之扶養義務者不同，後者凡不能維持生活而無謀生能力時，皆有受扶養之權利，並不以未成年為限。又所謂謀生能力並不專

指無工作能力者而言，雖有工作能力而不能期待其工作，或因社會經濟情形失業，雖已盡相當之能事，仍不能覓得職業者，亦非無受扶養之權利，故成年之在學學生，未必即喪失其受扶養之權利。

■最高法院92年台上字第219號判決：

父母對於未成年子女，有保護及教養之權利義務，民法第1084條第2項定有明文。所謂保護及教養之權利義務，包括扶養在內。自父母對未成年子女行使或負擔保護及教養之權利義務本質言，此之扶養義務應屬生活保持義務，與同法第1114條第1款所定直系血親相互間之扶養義務屬生活扶助義務尚有不同，故未成年子女請求父母扶養，自不受民法第1117條第1項規定之限制，即不以不能維持生活而無謀生能力為限。

■最高法院92年台上字第2184號判決：

父母對於未成年子女之扶養義務，不因結婚經撤銷或離婚而受影響。其扶養程度應按受扶養權利者之需要與負扶養義務者之經濟能力及身分定之。觀之民法第1116條之2、第1119條自明。故父母離婚後，未行使親權之父母一方，僅其親權之行使暫時停止，其與未成年子女之身分關係，不因離婚而受影響，父、母仍應各依其經濟能力及身分，與未成年子女之需要，共同對未成年子女負保護教養之義務，不因父、母之一方之經濟能力足以使受扶養人獲得完全滿足之扶養，而解免他方之共同保護教養義務。

九、親子非訟事件（家事事件法第104條）

依家事事件法第104條所定之事件為親子非訟事件。

(一) 定親權人（民法第1055條第1項）

1.離婚酌定親權人

案例事實

甲男乙女結婚後，生有一子丙，今甲乙二人因婚姻不睦，雙方均同意離婚，但對丙之親權行使二人均甚堅持，二人同意先辦離婚登記手續，對丙之親權行使，則由法院決定。

撰狀說明

依民法第1055條第1項規定「夫妻離婚者，對於未成年子女權利義務之行使或負擔，依協議由一方或雙方共同任之。未為協議或協議不成者，法院得依夫妻之一方、主管機關、社會福利機構或其他利害關係人之請求或依職權酌定之。」是若夫妻同意離婚，或請求法院判決離婚，關於子女之親權行使，無法達成協議，可依上開規定，由法院酌定。又在請求判決離婚者，此項酌定，即由准許判決離婚之法院一併酌定，反之，如已有協議離婚，毋庸法院判決者，則依家事事件法第3條第5項第8款、第104條第1項第1款為戊類事件，可向子女住所或居所地法院聲請裁定。至於法院則參酌相關資料，例如調查報告、父母之狀況決定何人或共同行使親權，並非一定判准由聲請人行使親權（以下案例均同）。

書狀內容

狀別：家事聲請狀
聲　請　人　　甲　　　　　　住臺中市○○路○○號
相　對　人　　乙　　　　　　住高雄市○○路○○號
為聲請酌定子女親權人事。
　　　　聲請事項
一、兩造所生子丙，其權利義務之行使或負擔由聲請人任之。
二、程序費用由相對人負擔。
　　　　理由
　　按夫妻離婚者，對於未成年子女權利義務之行使或負擔，依協議由一方

或雙方共同任之。未爲協議或協議不成者，法院得依夫妻之一方、主管機關、社會福利機構或其他利害關係人之請求或依職權酌定之，民法第1055條第1項定有明文。

　　兩造於民國100年5月5日結婚，婚後生有一子丙，但因兩造不睦，於民國102年10月1日協議離婚，辦妥手續，茲因兩造所生之子丙，其親權應由何方行使，兩造未能達成協議，爲此依上開規定及家事事件法第104條第1項，請
　鈞院酌定。又因聲請人較相對人適合行使親權，請指定聲請人行使爲宜。
　　　　　　　　　　謹狀
臺灣臺中地方法院　公鑒
證物：戶籍謄本1件。
中　　　華　　　民　　　國　　　103　　年　　　10　　月　　　1　　日
　　　　　　　　　　具狀人　甲　　印

狀別：家事聲請狀
聲　請　人　　甲　　　　　　住臺中市○○路○○號
相　對　人　　乙　　　　　　住高雄市○○路○○號
對於未成年子女權利義務之行使及負擔，聲請酌定事項。
一、應受裁定事項之聲明
　　(一)對於聲請人與相對人所生之未成年子女丙之權利義務之行使及負擔，酌定由聲請人任之。
　　(二)相對人得與子女會面交往。
　　(三)程序費用由相對人負擔。
二、事實及理由
　　(一)聲請人與相對人於民國100年3月1日離婚，有戶籍謄本可憑，兩造於離婚時就兩造所生之未成年子女丙（民國99年4月1日生），並未約定親權行使事宜，爰依民法第1055條及家事事件法第104條規定，請求裁定如聲明所示。
　　(二)聲請人適宜擔任親權人之事實及理由
　　　　（略，請自行依實情書寫）
　　(三)相對人不適任擔任親權人事實及理由
　　　　（略，請自行依實情書寫）

□相對人對聲請人或未成年子女曾有實施家庭暴力之情形
　　　　□相對人有酗酒情形
　　　　□相對人有疑似施用毒品或使用藥物成癮情形
　　　　□其他
　　(四)會面交往之方式及時間
　　　　1.每月第○、○週週五下午十六時起，未行使親權人得前往子女所
　　　　　在之處所或就讀學校與子女會面，並照顧至星期日下午四時三十
　　　　　分以前送回行使親權人之住所。
　　　　2.清明節、端午節及中秋節未行使親人得自上午八時三十分起得接
　　　　　回子女，至同日下午五時三十分以前（接、送方式同前）。
　　　　3.農曆春節除夕、初一，未行使親權人得接回子女同宿（接、送時
　　　　　間及方式同前）。
　　　　4.未成年子女就學之學校放寒、暑假之期間，除仍得維持前述之會
　　　　　面交往方式外，寒假各得增加十天之同住期間，暑假各得增加
　　　　　二十日之同住期間；並可分割數次為之。
　　　　　　　　　謹狀
臺灣臺中地方法院家事法庭　公鑒
證物：
1.聲請人與相對人離婚證明書。
2.聲請人及子女之戶籍謄本正本各1份。
中　　華　　民　　國　　103　　年　　10　　月　　1　　日
　　　　　　　　具狀人　甲　　印

註：以上聲明之(二)及理由之(四)，不聲請亦可，亦可另外聲請。

2.分居酌定親權人（民法第1089條之1）

案例事實

　　在前例中，如甲乙二人未離婚，但已分居，因丙隨乙女居住，甲欲探視均
遭乙女拒絕，甲欲依民法第1089條之1規定「父母不繼續共同生活達六個月以上
時，關於未成年子女權利義務之行使或負擔，準用第一千零五十五條、第一千

零五十五條之一及第一千零五十五條之二之規定。但父母有不能同居之正當理由或法律另有規定者，不在此限。」處理。

撰狀說明

　　依民法第1089條第1項規定「對於未成年子女之權利義務，除法律另有規定外，由父母共同行使或負擔之。父母之一方不能行使權利時，由他方行使之。父母不能共同負擔義務時，由有能力者負擔之。」對子女之親權由父母雙方共同行使，如離婚時，法院即應依民法第1055條第1項「夫妻離婚者，對於未成年子女權利義務之行使或負擔，依協議由一方或雙方共同任之。未爲協議或協議不成者，法院得依夫妻之一方、主管機關、社會福利機構或其他利害關係人之請求或依職權酌定之。」酌定由何人行使親權，但在離婚前，如夫妻二人分居，子女隨一方居住，他方未能探視並行使親權，則可依民法第1089條之1準用第1055條，即依家事事件法第104條聲請法院酌定。

書狀內容

狀別：家事聲請狀
聲　請　人　甲　　　　住臺中市○○路○○號
相　對　人　乙　　　　住高雄市○○路○○號
爲聲請酌定子女親權人事。
　　　　聲請事項
一、兩造所生子丙，其權利義務之行使或負擔由聲請人任之。
二、程序費用由相對人負擔。
　　　　理由
　　按父母不繼續共同生活達六個月以上時，關於未成年子女權利義務之行使或負擔，準用第1055條、第1055條之1及第1055條之2之規定。但父母有不能同居之正當理由或法律另有規定者，不在此限，民法第1089條之1定有明文。

　　兩造爲夫妻，育有一子丙，因兩造感情不睦，時生爭吵，現已分居達七個月，依民法第1089條第1項「對於未成年子女之權利義務，除法律另有規定外，由父母共同行使或負擔之。父母之一方不能行使權利時，由他方行使之。父母不能共同負擔義務時，由有能力者負擔之。」丙之親權行使應由兩造爲之，但已分居時，擅自攜帶丙離開，拒絕聲請人之探視，爲此依上開規

定，請酌定丙由聲請人行使親權。
　　　　　　謹狀
臺灣高雄地方法院　公鑒
中　　華　　民　　國　　103　　年　　3　　月　　1　　日
　　　　　　　　　具狀人　甲　印

相關法條及裁判要旨

■家事事件法第104條：

下列親子非訟事件，專屬子女住所或居所地法院管轄；無住所或居所者，得由法院認爲適當之所在地法院管轄：

一、關於未成年子女扶養請求、其他權利義務之行使或負擔之酌定、改定、變更或重大事項權利行使酌定事件。

二、關於變更子女姓氏事件。

三、關於停止親權事件。

四、關於未成年子女選任特別代理人事件。

五、關於交付子女事件。

六、關於其他親子非訟事件。

未成年子女有數人，其住所或居所不在一法院管轄區域內者，各該住所或居所地之法院俱有管轄權。

第一項事件有理由時，程序費用由未成年子女之父母或父母之一方負擔。

■家事事件法第105條第1項：

婚姻或親子訴訟事件與其基礎事實相牽連之親子非訟事件，已分別繫屬於法院者，除別有規定外，法院應將親子非訟事件移送於婚姻或親子訴訟事件繫屬中之第一審或第二審法院合併裁判。

■家事事件法第106條：

法院爲審酌子女之最佳利益，得徵詢主管機關或社會福利機構之意見、請其進行訪視或調查，並提出報告及建議。

法院斟酌前項調查報告爲裁判前，應使關係人有陳述意見之機會。但其內容涉及隱私或有不適當之情形者，不在此限。

法院認爲必要時，得通知主管機關或社會福利機構相關人員於期日到場陳述意見。

前項情形，法院得採取適當及必要措施，保護主管機關或社會福利機構相關人

員之隱私及安全。

■家事事件法第107條：

法院酌定、改定或變更父母對於未成年子女權利義務之行使或負擔時，得命交付子女、容忍自行帶回子女、未行使或負擔權利義務之一方與未成年子女會面交往之方式及期間、給付扶養費、交付身分證明文件或其他財物，或命為相當之處分，並得訂定必要事項。

前項命給付扶養費之方法，準用第九十九條至第一百零三條規定。

■家事事件法第108條：

法院就前條事件及其他親子非訟事件為裁定前，應依子女之年齡及識別能力等身心狀況，於法庭內、外，以適當方式，曉諭裁判結果之影響，使其有表達意願或陳述意見之機會；必要時，得請兒童及少年心理或其他專業人士協助。

前項兒童及少年心理或其他專業人士之報酬，準用第十七條第三項規定。

■家事事件法第109條：

就有關未成年子女權利義務之行使或負擔事件，未成年子女雖非當事人，法院為未成年子女之最佳利益，於必要時，亦得依父母、未成年子女、主管機關、社會福利機構或其他利害關係人之聲請或依職權為未成年子女選任程序監理人。

■民法第1055條：

夫妻離婚者，對於未成年子女權利義務之行使或負擔，依協議由一方或雙方共同任之。未為協議或協議不成者，法院得依夫妻之一方、主管機關、社會福利機構或其他利害關係人之請求或依職權酌定之。

前項協議不利於子女者，法院得依主管機關、社會福利機構或其他利害關係人之請求或依職權為子女之利益改定之。

行使、負擔權利義務之一方未盡保護教養之義務或對未成年子女有不利之情事者，他方、未成年子女、主管機關、社會福利機構或其他利害關係人得為子女之利益，請求法院改定之。

前三項情形，法院得依請求或依職權，為子女之利益酌定權利義務行使負擔之內容及方法。

法院得依請求或依職權，為未行使或負擔權利義務之一方酌定其與未成年子女會面交往之方式及期間。但其會面交往有妨害子女之利益者，法院得依請求或依職權變更之。

■民法第1055條之1：

法院為前條裁判時，應依子女之最佳利益，審酌一切情狀，尤應注意下列事項：

一、子女之年齡、性別、人數及健康情形。

二、子女之意願及人格發展之需要。

三、父母之年齡、職業、品行、健康情形、經濟能力及生活狀況。

四、父母保護教養子女之意願及態度。

五、父母子女間或未成年子女與其他共同生活之人間之感情狀況。

六、父母之一方是否有妨礙他方對未成年子女權利義務行使負擔之行為。

七、各族群之傳統習俗、文化及價值觀。

前項子女最佳利益之審酌，法院除得參考社工人員之訪視報告或家事調查官之調查報告外，並得依囑託警察機關、稅捐機關、金融機構、學校及其他有關機關、團體或具有相關專業知識之適當人士就特定事項調查之結果認定之。

■民法第1055條之2：

父母均不適合行使權利時，法院應依子女之最佳利益並審酌前條各款事項，選定適當之人為子女之監護人，並指定監護之方法、命其父母負擔扶養費用及其方式。

(二) 變更子女姓氏（民法第1059條第5項）

案例事實

　　甲女與乙男結婚後，生有一子丙，丙從乙男父姓，嗣因有民法第1059條第5項「有下列各款情形之一，法院得依父母之一方或子女之請求，為子女之利益，宣告變更子女之姓氏為父姓或母姓：一、父母離婚者。二、父母之一方或雙方死亡者。三、父母之一方或雙方生死不明滿三年者。四、父母之一方顯有未盡保護或教養義務之情事者。」事由，甲女向法院聲請變更丙之姓為從母姓。

撰狀說明

　　子女之姓，依民法第1059條第1項「父母於子女出生登記前，應以書面約定子女從父姓或母姓。未約定或約定不成者，於戶政事務所抽籤決定之。」由父母雙方約定，但亦可由父母同意後變更，如有特定事由，可由一方依第5項聲請變更，至此變更依家事事件法第3條第5項第7款及第104條第1項第2款為戊類事件，由子女住居地法院管轄，則在夫妻無法依民法第1059條第2項「子女經出生登記後，於未成年前，得由父母以書面約定變更為父姓或母姓。」協議變更，可由欲變更之一方，依同條第5項向法院聲請變更。

書狀內容

```
狀別：家事聲請狀
聲　請　人　甲　　　　住臺北市○○區○○路○○號
相　對　人　乙　　　　住新北市○○區○○路○○號
為聲請變更子女姓氏事。
　　　　　聲請事項
一、請求變更兩造之子女丙之姓氏改從母姓○。
二、程序費用由相對人負擔。
　　　　　理由
　　緣聲請人係相對人配偶，兩造生有一子丙，從乙之父姓，但自民國○年
○月○日兩造已離婚，乙亦未負擔子女生活教養費用，爰依民法第1059條第5
項規定聲請變更丙之姓氏改從母姓○。
　　　　　謹狀
臺灣臺中地方法院家事法院　公鑒
```

證物：戶籍謄本〇件。

中　華　民　國　　　年　　　月　　　日

　　　　　　　　　　具狀人　甲　　印

　　　　　　　　　　聯絡電話：

　　　　　　　　　　手機：

相關法條及裁判要旨

■民法第1059條：

父母於子女出生登記前，應以書面約定子女從父姓或母姓。未約定或約定不成者，於戶政事務所抽籤決定之。

子女經出生登記後，於未成年前，得由父母以書面約定變更為父姓或母姓。

子女已成年者，得變更為父姓或母姓。

前二項之變更，各以一次為限。

有下列各款情形之一，法院得依父母之一方或子女之請求，為子女之利益，宣告變更子女之姓氏為父姓或母姓：

一、父母離婚者。

二、父母之一方或雙方死亡者。

三、父母之一方或雙方生死不明滿三年者。

四、父母之一方顯有未盡保護或教養義務之情事者。

(三) 停止親權事件（民法第1090條）

1.父親一方不適任親權人

案例事實

　　甲男與乙女結婚後，生有一子丙，甲遊手好閒，竟欲以騙取路人愛心以詐財，某日攜帶丙至車站，立一告示牌載明丙父母死亡，無人扶養，希善心人士捐款。嗣經警發現有詐，而逮捕甲，乙知此事後，依民法第1090條聲請停止甲對丙之親權。

撰狀說明

　　依民法第1090條規定「父母之一方濫用其對於子女之權利時，法院得依他方、未成年子女、主管機關、社會福利機構或其他利害關係人之請求或依職權，為子女之利益，宣告停止其權利之全部或一部。」兒童及少年福利與權益保障法第71條第1項「父母或監護人對兒童及少年疏於保護、照顧情節嚴重，或有第四十九條、第五十六條第一項各款行為，或未禁止兒童及少年施用毒品、非法施用管制藥品者，兒童及少年或其最近尊親屬、直轄市、縣（市）主管機關、兒童及少年福利機構或其他利害關係人，得請求法院宣告停止其親權或監護權之全部或一部，或得另行聲請選定或改定監護人；對於養父母，並得請求法院宣告終止其收養關係。」是父母有濫用親權者，法院得裁定停止行使親權，又依家事事件法第3條第5項第10款、第104條第1項第3款，此為戊類事件，由子女住居地法院管轄。

書狀內容

```
狀別：家事聲請狀
聲　請　人　乙　　　　　住○○○○○○
相　對　人　甲　　　　　住○○○○○○
為請求停止親權聲請事。
　　　　　聲請事項
一、相對人對其子女丙之親權應予停止。
二、程序費用由相對人負擔。
　　　　　理由
　　按父母之一方濫用其對於子女之權利時，法院得依他方、未成年子女、
```

主管機關、社會福利機構或其他利害關係人之請求或依職權，為子女之利益，宣告停止其權利之全部或一部，民法第1090條定有明文，又兒童及少年福利與權益保障法第71條第1項「父母或監護人對兒童及少年疏於保護、照顧情節嚴重，或有第四十九條、第五十六條第一項各款行為，或未禁止兒童及少年施用毒品、非法施用管制藥品者，兒童及少年或其最近尊親屬、直轄市、縣（市）主管機關、兒童及少年福利機構或其他利害關係人，得請求法院宣告停止其親權或監護權之全部或一部，或得另行聲請選定或改定監護人；對於養父母，並得請求法院宣告終止其收養關係。」是父或母有濫用親權時，法院得裁定停止。兩造所生之子丙，尚未成年（聲證1），兩造均為親權人，但甲不思照顧丙，竟利用丙，帶至車站向他人謊稱丙無父母，騙取善心人士捐款，對丙有負面影響，為此依上開規定，聲請停止其親權。

　　　　　　　　　　謹狀
臺灣○○地方法院　公鑒
證物：
聲證1：戶籍謄本1件。

中　　華　　民　　國　　　　年　　　　月　　　　日
　　　　　　　　　具狀人　乙　　印

2.父母均不適任親權人

　　例如前例，甲乙離婚後，均棄子不顧。

狀別：家事停止親權聲請狀
聲　請　人　　　A　　　　住臺北市○○區○○路○○號
相　對　人　　　甲　　　　住臺北市○○區○○路○○號
　　　　　　　　　乙
為請求停止親權事。
　　　　聲請事項
一、相對人對其子女丙之親權應全部予以停止。
二、程序費用由相對人負擔。
　　　　事實及理由
　　相對人結婚後，生有一子丙，聲請人為丙之祖父，即甲之父親，丙自幼

由聲請人扶養，相對人二人民國○年離婚後，均離家出走，而棄子女於不顧，顯有惡意遺棄子女之故意，相對人對於未成年人丙迄今不曾探視，亦不曾聞問，未成年人丙仍由聲請人撫養迄今。因相對人長期未與未成年人丙共同生活，且未盡撫養之義務，已不適任擔任親權人。

　　聲請人係未成年人丙之祖父，丙自幼即由聲請人撫養，並照顧其生活起居，爲此依民法第1090條及兒童及少年福利與權益保障法第71條第1項之規定，請求停止相對人二人對未成年人丙親權之行使。
　　　　　　　　謹狀
臺灣臺中地方法院家事法院　公鑒
證物：戶籍謄本○件。
中　　華　　民　　國　　　年　　　月　　　日
　　　　　　　　具狀人　甲　[印]

(四) 改定親權（民法第1055條第2項、第3項）

案例事實

　　在前例(一)中，如法院決定由甲行使親權，一年後，乙發見甲無力照顧，任意讓子丙流浪街頭，乙欲改定由自己行使親權。

撰狀說明

　　在兩造協議親權如何行使，或法院酌定由何方行使親權者，均可因一定事由由法院改定，前者依民法第1055條第2項規定「前項協議不利於子女者，法院得依主管機關、社會福利機構或其他利害關係人之請求或依職權爲子女之利益改定之。」後者爲同條第3項「行使、負擔權利義務之一方未盡保護教養之義務或對未成年子女有不利之情事者，他方、未成年子女、主管機關、社會福利機構或其他利害關係人得爲子女之利益，請求法院改定之。」

書狀內容

1.協議後之改定

狀別：家事聲請狀

聲　請　人　乙　　　　　住高雄市○○路○○號

相　對　人　甲　　　　　住臺中市○○路○○號

爲聲請改定親權人事。

　　　　　　　聲請事項

一、兩造所生之子丙，其權利義務之行使，請准由甲改定爲乙。

二、程序費用由相對人負擔。

　　　　　　　理由

　　兩造離婚時，經協議親權由甲行使，惟近日發見丙流浪街頭，甲全不照顧，爲此依民法第1055條第2項「前項協議不利於子女者，法院得依主管機關、社會福利機構或其他利害關係人之請求或依職權爲子女之利益改定之。」聲請　鈞院改定由乙行使親權。

　　　　　　　　　謹狀

臺灣臺中地方法院　公鑒

證物：戶籍謄本1件。

中　　華　　民　　國　　103　年　　3　月　　3　日

　　　　　　　具狀人　乙　　印

2.判決後之改定

狀別：家事聲請狀

聲　請　人　甲　　　住臺中市○○區○○路○○號

相　對　人　乙　　　住臺中市○○區○○路○○號

爲改定未成年子女權利義務行使負擔事件聲請狀事。

　　　　　　聲請事項

一、兩造所生之子女丙，改定聲請人行使親權。

二、程序費用相對人負擔。

　　　　　　理由

　　　按行使、負擔權利義務之一方未盡保護教養之義務或對未成年子女有不利之情事者，他方、未成年子女、主管機關、社會福利機構或其他利害關係人得爲子女之利益，請求法院改定之，民法第1055條第3項定有明文，是本件兩造經法院判准離婚，由兩造共同行使負擔丙之權利義務（聲證1），但因相對人有未盡保護教養之義務及對丙有不利情事如下，請准依上開規定，改定由聲請人行使負擔丙權利義務：

一、相對人依法應支付丙扶養費，迄今均未給付，經鈞院○○年度家親聲字第○○號裁定應給付聲請人自民國104年2月7日至民國107年3月6日共36個月聲請人代墊之扶養費296,000元及法定遲延利息，並自該裁定確定之日（按：即民國107年9月18日）至丙成年之日止，每月五日前給付丙8,000元（聲證2），然相對人均未給付。

二、雖經判決相對人可以探視丙，並依○○年度司家非調字第○○號調解（聲證3），雙方同意變更方式，約定在丙就讀小學前，每月第二、四、五週之週日上午9時至下午5時，聲請人在○○大學圖書管將丙交給相對人照顧，但不僅相對人有任意未到○○大學圖書館，亦有遲到者，且如有到場會面，與丙互動不好，不與丙交談，致丙不願見相對人。

三、相對人雖簽名同意配合聲請人爲替丙辦理低收入戶證明，但因公所計算仍加入相對人之收入，致核定爲中低收入（聲證4），無法取得低收入之補助，而損及丙可享受之利益。

四、依龍眼林社會福利慈善事業基金會對相對人訪視報告，以相對人顯不適任親權（監護）人，建議　鈞院改由聲請人爲親權（監護）人，並敘明理由，即爲子女利益，亦請改定由聲請人行使負擔丙之權利義務，爲監

　　護人行使親權。

謹狀

臺灣臺北地方法院　公鑒

證據：

聲證1：判決影本1件。

聲證2：裁定影本1件。

聲證3：調解書影本1件。

聲證4：臺中市○○區公所函影本1件。

中　華　民　國　109　年　○○　月　○○　日

　　　　　　　具狀人：甲　　印

(五) 子女探視（民法第1055條第5項）

案例事實

　　甲男與乙女結婚，生有丙丁二子，嗣甲乙離婚，決定親權由甲男行使，但未約定乙可探視，現乙為請求探視，聲請法院准許。

撰狀說明

　　依民法第1055條第5項「法院得依請求或依職權，為未行使或負擔權利義務之一方酌定其與未成年子女會面交往之方式及期間。但其會面交往有妨害子女之利益者，法院得依請求或依職權變更之。」未行使親權之父母，如對探視未能達成協議，可向法院聲請酌定探視子女，如有約定探視方法，但對方拒絕，可聲請法院令對方履行。

書狀內容

狀別：民事聲請狀

聲　請　人　乙

相　對　人　甲

為聲請與未成年子女會面交往探視事項。

一、應受裁定事項之聲明

　　(一)聲請人得依下列方式與子女進行會面探視。

　　(二)程序費用由相對人負擔。

二、事實及理由

　　(一)聲請人與相對人於民國99年9月9日離婚，有戶籍謄本可憑，兩造並於離婚時就未成年子女丙（男、民國97年10月1日生）、丁（男、民國98年12月1日生）之親權行使，約定由相對人任之，惟並未約定聲請人會面探視子女之時間及注意事項。爰依民法第1055條第5項，請求裁定如聲明所示。

　　(二)會面交往之方式及時間：（請勾選下列欲請求探視子女事項）

甲、時間

□1.每月第＿＿＿、＿＿＿週週五下午六時起，未行使親權人得前往子女所在之處所或就讀學校接回照顧同宿，並至星期日下午五時三十分以前送回行使親權人之住所。

□2.清明節、端午節及中秋節（＿＿＿節）未行使親權人得以自上午八時三十

分起並至同日下午五時三十分止與子女會面交往（接、送方式同前）。

　3.農曆春節期間：

□①由母親任親權人時：聲請人（即父親）得自農曆除夕當日上午八時
　　三十分起接回子女同住，並由聲請人照顧至初一下午八時前送回相對
　　人住所（或其指定之處所）。

□②由父親任親權人時：聲請人（即母親）得自農曆春節初二當日上午八
　　時三十分起接回子女同住，並由聲請人照顧至初四下午八時前送回相
　　對人住所（或其指定之處所）。

□4.子女就學而為寒、暑假期間，除仍得維持前述之會面交往方式，寒假各
　　得增加十天（或＿＿＿天）之同住期間，暑假各得增加二十天（或＿＿＿
　　天）之同住期間；並可分割數次為之。

□5.接回同宿均應尊重子女意願，若在子女年滿十二歲後，雖未成年，但已
　　有獨立自主之判斷能力，應由子女自行決定會面交往之方式。

乙、方法

□1.接、送未成年子女均由聲請人（或指定之家庭成員）負責，並以子女所
　　在地為之；或至子女就讀學校（含幼稚園、安親班）接回同宿。

□2.子女住所地址或聯絡方式（含接送方式），或就讀學校（含幼稚園、安
　　親班）如有變更，相對人均應隨時通知聲請人。

　　　　　　　　　謹狀

臺灣臺中地方法院家事法庭　公鑒

證物：

1.離婚證明書

2.聲請人及子女戶籍謄本正本各1份。

中　　華　　民　　國　　102　　年　　2　　月　　1　　日

　　　　　　　　具狀人　乙　　印

十、收養事件（家事事件法第114條）

依家事事件法第114條所定之事件爲收養事件。

(一) 認可收養事件（民法第1079條第1項）

案例事實

甲男乙女結婚多年，未能生育，恰巧乙女之朋友單親媽媽丙生育丁，尚未滿月，因生活困頓，願將丁給甲乙收養，甲乙二人遂與丙簽訂收養之書面契約，並向法院聲請許可。

撰狀說明

依民法第1072條「收養他人之子女爲子女時，其收養者爲養父或養母，被收養者爲養子或養女。」及第1077條第1項「養子女與養父母及其親屬間之關係，除法律另有規定外，與婚生子女同。」是收養係改變身分之行爲，甚爲重要，民法第1073條第1項「收養者之年齡，應長於被收養者二十歲以上。但夫妻共同收養時，夫妻之一方長於被收養者二十歲以上，而他方僅長於被收養者十六歲以上，亦得收養。」第2項「夫妻之一方收養他方之子女時，應長於被收養者十六歲以上。」第1073條之1「下列親屬不得收養爲養子女：一、直系血親。二、直系姻親。但夫妻之一方，收養他方之子女者，不在此限。三、旁系血親在六親等以內及旁系姻親在五親等以內，輩分不相當者。」第1075條「除夫妻共同收養外，一人不得同時爲二人之養子女。」第1076條「夫妻之一方被收養時，應得他方之同意。但他方不能爲意思表示或生死不明已逾三年者，不在此限。」第1076條之1第1項「子女被收養時，應得其父母之同意。但有下列各款情形之一者，不在此限：一、父母之一方或雙方對子女未盡保護教養義務或有其他顯然不利子女之情事而拒絕同意。二、父母之一方或雙方事實上不能爲意思表示。」第2項「前項同意應作成書面並經公證。但已向法院聲請收養認可者，得以言詞向法院表示並記明筆錄代之。」第3項「第一項之同意，不得附條件或期限。」均有一定條件及限制，爲昭愼重，第1079條之4及第1079條之5設有收養無效及撤銷事由。另依第1079條第1項「收養應以書面爲之，並向法院聲請認可。」收養不僅應用書面契約，且應經法院認可。即依第2項「收養有無效、得撤銷之原因或違反其他法律規定者，法院應不予認可。」法院應不認可，以杜絕非法收養。是在收養人與被收養者以書面作成收養契約，即應向法院聲請認可。家事事件法第114條至第119條有關於收養事件之管轄法院等規定。

書狀內容

狀別：家事聲請狀

聲　請　人	甲	住臺北市和平東路○○號
	乙	住同上
	丁	住臺北市師大路○○號

上　一　人　丙　　　　　　住同上
法定代理人

為聲請認可收養事。

聲請事項

一、請認可兩造間之收養。

二、程序費用由聲請人負擔。

理由

　　緣聲請人甲、乙二人因無子女，欲收養丙所生之子丁，因丁尚未滿七歲，依民法第1076條之2第1項「被收養者未滿七歲時，應由其法定代理人代為並代受意思表示。」由丙代為意思表示，為此聲請人甲、乙與丁之法定代理人丙訂立收養契約。

　　本件收養均符合規定，並無無效、得撤銷之原因或違反其他法律規定，為此依民法第1079條第1項檢附下列文件聲請准予認可。

一、收養契約書（證1）。

二、收養人及被收養人之身分證明文件（證2）。

三、收養人之職業、健康及有關資力證明文件（證3）。

　　又關於被收養人本身父母之同意文件，因收養契約係由母代為意思表示，依民法第1076條之2第1項「被收養者未滿七歲時，應由其法定代理人代為並代受意思表示。」第3項「被收養者之父母已依前二項規定以法定代理人之身分代為並代受意思表示或為同意時，得免依前條規定為同意。」可免提出。至於生父，因已下落不明，礙難提出同意文件。

謹狀

臺灣臺北地方法院　公鑒

證物：

證1：收養契約影本1件。

證2：甲、乙、丙、丁之戶籍謄本各1件。

證3：甲之職業證明文件、財產歸屬清單、健康證明文件各1件。

中　華　民　國　103　年　3　月　1　日

　　　　　　　　具狀人　甲　　印

　　　　　　　　　　　　乙　　印

　　　　　　　　　　　　丁

　　　　　　上一人法定代理人　丙　　印

附件1：

收養契約書

收養人（養父）　　　　（民國　　年　　月　　日生）與（養母）

（民國　　年　　月　　日生），茲願收養（生父）　　　與（生母）

　　所生之子／女

　　　　　　（民國　　年　　月　　日生）為養子／女並：

□經法定代理人代為並代受意思表示（被收養人係未滿七歲之未成年人）。

□經法定代理人同意（被收養人係滿七歲以上之未成年人）。

□經被收養人之配偶　　　之同意，且對被收養人本生父母並無不利之處。

恐口說無憑，訂立收養契約書。

　　　　　　　　收養人：

　　　　　　　　　（養父）　　　　　　　　　　（簽章）

　　　　　　　　　（養母）　　　　　　　　　　（簽章）

　　　　　　　　被收養人：

　　　　　　　　法定代理人：

　　　　　　　　　（生父）　　　　　　　　　　（簽章）

　　　　　　　　　（生母）　　　　　　　　　　（簽章）

　　　　　　　　被收養人之配偶：　　　　　　　（簽章）

中　華　民　國　　　年　　　月　　　日

附件2：

收養同意書

立同意書人　　　　　　　　　（男／女，民國　　年　　月　　日出生，身分證
統一編號：　　　　　　　　　）係被收養人　　　　　　　（男／女，民
國　　年　　月　　日出生，身分證統一編號：　　　　　　　　）之生父／
生母，茲同意收養人　　　　　　　（男／女，民國　　年　　月　　日出
生，身分證統一編號：　　　　　　　）收養被收養人爲養子／女，恐口説
無憑，爰訂立本收養同意書。

　　　　　　　　　立同意書人
　　　　　　　　　即被收養人生父／生母：　　　　　　　（簽章）
　　　　　　　　　住址：
　　　　　　　　　電話：
中　　華　　民　　國　　　　年　　　　月　　　　日

(二) 終止收養認可（民法第1080條第2項）

案例事實

在前例中，甲乙二人收養丁一年，因甲乙已生子，而丙因生活改善思念丁，遂由甲乙與丁合意終止收養，因丁尚未成年，不僅依民法第1080條第5項「養子女未滿七歲者，其終止收養關係之意思表示，由收養終止後為其法定代理人之人為之。」應由丙代為意思表示，且依第2項「前項終止，應以書面為之。養子女為未成年人者，並應向法院聲請認可。」應經法院認可。

撰狀說明

如前所述，收養可以改變身分關係，至為重要，而終止收養，依民法第1083條規定「養子女及收養效力所及之直系血親卑親屬，自收養關係終止時起，回復其本姓，並回復其與本生父母及其親屬間之權利義務。但第三人已取得之權利，不受影響。」亦將使原來之收養關係消滅，回復與其本生父母之關係，會影響身分關係，仍屬重要，故民法第1080條第1項「養父母與養子女之關係，得由雙方合意終止之。」第2項「前項終止，應以書面為之。養子女為未成年人者，並應向法院聲請認可。」第3項「法院依前項規定為認可時，應依養子女最佳利益為之。」第4項「養子女為未成年人者，終止收養自法院認可裁定確定時發生效力。」第5項「養子女未滿七歲者，其終止收養關係之意思表示，由收養終止後為其法定代理人之人為之。」故甲乙與丁之終止，應由甲、乙與丁之終止收養後之法定代理人丙訂立終止收養契約，並應向法院聲請認可。

書狀內容

```
狀別：家事聲請狀
聲請人    甲        住臺北市和平東路○○號
          乙        住同上
相對人    丁        住同上
上一人    丙        住臺北市師大路○○號
法定代理人
為認可終止收養事。
        聲請事項
一、請認可終止收養聲請人與相對人之收養關係。
二、程序費用由聲請人負擔。
```

理由

　　緣聲請人甲乙二人於民國96年3月間，收養丁爲子女，經法院裁定認可（證1），嗣因甲乙已另生子，丁之生母丙思子心切，故雙方同意終止收養，爲此已訂定終止契約（證2）。

　　茲因丁尚未成年，且未滿七歲，爲此依民法第1080條第2項「前項終止，應以書面爲之。養子女爲未成年人者，並應向法院聲請認可。」聲請　鈞院認可。

　　　　　　　　　　謹狀
臺灣臺北地方法院　公鑒
證物：
證1：鈞院裁定影本1件。
證2：終止收養契約書影本1件。

中　華　民　國　　103　年　　10　月　　1　日

　　　　　　具狀人　甲　印
　　　　　　　　　　乙　印

附件

終止收養關係同意書

收養人　　　　　　　（男／女；民國　年　月　　日生）、收養人
　　　　　　（男／女；民國　年　月　　日生）前經臺灣　　　地方
法院認可收養未成年人　　　　（男／女；民國　年　月　　日生）
爲養子／女，嗣因收養人　　　　　　　　（原因）無法繼續扶養未成年
人，故經未成年人本生父／母　　　　之同意（或代爲代受意思表示）終
止收養關係，特立此書爲憑。

　　　　　　　　　　立同意書人：（養父）　　　　　　（簽章）
　　　　　　　　　　　　　　　　（養母）　　　　　　（簽章）

　　　　　　　未成年人：

　　　　　　　法定代理人：

中　華　民　國　　　　年　　　　月　　　　日

(三) 養子女終止（民法第1080條之1第1項）

案例事實

在上例中，如甲、乙均死亡，無人照顧丁，丁之生母丙恐丁無人照顧，遂為丁終止收養。

撰狀說明

依民法第1080條之1第1項「養父母死亡後，養子女得聲請法院許可終止收養。」第2項「養子女未滿七歲者，由收養終止後為其法定代理人之人向法院聲請許可。」第3項「養子女為滿七歲以上之未成年人者，其終止收養之聲請，應得收養終止後為其法定代理人之人之同意。」第4項「法院認終止收養顯失公平者，得不許可之。」是養子女可片面終止收養，但應經法院許可。

書狀內容

狀別：家事聲請狀
聲　請　人　丙　　　　　　住臺北市師大路○○號
為聲請許可終止收養關係事。
　　　　　聲請事項
一、請准許可終止丁與甲、乙間之收養關係。
二、聲請費用由聲請人負擔。
　　　　　理由
　　按養父母死亡後，養子女得聲請法院許可終止收養，民法第1080條之1第1項定有明文，是養父母死亡，養子女得聲請法院終止收養，依同條第2項「養子女未滿七歲者，由收養終止後為其法定代理人之人向法院聲請許可。」養子女未滿七歲者，由收養終止後其法定代理人之人向法院聲請許可。
　　聲請人為丁之生母，民國100年3月間代丁與甲乙為收養契約，並經　鈞院認可（聲證1），茲因甲、乙已死亡（聲證2），自得依上開規定聲請許可終止收養，並因丁尚未滿七歲，可由終止收養後之法定代理人即聲請人向法院聲請許可終止收養，為此為本件聲請。
　　　　　謹狀
臺灣臺北地方法院　公鑒

```
證物：
聲證1：鈞院裁定影本1件。
聲證2：甲、乙除戶之戶籍謄本1件。
中　　華　　民　　國　　103　　年　　4　　月　　1　　日
　　　　　　　　具狀人　丙　　印
```

相關法條及裁判要旨

■家事事件法第114條：

認可收養子女事件，專屬收養人或被收養人住所地之法院管轄；收養人在中華民國無住所者，由被收養人住所地之法院管轄。

認可終止收養事件、許可終止收養事件及宣告終止收養事件，專屬養子女住所地之法院管轄。

■家事事件法第115條：

認可收養事件，除法律別有規定外，以收養人及被收養人為聲請人。

認可收養之聲請應以書狀或於筆錄載明收養人及被收養人、被收養人之父母、收養人及被收養人之配偶。

前項聲請應附具下列文件：

一、收養契約書。

二、收養人及被收養人之國民身分證、戶籍謄本、護照或其他身分證明文件。

第二項聲請，宜附具下列文件：

一、被收養人為未成年人時，收養人之職業、健康及有關資力之證明文件。

二、夫妻之一方被收養時，他方之同意書。但有民法第一千零七十六條但書情形者，不在此限。

三、經公證之被收養人父母之同意書。但有民法第一千零七十六條之一第一項但書、第二項但書或第一千零七十六條之二第三項情形者，不在此限。

四、收養人或被收養人為外國人時，收養符合其本國法之證明文件。

五、經收出養媒合服務者為訪視調查，其收出養評估報告。

前項文件在境外作成者，應經當地中華民國駐外機構驗證或證明；如係外文，並應附具中文譯本。

■家事事件法第116條：

法院認可未成年人被收養前，得准收養人與未成年人共同生活一定期間，供法

院決定之參考；共同生活期間，對於未成年人權利義務之行使負擔，由收養人為之。

■家事事件法第117條第1項：

認可收養之裁定，於其對聲請人及第一百十五條第二項所定之人確定時發生效力。

■家事事件法第118條：

被收養人之父母為未成年人而未結婚者，法院為認可收養之裁定前，應使該未成年人及其法定代理人有陳述意見之機會。但有礙難情形者，不在此限。

十一、未成年人監護事件（家事事件法第120條）

依家事事件法第120條所定之事件為未成年人監護事件。

(一) 聲請選任監護人（民法第1094條第3項）

案例事實

甲之父因販毒，經法院判決有期徒刑十年，於民國98年3月1日入監服刑，其母向乙人壽保險公司投保，指定甲為受益人，嗣甲之母於同年4月5日車禍死亡，死亡時，甲尚未成年，乙公司欲給付甲保險金，因甲無祖父，亦無兄姐，乙公司應如何處理？

撰狀說明

依民法第1086條第1項規定「父母為其未成年子女之法定代理人。」及第1089條第1項規定「對於未成年子女之權利義務，除法律另有規定外，由父母共同行使或負擔之。父母之一方不能行使權利時，由他方行使之。父母不能共同負擔義務時，由有能力者負擔之。」父母對子女有親權，並為法定代理人，故若未成年子女無父母或父母均不能行使、負擔親權時，民法第1091條前段規定，應置監護人，至此監護人之順序，依民法第1094條第1項規定「父母均不能行使、負擔對於未成年子女之權利義務或父母死亡而無遺囑指定監護人，或遺囑指定之監護人拒絕就職時，依下列順序定其監護人：一、與未成年人同居之祖父母。二、與未成年人同居之兄姊。三、不與未成年人同居之祖父母。」惟若無此法定順序之監護人，依第3項規定「未能依第一項之順序定其監護人時，法院得依未成年子女、四親等內之親屬、檢察官、主管機關或其他利害關係人之聲請，為未成年子女之最佳利益，就其三親等旁系血親尊親屬、主管機關、社會福利機構或其他適當之人選定為監護人，並得指定監護之方法。」由法院選定。家事事件法第120條至第124條有管轄等規定。

書狀內容

```
狀別：家事聲請狀
聲　請　人　乙人壽保險股份有限公司　　設臺北市○○路○○號
法定代理人　A　　　　　　　　　　　　住同上
為聲請選定監護人事。
　　　聲請事項
```

一、請准爲甲選定監護人。

二、聲請費用由聲請人負擔。

　　　　　理由

　　按未成年人無父母，或父母均不能行使、負擔對於其未成年子女之權利、義務時，應置監護人。但未成年人已結婚者，不在此限，民法第1091條定有明文。

　　緣甲之母親曾於民國95年向聲請人投保人壽保險100萬元，指定甲爲受益人（證1），茲其母親於民國102年4月5日因車禍死亡（證2），聲請人欲給付保險金100萬元，但因甲爲未成年人，此保險金應由其法定代理人代爲收取，因其父親於民國102年3月1日入監服刑，是甲現無人行使親權，而其無祖父母，亦無兄姐，不能依民法第1094條第1項定其監護人，爲此依民法第1094條第3項聲請　鈞院選定監護人。

　　　　　謹狀

臺灣臺北地方法院　公鑒

證物：

證1：要保書及保險單影本各1件。

證2：相驗屍體證明書影本1件。

中　　華　　民　　國　　103　　年　　6　　月　　1　　日

　　　　　具狀人　乙人壽保險股份有限公司　　　[印]

　　　　　法定代理人　　A　　[印]

相關法條及裁判要旨

■民法第1094條第3項、第5項：

未能依第一項之順序定其監護人時，法院得依未成年子女、四親等內之親屬、檢察官、主管機關或其他利害關係人之聲請，爲未成年子女之最佳利益，就其三親等旁系血親尊親屬、主管機關、社會福利機構或其他適當之人選定爲監護人，並得指定監護之方法。

未成年人無第一項之監護人，於法院依第三項爲其選定確定前，由當地社會福利主管機關爲其監護人。

■家事事件法第120條：

下列未成年人監護事件，專屬未成年人住所地或居所地法院管轄；無住所或居

所者，得由法院認為適當之所在地法院管轄：

一、關於選定、另行選定或改定未成年人監護人事件。

二、關於監護人報告或陳報事件。

三、關於監護人辭任事件。

四、關於酌定監護人行使權利事件。

五、關於酌定監護人報酬事件。

六、關於為受監護人選任特別代理人事件。

七、關於許可監護人行為事件。

八、關於交付子女事件。

九、關於監護所生損害賠償事件。

十、關於其他未成年人監護事件。

第一百零四條第二項、第三項及第一百零五條之規定，於前項事件準用之。

■家事事件法第122條：

法院選定之監護人，有下列情形之一者，得聲請法院許可其辭任：

一、滿七十歲。

二、因身心障礙或疾病不能執行監護。

三、住所或居所與法院或受監護人所在地隔離，不便執行監護。

四、其他重大事由。

法院為前項許可時，應另行選任監護人。

第一百零六條及第一百零八條之規定，於監護人辭任事件準用之。

■家事事件法第123條：

第一百零六條至第一百零八條及第一百十一條第一項、第二項之規定，於法院為未成年人選定、另行選定或改定監護人事件準用之。

(二) 辭任監護人（民法第1095條）

案例事實

在前例中，經法院選任B為甲之監護人後，A因年逾70歲，聲請法院解任。

撰狀說明

依民法第1095條「監護人有正當理由，經法院許可者，得辭任其職務。」監護人可以辭任監護人之職務，但須有正當理由，且經法院許可。家事事件法第122條第1項「法院選定之監護人，有下列情形之一者，得聲請法院許可其辭任：一、滿七十歲。二、因身心障礙或疾病不能執行監護。三、住所或居所與法院或受監護人所在地隔離，不便執行監護。四、其他重大事由。」規定即為正當理由，雖此第122條係以法院選定之監護人為限，但因民法第1095條之監護人辭任，似未以此為限，則依民法第1094條第1項「父母均不能行使、負擔對於未成年子女之權利義務或父母死亡而無遺囑指定監護人，或遺囑指定之監護人拒絕就職時，依下列順序定其監護人：一、與未成年人同居之祖父母。二、與未成年人同居之兄姊。三、不與未成年人同居之祖父母。」之監護人亦可依民法第1095條辭任，併此指明。

書狀內容

狀別：家事聲請狀

聲　請　人　B　　住臺北市○○○○

為聲請許可辭任監護人事。

　　　　　聲請事項

一、請准許B辭任甲之監護人職務。

二、聲請費用由聲請人負擔。

　　　　　理由

一、聲請人因　鈞院○○年家字第○○號裁定選任為甲之監護人（聲證1）。

二、因聲請人為○○年○○月○○日生，今已逾70歲，不克再執行監護人職務，為此依民法第1095條及家事事件法第122條第1項聲請法院許可辭任，並於　鈞院在許可時，依第122條第2項「法院為前項許可時，應另行選任監護人。」另行選任監護人。

　　　　　　　謹狀

臺灣臺北地方法院　公鑒

證物：

聲證1：　鈞院裁定影本1件。

中　華　民　國　　　○○　年　　○○　月　　○○　日

　　　　　　具狀人 B　　　印

相關法條及裁判要旨

■民法第1095條：

監護人有正當理由，經法院許可者，得辭任其職務。

■家事事件法第122條第1項：

法院選定之監護人，有下列情形之一者，得聲請法院許可其辭任：

一、滿七十歲。

二、因身心障礙或疾病不能執行監護。

三、住所或居所與法院或受監護人所在地隔離，不便執行監護。

四、其他重大事由。

■家事事件法第122條第2項：

法院為前項許可時，應另行選任監護人。

(三) 改定監護人（民法第1106條之1第1項）

案例事實

在前(一)案例，法院選定之監護人B，在為甲領取保險金後，竟私自挪用，未用於甲之生活、教育支出，應如何處理？

撰狀說明

依民法第1106條之1第1項規定「有事實足認監護人不符受監護人之最佳利益，或有顯不適任之情事者，法院得依前條第一項聲請權人之聲請，改定適當之監護人，不受第一千零九十四條第一項規定之限制。」法院可以改定適當之監護人。

書狀內容

狀別：家事聲請狀
聲　請　人　C（即甲之四親等內親屬）　　住臺北市○○路○○號
相　對　人　B
為聲請解任監護人事。
　　　　　　聲請事項
一、請准解任B為甲之監護人。
二、聲請費用由B負擔。
　　　　　　理由
一、依民法第1106條之1第1項規定「有事實足認監護人不符受監護人之最佳利益，或有顯不適任之情事者，法院得依前條第一項聲請權人之聲請，改定適當之監護人，不受第一千零九十四條第一項規定之限制。」則法院有上開情事，可由聲請人聲請解任。
二、相對人雖依　鈞院○○年度○○字第○○○號裁定選定為甲之監護人（證1），但在領取險金後竟私自挪用，未用於甲之生活、教育使用，此可訊問甲以為證明，是相對人應予解任。
三、聲請人為民法第1094條第3項之未成年人甲之四親等內親屬，此有戶籍謄本及系統表可證（證2）。
　　　　　　謹狀
臺灣臺北地方法院　公鑒
證物：

證1：　鈞院裁定影本各1件。
證2：戶籍謄本及系統表1件。
中　華　民　國　103　年　6　月　1　日
　　　　具狀人 C　　　印

相關法條及裁判要旨

■民法第1106條之1第1項：

有事實足認監護人不符受監護人之最佳利益，或有顯不適任之情事者，法院得依前條第一項聲請權人之聲請，改定適當之監護人，不受第一千零九十四條第一項規定之限制。

十二、親屬間扶養事件（家事事件法第125條）

依家事事件法第125條所定之事件為親屬間扶養事件。

(一) 請求他人扶養（民法第1114條）

案例事實

甲男與乙女結婚後，生有一子丙，嗣丙成年擔任公務員，而甲男因退休，與乙女無力生活，請求丙扶養，丙置之不理，為此甲、乙向法院聲請丙應負扶養義務。

撰狀說明

依民法第1114條規定「左列親屬，互負扶養之義務：一、直系血親相互間。二、夫妻之一方與他方之父母同居者，其相互間。三、兄弟姊妹相互間。四、家長家屬相互間。」父母與子女間有互負扶養義務，則在父母年邁，子女成年即應負扶養義務，如子女不盡扶養義務，父母可向法院聲請，家事事件法第125條至第126條有關於管轄等規定。

書狀內容

狀別：家事聲請狀
聲　請　人　甲　　　　住○○○○○○○
　　　　　　乙　　　　住○○○○○○○
相　對　人　丙　　　　住○○○○○○○
為聲請扶養事件。
　　　　　聲請事項
一、相對人應自民國○○年○○月○○日起至聲請人死亡之日按月給付聲請
　　人各新臺幣○○元。
二、聲請費用由相對人負擔。
　　　　　理由
　　相對人為兩造所生之子（聲證1），現已成年，任職公務員，聲請人因年邁，無力生活，依民法第1114條至第1116條規定，相對人應對聲請人負扶養義務，因相對人迄不履行，為此依上開規定，請求判令相對人履行。至於扶養費之金額，請依行政院主計處之經常性支出計算或由　鈞院酌定。
　　　　　謹狀

臺灣〇〇地方法院　公鑒

證物：

聲證1：戶籍謄本1件。

中　　華　　民　　國　　　　年　　　　月　　　　日

具狀人　甲　　印

(二) 請求免除扶養義務（民法第1118條之1第1項、第2項）

案例事實

在前例中，如甲乙在丙出生後，即棄之市場，未予扶養，在甲乙知悉丙現已任職公務員，即到其服務機關爭吵，請求丙負扶養義務，丙為免扶養義務，向法院聲請免除。

撰狀說明

父母與子女間雖有扶養義務，但依民法第1118條之1第1項「受扶養權利者有下列情形之一，由負扶養義務者負擔扶養義務顯失公平，負扶養義務者得請求法院減輕其扶養義務：一、對負扶養義務者、其配偶或直系血親故意為虐待、重大侮辱或其他身體、精神上之不法侵害行為。二、對負扶養義務者無正當理由未盡扶養義務。」第2項「受扶養權利者對負扶養義務者有前項各款行為之一，且情節重大者，法院得免除其扶養義務。」子女可以聲請法院免除扶養義務。

書狀內容

```
狀別：家事聲請狀
聲　請　人　丙　　　　住○○○○○○○
相　對　人　甲　　　　住○○○○○○○
　　　　　　乙　　　　住○○○○○○○
為聲請免除扶養義務事。
　　　　　聲請事項
一、請准免除聲請人對相對人之扶養義務。
二、聲請費用由相對人負擔。
　　　　　理由
　　　相對人雖係聲請人之父母，但在聲請人出生後，相對人即棄之市場，相
對人係○○育幼園扶養長大，依民法第1118條之1第1項、第2項，聲請人應可
免除扶養義務，為此聲請免除扶養。
　　　　　謹狀
臺灣○○地方法院　公鑒
中　　華　　民　　國　　　　年　　　　月　　　　日
　　　　　　　具狀人　丙　［印］
```

相關法條及裁判要旨

■民法第1114條：

左列親屬，互負扶養之義務：

一、直系血親相互間。

二、夫妻之一方與他方之父母同居者，其相互間。

三、兄弟姊妹相互間。

四、家長家屬相互間。

■民法第1118條之1：

受扶養權利者有下列情形之一，由負扶養義務者負擔扶養義務顯失公平，負扶養義務者得請求法院減輕其扶養義務：

一、對負扶養義務者、其配偶或直系血親故意為虐待、重大侮辱或其他身體、精神上之不法侵害行為。

二、對負扶養義務者無正當理由未盡扶養義務。

受扶養權利者對負扶養義務者有前項各款行為之一，且情節重大者，法院得免除其扶養義務。

前二項規定，受扶養權利者為負扶養義務者之未成年直系血親卑親屬者，不適用之。

■家事事件法第125條：

下列扶養事件，除本法別有規定外，專屬受扶養權利人住所地或居所地法院管轄：

一、關於扶養請求事件。

二、關於請求減輕或免除扶養義務事件。

三、關於因情事變更請求變更扶養之程度及方法事件。

四、關於其他扶養事件。

第一百零四條第二項、第三項及第一百零五條之規定，於前項事件準用之。

十三、繼承事件（家事事件法第127條）

依家事事件法第127條所定之事件爲繼承事件。

(一) 拋棄繼承（民法第1174條第1項）

案例事實

甲之父乙於民國103年3月1日因車禍死亡，雖然乙留有房屋及土地，但因乙在外經商多年，除銀行貸款外，尚有民間債務，因乙突然死亡，甲爲避免自己之財產遭受牽連，遂向法院聲請拋棄繼承。

撰狀說明

依民法第1174條第1項規定「繼承人得拋棄其繼承權。」是繼承人不論是何原因，如欲拋棄繼承，均可拋棄，僅不可在被繼承人死亡前拋棄，且不可拋棄一部。至於拋棄繼承之方式，民法第1174條第2項「前項拋棄，應於知悉其得繼承之時起三個月內，以書面向法院爲之。」定有明文，拋棄繼承之效力，民法第1175條及第1176條均有詳細規定。家事事件法第127條至第141條有管轄等相關規定。

書狀內容

狀別：家事聲請狀
聲明拋棄繼承人　甲　　　住臺中市○○路○○號
被　繼　承　人　乙　　　住臺中市○○路○○號
爲聲明拋棄繼承事。
　　　　　聲明事項
拋棄對被繼承人乙之繼承權。
　　　　　事實及理由
緣被繼承人乙住臺中市○○路○○號，於民國103年3月1日死亡，聲明人爲其子，爲直系血親卑親屬，依法本有繼承權，但現願拋棄繼承權，並已通知次順序繼承人，請准予備查。
　　　　　　謹狀
臺灣臺中地方法院　公鑒
證物：
證1：戶籍謄本1件。

證2：印鑑證明書1件。
證3：繼承系統表1件。
證4：繼承權拋棄書1件。
證5：存證信函及回執影本各1件。

中　華　民　國　103　年　4　月　1　日

具狀人　甲　印

（按：此印需蓋用印鑑證明章，以便法院核對是否確為本人聲請拋棄）

相關法條及裁判要旨

■民法第1175條：

繼承之拋棄，溯及於繼承開始時發生效力。

■民法第1176條：

第一千一百三十八條所定第一順序之繼承人中有拋棄繼承權者，其應繼分歸屬於其他同為繼承之人。

第二順序至第四順序之繼承人中，有拋棄繼承權者，其應繼分歸屬於其他同一順序之繼承人。

與配偶同為繼承之同一順序繼承人均拋棄繼承權，而無後順序之繼承人時，其應繼分歸屬於配偶。

配偶拋棄繼承權者，其應繼分歸屬於與其同為繼承之人。

第一順序之繼承人，其親等近者均拋棄繼承權時，由次親等之直系血親卑親屬繼承。

先順序繼承人均拋棄其繼承權時，由次順序之繼承人繼承。其次順序繼承人有無不明或第四順序之繼承人均拋棄其繼承權者，準用關於無人承認繼承之規定。

因他人拋棄繼承而應為繼承之人，為限定繼承或拋棄繼承時，應於知悉其得繼承之日起三個月內為之。

■家事事件法第127條：

下列繼承事件，專屬繼承開始時被繼承人住所地法院管轄：

一、關於遺產清冊陳報事件。

二、關於債權人聲請命繼承人提出遺產清冊事件。

三、關於拋棄繼承事件。

四、關於無人承認之繼承事件。

五、關於保存遺產事件。

六、關於指定或另行指定遺囑執行人事件。

七、關於其他繼承事件。

保存遺產事件，亦得由遺產所在地法院管轄。

第五十二條第四項之規定，於第一項事件準用之。

第一項及第二項事件有理由時，程序費用由遺產負擔。

■家事事件法第132條：

繼承人拋棄繼承時，應以書面表明下列各款事項：

一、拋棄繼承人。

二、被繼承人之姓名及最後住所。

三、被繼承人死亡之年月日時及地點。

四、知悉繼承之時間。

五、有其他繼承人者，其姓名、性別、出生年月日及住、居所。

拋棄繼承為合法者，法院應予備查，通知拋棄繼承人及已知之其他繼承人，並公告之。

拋棄繼承為不合法者，法院應以裁定駁回之。

■最高法院22年上字第2652號判例：

民法第1174條所謂繼承權之拋棄，係指繼承開始後，否認繼承效力之意思表示而言，此觀同條第2項及同法第1175條之規定甚為明顯，若繼承開始前預為繼承權之拋棄，則不能認為有效。

■最高法院44年台上字第1257號判例：

繼承權經合法拋棄者，該繼承人之繼承權即溯及於繼承開始時而喪失，其應繼分歸屬於其他同一順序之繼承人，此觀民法第1174條至第1176條第1項之規定自明，故拋棄繼承權之人，縱事後曾就被繼承人之遺產，以自己名義而為繼承之登記，亦不得謂其業經喪失之繼承權，已因此項登記而回復。

■最高法院65年台上字第1563號判例：

繼承之拋棄，係指繼承人否認自己開始繼承效力之意思表示，即否認因繼承開始當然為繼承人之全部繼承效力之行為。與拋棄因繼承所取得之財產，性質不同。又民法第1174條所謂拋棄繼承權，係指全部拋棄而言，如為一部拋棄，為繼承性質所不許，不生拋棄之效力。

(二) 選任遺產管理人（民法第1178條第2項）

狀別：家事聲請狀

聲　請　人　甲　　　　　　住高雄市○○區○○○○號

為聲請選定遺產管理人事。

　　　　　聲請事項

　　請為A選任遺產管理人。

　　　　　理由

　　依民法第1176條第6項「先順序繼承人均拋棄其繼承權時，由次順序之繼承人繼承。其次順序繼承人有無不明或第四順序之繼承人均拋棄其繼承權者，準用關於無人承認繼承之規定。」是在被繼承人死亡，其繼承人均拋棄繼承，準用無人承認繼承之規定。又依民法第1178條第2項「無親屬會議或親屬會議未於前條所定期限內選定遺產管理人者，利害關係人或檢察官，得聲請法院選任遺產管理人，並由法院依前項規定為公示催告。」則在無人承認之繼承，其親屬會議未選定遺產管理人者，利害關係人得聲請法院為被繼承人選任遺產管理人。

　　緣聲請人經營之甲企業有限公司（以下簡稱甲公司）與乙股份有限公司，共同承攬之工程案，為解決履約過程事權不一之困擾，聲請人與A、上開二公司於民國○○年○○月○○訂立權義轉讓合約書（聲證1），依該合約第2條約定，「聲請人同意將其在甲公司之出資額讓與A，由其取得甲公司之經營權，但其應於民國○○年○○月○○日將該出資移轉返還聲請人。」茲民國○○年○○月○○日期間屆滿，A應返還持有之甲公司出資移轉聲請人。但因A於民國○○年○○月○○日死亡，其繼承人均拋棄繼承，經　鈞院○○年度司繼字第○○號准予備查（聲證2），現聲請人欲對A請求移轉，為有利害關係之人，為此依上開民法規定及家事事件法第127條第1項第4款、第136條聲請　鈞院選任A之遺產管理人。

　　被繼承人A（身分證○○），最後住所為臺北市○○區○○路○○，死亡時間為民國○○年○○月○○日。有關證明文件除聲證2之裁定外，並請調　鈞院○○年司繼字第○○號卷以查明聲請人主張之事實屬實。

　　　　　謹狀

臺灣士林地方法院　公鑒

證據：

聲證1：權義轉讓合約書影本1件。

聲證2：臺灣臺北地方法院裁定影本1件。

中　華　民　國　○○　年　○○　月　○○　日

　　　　　　具狀人：甲　　印

十四、失蹤人財產管理事件（家事事件法第142條）

依家事事件法第142條所定之失蹤人之財產管理，為此管理事件。

選任財產管理人（民法第10條）

案例事實

甲與乙訂立買賣契約，約定甲以其所有坐落臺中市豐原區○○段○○號之土地出售給乙，價金300萬元，乙已付清價金，但甲未依約過戶，乙尋找甲不著，無法同赴地政事務所辦理移轉登記。據他人告知，甲收取價金後，即出國旅遊已半年未歸，音訊全無，只得以訴訟方式處理。惟甲單身並無親人，乙如何對甲請求移轉土地所有權。

撰狀說明

乙固可依買賣契約，起訴請求甲移轉土地，但因甲已失蹤，無法出庭說明，依民法第10條規定「失蹤人失蹤後，未受死亡宣告前，其財產之管理，依非訟事件法之規定。」但非訟事件法第109條由法院選任財產管理人規定，因家事事件法制定後而刪除，則現應依家事事件法第143條第1項「失蹤人未置財產管理人者，其財產管理人依下列順序定之：一、配偶。二、父母。三、成年子女。四、與失蹤人同居之祖父母。五、家長。」及第2項「不能依前項規定定財產管理人時，法院得因利害關係人或檢察官之聲請，選任財產管理人。」仍由法院選任財產管理人。

於此應注意者，上述之失蹤係指離去其住所或居所，經過一定年限，生死不明，是若確定死亡，或已宣告死亡，即無選任財產管理人問題。又若只是遷移不明，並非生死不明，毋庸選任財產管理人，仍可以出賣人甲為被告訴訟，訴訟中如仍因遷移不明，無法送達，則可以公示送達方式送達開庭通知，於合法送達後一造辯論以判決。

書狀內容

狀別：家事聲請狀
聲　請　人　乙　　　住彰化縣員林鎮○○路○○號
為選任財產管理人事。
　　　　聲請事項
　請為失蹤人甲選任財產管理人。

　　　　　理由

　　按不能依前項規定定財產管理人時，法院得因利害關係人或檢察官之聲請，選任財產管理人，家事事件法第143條第2項定有明文。緣聲請人向甲購買坐落臺中市豐原區○○段○○號之土地一筆，價金已付清，甲依約應將土地移轉登記給聲請人，但甲已失蹤。因甲未婚，父母早亡，亦無祖父母、家長，無從依家事事件法第143條第1項定財產管理人，為此依上開說明，請鈞院選任財產管理人。

　　　　　　　謹狀

臺灣臺中地方法院　公鑒

證物：買賣契約影本1件、失蹤人口證明1件。

中　　華　　民　　國　　102　年　　12　月　　1　日

　　　　　　　　　具狀人　乙　　印

相關法條及裁判要旨

■司法院36年院解字第3445號解釋：

以失蹤人為被告提起財產權上之訴訟時，由失蹤人之財產管理人代為訴訟行為，在外多年音訊不通之人，自可認為失蹤人。

■家事事件法第142條：

關於失蹤人之財產管理事件，專屬其住所地之法院管轄。

第五十二條第四項之規定，於前項事件準用之。

■家事事件法第52條第4項：

不能依前三項規定定法院管轄者，由被告住、居所地之法院管轄。被告之住、居所不明者，由中央政府所在地之法院管轄。

十五、宣告死亡事件（家事事件法第154條）

依家事事件法第154條所定之失蹤人之宣告死亡之相關事件為宣告死亡事件。

(一) 聲請死亡宣告（民法第8條）

案例事實

　　甲向A保險公司投保人壽保險100萬元，約定甲死亡時，A保險公司應給付保險金100萬元，嗣某日甲上班出門，即未返回，其子即受益人乙向警察機關報案失蹤，但失蹤並非死亡，故待七年後，乙為請領保險金，遂向法院聲請宣告甲死亡，待法院宣告死亡後，可以法院裁定為證據，向A保險公司領取保險金。

撰狀說明

　　人壽保險既約定以甲死亡為給付條件，必須條件成就即發生死亡，保險公司始予給付，則現甲僅為失蹤，保險公司尚不會給付，此時其受益人乙，只能依民法第8條第1項「失蹤人失蹤滿七年後，法院得因利害關係人或檢察官之聲請，為死亡之宣告。」聲請法院宣告甲死亡，再持法院之裁定，始可領到保險金。

書狀內容

```
狀別：家事事件狀
聲　請　人　乙　　　　　　住○○○○○○○
為聲請宣告甲死亡事件。
　　　　　　聲請事項
　　請准宣告甲死亡。
　　　　　　理由
　　按失蹤人失蹤滿七年後，法院得因利害關係人或檢察官之聲請，為死亡
之宣告，民法第8條第1項定有明文，茲因聲請人之父甲，於94年2月1日離開
住家外出，即未返家，音訊全無，為失蹤之人，迄今已逾七年，為此依上開
規定，聲請為死亡宣告。
　　　　　　　　　　謹狀
臺灣○○地方法院　公鑒
證物：報案證明書影本1件。
中　　華　　民　　國　　102　　年　　12　　月　　1　　日
　　　　　　　具狀人　乙　　印
```

相關法條及裁判要旨

■民法第8條：

失蹤人失蹤滿七年後，法院得因利害關係人或檢察官之聲請，爲死亡之宣告。

失蹤人爲八十歲以上者，得於失蹤滿三年後，爲死亡之宣告。

失蹤人爲遭遇特別災難者，得於特別災難終了滿一年後，爲死亡之宣告。

■民法第9條：

受死亡宣告者，以判決內所確定死亡之時，推定其爲死亡。

前項死亡之時，應爲前條各項所定期間最後日終止之時。但有反證者，不在此限。

■家事事件法第154條第1項：

下列宣告死亡事件，專屬失蹤人住所地法院管轄：

一、關於聲請宣告死亡事件。

二、關於聲請撤銷或變更宣告死亡裁定事件。

三、關於其他宣告死亡事件。

■家事事件法第155條：

宣告死亡或撤銷、變更宣告死亡之裁定，利害關係人或檢察官得聲請之。

■家事事件法第156條：

法院准許宣告死亡之聲請者，應公示催告。

公示催告，應記載下列各款事項：

一、失蹤人應於期間內陳報其生存，如不陳報，即應受死亡之宣告。

二、凡知失蹤人之生死者，應於期間內將其所知陳報法院。

■家事事件法第159條：

宣告死亡之裁定應確定死亡之時。

宣告死亡之裁定，於其對聲請人、生存陳報人及前條第一項所定之人確定時發生效力。

前項裁定生效後，法院應以相當之方法，將該裁定要旨公告之。

■家事事件法第163條：

撤銷或變更宣告死亡裁定之裁定，不問對於何人均有效力。但裁定確定前之善意行爲，不受影響。

因宣告死亡取得財產者，如因前項裁定失其權利，僅於現受利益之限度內，負歸還財產之責。

第一百五十九條第二項及第三項之規定，於第一項裁定準用之。

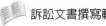

(二) 聲請撤銷死亡宣告（家事事件法第160條）

案例事實

在前例，法院裁定宣告甲死亡後五年，甲忽然出現回到住所地，甲因戶政機關在其戶籍登記註明死亡，應如何處理？

撰狀說明

依民法第9條第1項「受死亡宣告者，以判決內所確定死亡之時，推定其為死亡。」死亡宣告僅係「推定」其死亡，並非視為死亡，故民法第9條第2項「前項死亡之時，應為前條各項所定期間最後日終止之時。但有反證者，不在此限。」及最高法院51年台上字第1732號判例「民法第九條第一項規定受死亡宣告者，以判決內所確定死亡之時，推定其為死亡。所謂推定，並無擬制效力，自得由法律上利害關係人提出反證以推翻之。」則對於該裁定宣告死亡，即應撤銷，家事事件法第160條規定「宣告死亡裁定確定後，發現受宣告死亡之人尚生存或確定死亡之時不當者，得聲請撤銷或變更宣告死亡之裁定。」

書狀內容

狀別：家事事件狀
聲　請　人　甲　　　　　住○○○○○○○
為聲請撤銷宣告死亡裁定事件。
　　　　　聲請事項
一、　　鈞院○○年度○○字第○○○號裁定已宣告聲請人死亡之裁定應予撤
　　　銷。
二、聲請費用由聲請人負擔。
　　　　　理由
一、聲請人經　鈞院○○年度○○字第○○○號裁定宣告聲請人死亡（聲證
　　　1），但聲請人並未死亡，僅係一時未回到住所地，致他人誤以為死亡。
二、為此依家事事件法第160條及第155條聲請　鈞院裁定撤銷。
　　　　　　　謹狀
臺灣○○地方法院　公鑒
聲證1：裁定影本1件。
中　華　民　國　　102　　年　　12　　月　　1　　日
　　　　具狀人　甲　　　印

相關法條及裁判要旨

■民法第9條第2項：

前項死亡之時，應為前條各項所定期間最後日終止之時。但有反證者，不在此限。

■家事事件法第160條：

宣告死亡裁定確定後，發現受宣告死亡之人尚生存或確定死亡之時不當者，得聲請撤銷或變更宣告死亡之裁定。

■家事事件法第161條：

聲請撤銷或變更宣告死亡之裁定，應於聲請狀表明下列各款事項：

一、聲請人、宣告死亡之聲請人及法定代理人。

二、聲請撤銷或變更之裁定。

三、應如何撤銷或變更之聲明。

四、撤銷或變更之事由。

前項第四款之事由宜提出相關證據。

第一百五十八條之規定，於撤銷或變更宣告死亡裁定事件準用之。

■家事事件法第155條：

宣告死亡或撤銷、變更宣告死亡之裁定，利害關係人或檢察官得聲請之。

十六、監護宣告事件（家事事件法第164條、民法第14條第1項）

依家事事件法第164條所定之事件為監護宣告事件。

(一) 聲請監護宣告

案例事實

甲因車禍成為植物人，其妻乙為能處理甲之財產及代理甲向肇事者求償，向法院聲請宣告甲為受監護人（按：如甲因失智無意識能力，亦可援用本例聲請監護宣告）。

撰狀說明

依民法第12條「滿十八歲為成年。」成年人有行為能力，但成年人其為行為時係無意識能力，依民法第75條「無行為能力人之意思表示，無效；雖非無行為能力人，而其意思表示，係在無意識或精神錯亂中所為者亦同。」其行為無效，惟是否行為時無意識能力仍需有證據，為免舉證困難，則可依民法第14條第1項「對於因精神障礙或其他心智缺陷，致不能為意思表示或受意思表示，或不能辨識其意思表示之效果者，法院得因本人、配偶、四親等內之親屬、最近一年有同居事實之其他親屬、檢察官、主管機關或社會福利機構、輔助人、意定監護受任人或其他利害關係人之聲請，為監護之宣告。」聲請為監護宣告，屆時，其所為行為，依民法第15條「受監護宣告之人，無行為能力。」即屬無效，是在甲成為植物人，如需處理財產，即需監護宣告，由監護人為之，例如本件為向肇事者求賠償，亦需選任監護人以為法定代理人而可代理為訴訟行為，包括委任律師。

關於法院選定監護人之順序，民法第1111條第1項定有明文，但因受監護人未喪失意思能力前，依民法第1113條之2第1項「稱意定監護者，謂本人與受任人約定，於本人受監護宣告時，受任人允為擔任監護人之契約。」第1113條之3第1項「意定監護契約之訂立或變更，應由公證人作成公證書始為成立。公證人作成公證書後七日內，以書面通知本人住所地之法院。」可與他人簽訂由其為監護人之意定監護契約，依第1113條之3第3項「意定監護契約於本人受監護宣告時，發生效力。」第1113條之4第1項「法院為監護之宣告時，受監護宣告之人已訂有意定監護契約者，應以意定監護契約所定之受任人為監護人，同時指定會同開具財產清冊之人。其意定監護契約已載明會同開具財產清冊之人者，

法院應依契約所定者指定之，但意定監護契約未載明會同開具財產清冊之人或所載明之人顯不利本人利益者，法院得依職權指定之。」即應以該受任人為監護人，但依第1113條之4第2項「法院為前項監護之宣告時，有事實足認意定監護受任人不利於本人或有顯不適任之情事者，法院得依職權就第一千一百十一條第一項所列之人選定為監護人。」法院仍可另為選定。

書狀內容

狀別：家事監護宣告聲請狀
聲　請　人　乙　　　　　住臺中市○○路○○號
相　對　人　甲　　　　　住臺中市○○路○○號
即應受監護宣告人
為聲請監護宣告事件。
　　　　　聲請意旨
一、請求宣告甲為受監護宣告之人。
二、選定乙為受監護宣告之人之監護人。
三、指定丙為會同開具財產清冊之人。（與監護人須非同一人）
（註：監護人與會同開具財產清冊之人分別行使不同之職務，應列不同之人。）
　　　　　理由
　　聲請人乙（女、生日：　　　　　、身分證統一編號：　　　　　　）
為相對人甲（男、生日：　　　　　、身分證統一編號：　　　　　　）
之配偶，相對人於○年○月○日因車禍受償，雖經送醫治療均不見起色，相對人目前不能處理自己生活事務，且精神狀況已達不能辨識其意思表示之效果，已為植物人，為此爰依民法第14條第1項及家事事件法第164條以下之規定，請求對相對人為監護宣告。
　　　依民法第1111條第1項「法院為監護之宣告時，應依職權就配偶、四親等內之親屬、最近一年有同居事實之其他親屬、主管機關、社會福利機構或其他適當之人選定一人或數人為監護人，並同時指定會同開具財產清冊之人。」請選定甲為其監護人，並推丙為其會同開具財產清冊之人，丙亦表示同意擔任此職務。
　　　　　謹狀
臺灣臺中地方法院家事法庭　公鑒

證物：
附件1：戶籍謄本（兩造）。
附件2：診斷證明書、身心障礙手冊。
附件3：親屬團體會議紀錄、親屬系統表、監護人、會同開具財產清冊之人戶籍謄本、同意書。
中　　華　　民　　國　　　　年　　　　月　　　　日
　　　　　　　　　具狀人　乙　　印

※親屬系統表（存歿、出生日期應註明）

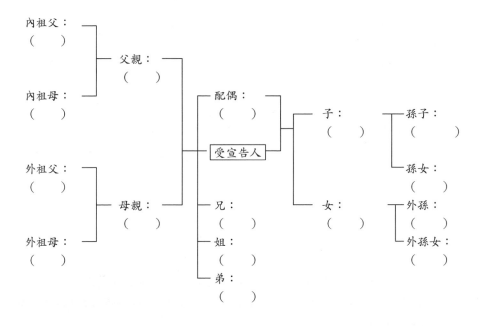

同意書
本人　　　　　　　（男／女、民國　　年　　月　　日）係受監護宣告人
　　　　　　（男／女、民國　　年　　月　　日）之　　　　　　（親屬關係），本人應於其受監護人依法開具財產清冊之後，核對該清冊是否確爲受監護宣告人之所有財產，並同意擔任開具財產清冊之會同人，特立此書爲憑。

　　　　　　此致
臺灣臺中地方法院家事法庭　公鑒

　　　　　　　　　　　立書人：

　　　　　　　　　　　身分證統一編號：

　　　　　　　　　　　地址：

　　　　　　　　　　　聯絡電話：

中　　華　　民　　國　　　　年　　　　月　　　　日

(二) 變更監護人

案例事實

在前例法院就法定選定之監護人A如有不適任，可以聲請撤銷、變更。

撰狀說明

依民法第1112條「監護人於執行有關受監護人之生活、護養療治及財產管理之職務時，應尊重受監護人之意思，並考量其身心狀態與生活狀況。」監護人如未妥善執行職務，依民法第1113條準用民法第1106條之1第1項「有事實足認監護人不符受監護人之最佳利益，或有顯不適任之情事者，法院得依前條第一項聲請權人之聲請，改定適當之監護人，不受第一千零九十四條第一項規定之限制。」由民法第1094條第3項之人依民法第1106條第1項規定聲請改定監護人。

又意定監護之監護人，依民法第1113條之6第1項「法院為監護之宣告後，監護人共同執行職務時，監護人全體有第一千一百零六條第一項或第一千一百零六條之一第一項之情形者，法院得依第十四條第一項所定聲請權人之聲請或依職權，就第一千一百十一條第一項所列之人另行選定或改定為監護人。」第2項「法院為監護之宣告後，意定監護契約約定監護人數人分別執行職務時，執行同一職務之監護人全體有第一千一百零六條第一項或第一千一百零六條之一第一項之情形者，法院得依前項規定另行選定或改定全體監護人。但執行其他職務之監護人無不適任之情形者，法院應優先選定或改定其為監護人。」亦可另行選定。

書狀內容

狀別：家事聲請改定監護人狀
聲請人丙（受監護人四親等內親屬）　　　住○○市○○區○○路○○號
相對人A（即甲之監護人）　　　　　　　住○○市○○區○○路○○號
為聲請改定監護人事。
　　　　聲請事項
　請　鈞院改定B為監護人。
　　　　理由
一、經　鈞院○○年○○字第○○○號裁定宣告甲為受監護人，並指定A為監護人（聲證1），但因A未依民法第1112條執行監護人職務，即將甲隨

意送未經核准立案登記之○○安養院（聲證2），且未隨時探望，爲此聲請另爲改定B爲監護人。
二、聲請人甲之姑姑，爲四親等內親屬，可爲本件聲請監護。

謹狀

臺灣臺中地方法院　公鑒

證據：

聲證1：　鈞院裁定影本1件。

聲證2：照片1張。

中　華　民　國　○○　年　○○　月　○○　日

具狀人：丙　印

相關法條及裁判要旨

■民法第14條第1項：

對於因精神障礙或其他心智缺陷，致不能爲意思表示或受意思表示，或不能辨識其意思表示之效果者，法院得因本人、配偶、四親等內之親屬、最近一年有同居事實之其他親屬、檢察官、主管機關或社會福利機構之聲請，爲監護之宣告。

■民法第15條：

受監護宣告之人，無行爲能力。

■民法第75條：

無行爲能力人之意思表示，無效；雖非無行爲能力人，而其意思表示，係在無意識或精神錯亂中所爲者亦同。

■民法第1099條：

監護開始時，監護人對於受監護人之財產，應依規定會同遺囑指定、當地直轄市、縣（市）政府指派或法院指定之人，於二個月內開具財產清冊，並陳報法院。

前項期間，法院得依監護人之聲請，於必要時延長之。

■民法第1099條之1：

於前條之財產清冊開具完成並陳報法院前，監護人對於受監護人之財產，僅得爲管理上必要之行爲。

■民法第1100條：

監護人應以善良管理人之注意，執行監護職務。

■民法第1111條：

法院爲監護之宣告時，應依職權就配偶、四親等內之親屬、最近一年有同居事實之其他親屬、主管機關、社會福利機構或其他適當之人選定一人或數人爲監護人，並同時指定會同開具財產清冊之人。

法院爲前項選定及指定前，得命主管機關或社會福利機構進行訪視，提出調查報告及建議。監護之聲請人或利害關係人亦得提出相關資料或證據，供法院斟酌。

■民法第1113條：

成年人之監護，除本節有規定者外，準用關於未成年人監護之規定。

■民法第1113條之1：

受輔助宣告之人，應置輔助人。

輔助人及有關輔助之職務，準用第一千零九十五條、第一千零九十六條、第一千零九十八條第二項、第一千一百條、第一千一百零二條、第一千一百零三條第二項、第一千一百零四條、第一千一百零六條、第一千一百零六條之一、第一千一百零九條、第一千一百十一條至第一千一百十一條之二、第一千一百十二條之一及第一千一百十二條之二之規定。

■民法第1113條之2：

稱意定監護者，謂本人與受任人約定，於本人受監護宣告時，受任人允爲擔任監護人之契約。

前項受任人得爲一人或數人；其爲數人者，除約定爲分別執行職務外，應共同執行職務。

■民法第1113條之3：

意定監護契約之訂立或變更，應由公證人作成公證書始爲成立。公證人作成公證書後七日內，以書面通知本人住所地之法院。

前項公證，應有本人及受任人在場，向公證人表明其合意，始得爲之。

意定監護契約於本人受監護宣告時，發生效力。

■民法第1113條之4：

法院爲監護之宣告時，受監護宣告之人已訂有意定監護契約者，應以意定監護契約所定之受任人爲監護人，同時指定會同開具財產清冊之人。其意定監護契約已載明會同開具財產清冊之人者，法院應依契約所定者指定之，但意定監護

契約未載明會同開具財產清冊之人或所載明之人顯不利本人利益者，法院得依職權指定之。

法院爲前項監護之宣告時，有事實足認意定監護受任人不利於本人或有顯不適任之情事者，法院得依職權就第一千一百十一條第一項所列之人選定爲監護人。

■民法第1113條之5：

法院爲監護之宣告前，意定監護契約之本人或受任人得隨時撤回之。

意定監護契約之撤回，應以書面先向他方爲之，並由公證人作成公證書後，始生撤回之效力。公證人作成公證書後七日內，以書面通知本人住所地之法院。契約經一部撤回者，視爲全部撤回。

法院爲監護之宣告後，本人有正當理由者，得聲請法院許可終止意定監護契約。受任人有正當理由者，得聲請法院許可辭任其職務。

法院依前項許可終止意定監護契約時，應依職權就第一千一百十一條第一項所列之人選定爲監護人。

■民法第1113條之6：

法院爲監護之宣告後，監護人共同執行職務時，監護人全體有第一千一百零六條第一項或第一千一百零六條之一第一項之情形者，法院得依第十四條第一項所定聲請權人之聲請或依職權，就第一千一百十一條第一項所列之人另行選定或改定爲監護人。

法院爲監護之宣告後，意定監護契約約定監護人數人分別執行職務時，執行同一職務之監護人全體有第一千一百零六條第一項或第一千一百零六條之一第一項之情形者，法院得依前項規定另行選定或改定全體監護人。但執行其他職務之監護人無不適任之情形者，法院應優先選定或改定其爲監護人。

法院爲監護之宣告後，前二項所定執行職務之監護人中之一人或數人有第一千一百零六條第一項之情形者，由其他監護人執行職務。

法院爲監護之宣告後，第一項及第二項所定執行職務之監護人中之一人或數人有第一千一百零六條之一第一項之情形者，法院得依第十四條第一項所定聲請權人之聲請或依職權解任之，由其他監護人執行職務。

■家事事件法第164條：

下列監護宣告事件，專屬應受監護宣告之人或受監護宣告之人住所地或居所地法院管轄；無住所或居所者，得由法院認爲適當之所在地法院管轄：

一、關於聲請監護宣告事件。

二、關於指定、撤銷或變更監護人執行職務範圍事件。

三、關於另行選定或改定監護人事件。

四、關於監護人報告或陳報事件。

五、關於監護人辭任事件。

六、關於酌定監護人行使權利事件。

七、關於酌定監護人報酬事件。

八、關於為受監護宣告之人選任特別代理人事件。

九、關於許可監護人行為事件。

十、關於監護所生損害賠償事件。

十一、關於聲請撤銷監護宣告事件。

十二、關於變更輔助宣告為監護宣告事件。

十三、關於其他監護宣告事件。

前項事件有理由時，程序費用由受監護宣告之人負擔。

除前項情形外，其費用由聲請人負擔。

■家事事件法第165條：

於聲請監護宣告事件及撤銷監護宣告事件，應受監護宣告之人及受監護宣告之人有程序能力。如其無意思能力者，法院應依職權為其選任程序監理人。

■家事事件法第166條：

聲請人為監護宣告之聲請時，宜提出診斷書。

■家事事件法第167條：

法院應於鑑定人前訊問應受監護宣告之人。但有礙難訊問之情形或恐有害其健康者，不在此限。

監護之宣告，非就應受監護宣告之人之精神或心智狀況訊問鑑定人後，不得為之。鑑定應有精神科專科醫師或具精神科經驗之醫師參與。

■家事事件法第168條：

監護宣告之裁定，應同時選定監護人及指定會同開具財產清冊之人，並附理由。

法院為前項之選定及指定前，應徵詢被選定人及被指定人之意見。

第一項裁定，應送達於聲請人、受監護宣告之人、法院選定之監護人及法院指定會同開具財產清冊之人；受監護宣告之人另有程序監理人或法定代理人者，並應送達之。

■家事事件法第169條：

監護宣告之裁定，於裁定送達或當庭告知法院選定之監護人時發生效力。

前項裁定生效後，法院應以相當之方法，將該裁定要旨公告之。

■家事事件法第170條：

監護宣告裁定經廢棄確定前，監護人所為之行為，不失其效力。

監護宣告裁定經廢棄確定前，受監護宣告之人所為之行為，不得本於宣告監護之裁定而主張無效。

監護宣告裁定經廢棄確定後，應由第一審法院公告其要旨。

■最高法院58年台上字第3653號判例：

上訴人提出之證明書，雖證明被上訴人於54年間曾患有精神病症，但不能證明被上訴人於和解時，係無意識或有精神錯亂之情形，且被上訴人又未受禁治產之宣告，難認和解有無效之原因。（註：依民法總則施行法第4條之1規定，修正民法第14條、第15條自民國98年11月23日施行。本則判例內容所載禁治產人改稱為受監護宣告之人；未受禁治產之宣告改稱未受監護之宣告。）

十七、輔助宣告事件（家事事件法第177條）

依家事事件法第177條所定之事件為輔助宣告事件。

案例事實

在前例中，如甲未達到為植物人，僅辨識能力不足，則可為輔助宣告。

撰狀說明

依民法第15條之1第1項「對於因精神障礙或其他心智缺陷，致其為意思表示或受意思表示，或辨識其意思表示效果之能力，顯有不足者，法院得因本人、配偶、四親等內之親屬、最近一年有同居事實之其他親屬、檢察官、主管機關或社會福利機構之聲請，為輔助之宣告。」則未達到不能意思表示，可為輔助宣告，依民法第15條之2，其行為並非一定無效。又依民法第1113條之1第1項「受輔助宣告之人，應置輔助人。」受輔助宣告之人，依第1113條之1第2項準用第1111條第1項規定，此輔助人由法院選定。

書狀內容

狀別：家事輔助宣告聲請狀
聲　請　人　　乙　　　　　住臺中市○○路○○號
相　對　人　　甲　　　　　住臺中市○○路○○號
即應受監護宣告人
為聲請輔助宣告事件。
　　　　　　聲請意旨
一、請對相對人甲為輔助宣告。
二、選定乙為受輔助宣告人之輔助人。
　　　　　　聲請原因
　　聲請人乙（女、生日：　　　　　、身分證統一編號：　　　　）
為相對人甲（男、生日：　　　　　、身分證統一編號：　　　　）之
配偶，相對人於　　年　　月　　日因　　　　　　　　罹病，致其為意思表示或受意思表示，或辨識其意思表示之效果之能，顯有不足，爰依家事事件法第177條以下之規定，請求對相對人為輔助宣告。
　　乙為相對人之配偶，相對人之日常生活均由其負責照顧，適任相對人之輔助人，爰依法請求選定輔助人如聲明第二點所示。

```
              謹狀
臺灣臺中地方法院家事法庭  公鑒
證物：
附件1：兩造及輔助人之戶籍謄本。
附件2：診斷證明書、身心障礙手冊。
中    華    民    國    年    月    日
                    具狀人 乙  印
```

相關法條及裁判要旨

■民法第15條之1：

對於因精神障礙或其他心智缺陷，致其為意思表示或受意思表示，或辨識其意思表示效果之能力，顯有不足者，法院得因本人、配偶、四親等內之親屬、最近一年有同居事實之其他親屬、檢察官、主管機關或社會福利機構之聲請，為輔助之宣告。

受輔助之原因消滅時，法院應依前項聲請權人之聲請，撤銷其宣告。

受輔助宣告之人有受監護之必要者，法院得依第十四條第一項規定，變更為監護之宣告。

■民法第15條之2：

受輔助宣告之人為下列行為時，應經輔助人同意。但純獲法律上利益，或依其年齡及身分、日常生活所必需者，不在此限：

一、為獨資、合夥營業或為法人之負責人。

二、為消費借貸、消費寄託、保證、贈與或信託。

三、為訴訟行為。

四、為和解、調解、調處或簽訂仲裁契約。

五、為不動產、船舶、航空器、汽車或其他重要財產之處分、設定負擔、買賣、租賃或借貸。

六、為遺產分割、遺贈、拋棄繼承權或其他相關權利。

七、法院依前條聲請權人或輔助人之聲請，所指定之其他行為。

第七十八條至第八十三條規定，於未依前項規定得輔助人同意之情形，準用之。

第八十五條規定，於輔助人同意受輔助宣告之人為第一項第一款行為時，準用

之。

第一項所列應經同意之行為，無損害受輔助宣告之人利益之虞，而輔助人仍不為同意時，受輔助宣告之人得逕行聲請法院許可後為之。

■民法第1113條之1：

受輔助宣告之人，應置輔助人。

輔助人及有關輔助之職務，準用第一千零九十五條、第一千零九十六條、第一千零九十八條第二項、第一千一百條、第一千一百零二條、第一千一百零三條第二項、第一千一百零四條、第一千一百零六條、第一千一百零六條之一、第一千一百零九條、第一千一百十一條至第一千一百十一條之二、第一千一百十二條之一及第一千一百十二條之二之規定。

■家事事件法第177條第1項：

下列輔助宣告事件，專屬應受輔助宣告之人或受輔助宣告之人之住所地或居所地法院管轄；無住所或居所者，得由法院認為適當之所在地法院管轄：

一、關於聲請輔助宣告事件。

二、關於另行選定或改定輔助人事件。

三、關於輔助人辭任事件。

四、關於酌定輔助人行使權利事件。

五、關於酌定輔助人報酬事件。

六、關於為受輔助宣告之人選任特別代理人事件。

七、關於指定、撤銷或變更輔助人執行職務範圍事件。

八、關於聲請許可事件。

九、關於輔助所生損害賠償事件。

十、關於聲請撤銷輔助宣告事件。

十一、關於聲請變更監護宣告為輔助宣告事件。

十二、關於其他輔助宣告事件。

十八、強制執行

　　債權人欲實現權利，不可私力救濟，只得於取得執行名義後，依法聲請強制執行，由法院爲之實現權利。

(一) 聲請強制執行

1.金錢請求權之執行

　(1) 執行名義為確定判決（強制執行法第4條第1項第1款）

【案例事實】

　　乙積欠甲借款100萬元未還，經甲提起訴訟，獲勝訴判決確定，爲此甲欲對乙聲請強制執行。

【撰狀說明】

　　依強制執行法第4條第1項規定「強制執行，依左列執行名義爲之：一、確定之終局判決。二、假扣押、假處分、假執行之裁判及其他依民事訴訟法得爲強制執行之裁判。三、依民事訴訟法成立之和解或調解。四、依公證法規定得爲強制執行之公證書。五、抵押權人或質權人，爲拍賣抵押物或質物之聲請，經法院爲許可強制執行之裁定者。六、其他依法律之規定，得爲強制執行名義者。」是債權人有上開規定之執行名義，即可對債務人聲請強制執行。至聲請強制執行之程式，依同法第5條第1項「債權人聲請強制執行，應以書狀表明左列各款事項，提出於執行法院爲之：一、當事人及法定代理人。二、請求實現之權利。」第2項「書狀內宜記載執行之標的物、應爲之執行行爲或本法所定其他事項。」必須以書狀，表明上列事項，同時依強制執行法第6條第1項規定，提出執行名義之證明文件。本例係以第1項第1款之確定終局判決說明。

【書狀內容】

```
狀別：民事聲請強制執行狀
訴訟標的金額：100萬元
聲　請　人　　甲　　　住臺中市太平區○○街○○號
即債權人
相　對　人　　乙　　　住臺中市太平區○○街○○號
即債務人
```

對返還借款聲請強制執行事。

　　　執行名義

臺中地方法院97年度訴字第17274號判決。

　　　執行債權

新臺幣100萬元及自民國97年2月2日起至清償日止按年利率百分之五計算之利息。

　　　執行標的

債務人所有置於臺中市太平區○○路○○號內之動產。

　　　聲請強制執行之理由

緣相對人積欠聲請人借款100萬元未還，經聲請人依法取得執行名義（證1），爰具狀聲請　鈞院鑒核，請准於執行債權範圍內就該債務人所有之執行標的強制執行為禱。

　　　　　謹狀

臺灣臺中地方法院　公鑒

證物：

證1：鈞院判決及確定證明書正本各1件。

中　華　民　國　102　年　1　月　29　日

　　　　　具狀人　甲　印

相關法條及裁判要旨

■強制執行法第6條第1項：

債權人聲請強制執行，應依左列規定，提出證明文件：

一、依第四條第一項第一款聲請者，應提出判決正本並判決確定證明書或各審
　　級之判決正本。

二、依第四條第一項第二款聲請者，應提出裁判正本。

三、依第四條第一項第三款聲請者，應提出筆錄正本。

四、依第四條第一項第四款聲請者，應提出公證書。

五、依第四條第一項第五款聲請者，應提出債權及抵押權或質權之證明文件及
　　裁定正本。

六、依第四條第一項第六款聲請者，應提出得為強制執行名義之證明文件。

■辦理強制執行事件應行注意事項2：

(一)確定判決為執行名義時，其執行應以該確定判決之內容為準。未經確定判決判明之事項，執行法院不得逕為何種處分。

(二)確定判決之執行，以給付判決且適於強制執行者為限。其不得據以強制執行者，倘誤為開始執行，應撤銷執行程序，並以裁定駁回強制執行聲請。

(三)關於確定判決之執行，如其判決主文不明瞭，而所附理由已記載明晰，與主文不相牴觸者，得參照該判決之理由為執行。

(四)確定判決命合夥履行債務者，應先對合夥財產為執行，如不足清償時，得對合夥人之財產執行之。但其人否認為合夥人，而其是否為合夥人亦欠明確者，非另有確認其為合夥人之確定判決，不得對之強制執行。

(五)確定判決如就同一債務命數債務人連帶履行者，債權人得專對債務人中之一人聲請為全部給付之執行。執行法院不得依該債務人之聲請，就其他連帶債務人之財產，逕為強制執行。

(六)判決，除有本法第四條之二情形外，祇能對於當事人為之，若對於非當事人之人命為給付，自不生效力。執行法院即不得本此判決，對之為強制執行。

(七)判決所命被告交付之物，於判決確定後，經法律禁止交易者，執行法院不得據以執行。

(八)在執行法院成立之和解，為訴訟外之和解，無執行力。但因該和解有民法上和解之效力，當事人仍須受其拘束。執行法院亦得勸告當事人依照和解了結。

(九)執行名義如為依公證法作成之公證書，應注意公證法第十三條及公證法施行細則第四十條至第四十八條之規定。

(十)檢察官或軍事檢察官就法院或軍事審判機關所處罰金、罰鍰、沒收、沒入及追徵之裁判，所為指揮執行之命令，與民事執行名義有同一之效力，執行法院得受託強制執行。

(十一)依民事訴訟法科處當事人、法定代理人、證人或鑑定人等罰鍰之裁定，依刑事訴訟法科處證人或鑑定人罰鍰之裁定及依少年事件處理法科處少年法定代理人罰鍰之裁定，得為執行名義，執行法院可據以強制執行。

(十二)依鄉鎮市調解條例成立並經法院核定之調解書、耕地三七五減租條例成立之調解或調處之書面證明、商務仲裁人之判斷經法院為執行之裁定、公務人員交代條例公務人員經管財物移交不清該主管機關之移送函、依工程受益費徵收條例受益人不依限繳納工程受益費經機關移送函及其他依法具有

強制執行名義之文書，均得據以強制執行。

(十三)法律有公法上金錢給付義務移送法院強制執行之規定者，自九十年一月一日行政執行法修正條文施行之日起，不適用之；其於修正條文施行前已移送法院強制執行而尚未終結之事件，自修正條文施行之日起，應移送該管行政執行處繼續執行之。

(十四)（刪除）

(十五)國民住宅主管機關依國民住宅條例第二十一條至第二十三條及第十九條規定收回住宅及其基地、終止租賃契約收回該住宅或收回貸款者，應由該管地方法院民事庭裁定准許後，始得聲請執行法院為之強制執行。

(十六)債權人依本法第四條之二規定聲請強制執行者，應提出證明其本人或債務人為執行名義效力所及之人之相當證據。執行法院並應為必要之調查。

(十七)債權人依假扣押、假處分、假執行之裁判供擔保後聲請法院強制執行者，執行法院於實施執行行為後，應即通知該出具供擔保證明之提存所有關該案已實施執行行為之事項。

■辦理強制執行事件應行注意事項3：

(一)債權人之聲請，不合程式或有其他欠缺而可以補正者，應定相當期間通知補正。

(二)強制執行開始後，債權人死亡而無繼承人承認繼承時，其遺產於清償債權並交付遺贈物後，如有賸餘，歸屬國庫，故仍應繼續執行。

(三)強制執行開始後，債務人死亡者，繼承人對於債務人之債務，以因繼承所得遺產為限，負清償責任，僅得對其遺產續行強制執行。

(四)選任特別代理人之費用，視為執行費用。

(五)執行名義係命債務人分期給付者，債權人就其清償期屆至部分以言詞或書面聲請繼續執行時，如原案尚未執行完畢者，應併原案繼續執行，並另徵執行費；如原案已執行完畢者，則依一般程序處理。

(2) 執行名義為確定之支付命令（強制執行法第4條第1項第2款）

案例事實

　　乙在甲公司擔任會計，利用職務機會，挪用保管之貨款100萬元，經甲公司發現，對乙聲請法院核發支付命令，支付命令確定後，乙仍未返還，甲公司為此對乙聲請強制執行。

撰狀說明

　　確定之支付命令，依民事訴訟法第521條第1項「債務人對於支付命令未於法定期間合法提出異議者，支付命令與確定判決有同一之效力。」有確定判決同一效力，為強制執行法第4條第1項第2款之執行名義，債權人可據以強制執行。

書狀內容

狀別：民事聲請強制執行狀
訴訟標的金額：100萬元
聲　請　人　　甲公司　　　　　設臺中市中區○○路○○號
即債權人
法定代理人　　A　　　　　　　住同上
相　對　人　　乙　　　　　　　住南投縣南投市○○路○○號
即債務人
為損害賠償聲請強制執行事。
　　　　　　強制執行標的物
　　相對人之一切財產。
　　　　　　強制執行之執行名義
　　鈞院98年度促字第109號支付命令（證1）。
　　　　　　理由
　　相對人侵占聲請人之貨款100萬元，經　鈞院核發支付命令，現已確定，因相對人拒不返還，為此聲請強制執行。
　　　　　　　　謹狀
臺灣南投地方法院　公鑒
證物：
證1：支付命令及確定證明書正本各1件。
中　　華　　民　　國　　101　　年　　9　　月　　9　　日
　　　　　　　　　具狀人　甲公司　　印
　　　　　　　　　法定代理人　A　　印

相關法條及裁判要旨

■最高法院81年台抗字第114號判例：

強制執行應依執行名義為之，執行法院對於執行名義是否有效成立，自應加以審查。未確定之支付命令，不備執行名義之要件，其執行名義尚未成立，執行法院不得據以強制執行。法院誤認未確定之裁判為確定，而依聲請付與確定證明書者，不生該裁判已確定之效力。執行法院就該裁判已否確定，仍得予以審查，不受該確定證明書之拘束。

(3)-1執行名義為拍賣抵押物裁定（以土地及地上房屋一併抵押）（強制執行法第4條第1項第5款）

案例事實

　　乙以土地及地上房屋設定抵押權給甲公司，以擔保丙對甲公司買賣之貨款，嗣因丙積欠貨款未付，甲公司取得拍賣抵押物裁定後，對乙聲請強制執行。

撰狀說明

　　依民法第873條規定「抵押權人，於債權已屆清償期，而未受清償者，得聲請法院，拍賣抵押物，就其賣得價金而受清償。」抵押權人聲請拍賣抵押物，須先取得拍賣抵押物裁定，再以此裁定為執行名義聲請強制執行。又以拍賣抵押物裁定聲請強制執行，毋須裁定確定，只須證明已送達相對人即可，因確定證明書可以證明已送達，故實務上有法院要求附確定證明書，實際上，附送達證明書或相對人之抗告狀影本，足以證明已送達即可。又因強制執行法第6條第1項第5款規定，在最高限額抵押權人聲請強制執行時，應提出抵押權擔保之債權證明文件。

書狀內容

狀別：民事聲請強制執行狀
訴訟標的金額：90萬元
聲　請　人　　甲股份有限公司　　　　設臺中市北屯區○○路○○號
即債權人
法定代理人　　A　　　　　　　　　　住同上
相　對　人　　乙　　　　　　　　　　住彰化縣和美鎮○○路○○號

即債務人

為聲請拍賣抵押物強制執行事。

　　　　強制執行標的物

相對人所有如附表所示之不動產（證1）。

　　　　強制執行之執行名義

鈞院簡易庭97年拍字第5號民事裁定正本及裁定確定證明書各1件（證2）。

　　　　理由

相對人於民國93年4月14日以附表所示之不動產設定本金最高限額新臺幣（下同）100萬元抵押權登記予聲請人，以擔保第三人丙過去或現在、將來簽發之支票或本票或背書支票、未交付貨款之簽單其他一切債務。債務清償日期，依照各個債務契約所約定之清償日期，並約定遲延利息為年息百分之十，違約金為每百元日息壹角。茲因丙積欠聲請人90萬元貨款未清償，有送貨單為證（證3），依民法第873條規定「抵押權人，於債權已屆清償期，而未受清償者，得聲請法院，拍賣抵押物，就其賣得價金而受清償。」聲請人自可拍賣抵押物。

聲請人聲請准予拍賣附表所示之不動產，蒙　鈞院簡易庭97年拍字第5號民事裁定准予拍賣，並確定在案，爰依法聲請強制執行拍賣上述抵押物（關於利息、違約金、費用之數額待拍定後再陳報），請予照准。

　　　　　　謹狀

臺灣彰化地方法院　公鑒

證物：

證1：土地、建物登記謄本各1件。

證2：他項權利證明書、抵押權設定契約書、鈞院簡易庭97年拍字第5號民事裁定、民事裁定確定證明書各1件（以上均正本）。

證3：送貨單正本1件。

中　　華　　民　　國　　102　　年　　6　　月　　7　　日

　　　　　　　具狀人　甲股份有限公司　　㊞

　　　　　　　法定代理人　A　　㊞

附表

建物部分										所有權人：乙		
編號	建號	基地坐落	建物門牌	主要建材料及房屋層數	建物面積（平方公尺）					附屬建物（平方公尺）	權利範圍	備考
					一層	二層	三層	騎樓	共計			
1	彰化縣和美鎮仁和段○○建號	彰化縣和美鎮仁和段○○地號	彰化縣和美鎮七寮路○○號		41.2	55.20	55.20	14.00	165.60		全部	

土地部分							面積	權利範圍	備考
編號	土地坐落					地目	平方公尺		
	縣市	鄉鎮市區	段	小段	地號				
1	彰化縣	和美鎮	仁和		○○	建	109	全部	

(3)-2執行名義為拍賣抵押物裁定（以土地設定抵押，但抵押權設定後，抵押人在地上建築房屋）（強制執行法第4條第1項第5款）

案例事實

　　乙以空地設定抵押權給甲，擔保乙向甲借貸之90萬元。乙在空地設定抵押權後，始在土地上建築房屋，甲欲連同地上房屋一併拍賣。

撰狀說明

　　以空地設定抵押權，抵押權人只對土地有抵押權，事後抵押人仍可使用空地建築房屋，惟因地上有房屋，如只拍賣土地，不能連同地上房屋一併拍賣，因土地有房屋使用，將生不點交土地情事，土地不易賣出，影響抵押權人權益，為此民法第877條第1項規定「土地所有人於設定抵押權後，在抵押之土地上營造建築物者，抵押權人於必要時，得於強制執行程序中聲請法院將其建築物與土地併付拍賣。但對於建築物之價金，無優先受清償之權。」此時，抵押權人即可請求法院一併連同地上建物拍賣。

　　又一併拍賣地上建物時，對此建物毋庸有拍賣抵押物裁定，即裁定時不需列入，待強制執行時，請求一併執行即可。

　　再如抵押權設定前，即已有建物者，無民法第877條第1項適用，只得視該建物為何人所有，可否對其取得拍賣抵押物裁定以外之執行名義（例如為債務人所有，可以確定判決，本票裁定方式取得執行名義），對之強制執行，除此之外即無法處理。

　　另在以建物設定抵押者，如建物有增、擴建者，依民法第862條第3項規定「以建築物為抵押者，其附加於該建築物而不具獨立性之部分，亦為抵押權效力所及。但其附加部分為獨立之物，如係於抵押權設定後附加者，準用第八百七十七條之規定。」則：1.如不具獨立性，為抵押物附合之物者，依民法第811條規定「動產因附合而為不動產之重要成分者，不動產所有人，取得動產所有權。」既屬抵押物一部（即抵押物範圍擴張），為抵押權效力所及，本可一併裁定、拍賣，賣得價金抵押人可優先受償；2.如具獨立性，但：(1)係抵押物之從物，依民法第862條第1項「抵押權之效力，及於抵押物之從物與從權利。」為抵押權效力所及，可一併裁定、拍賣，亦可就其賣得價金優先受償；(2)如非從物，而係抵押權設定後增建，可準用上開第877條第1項一併拍賣，至若係抵押權設定前所建者，亦同上述，只得視該增建物是否為債務人所有，以拍賣抵押物裁定以外之執行名義對之強制執行。

書狀內容

狀別：民事聲請強制執行狀
訴訟標的金額：90萬元
聲　請　人　甲　　　　　　　住臺中市北屯區○○路○○號
即債權人
相　對　人　乙　　　　　　　住彰化縣和美鎮○○路○○號
即債務人
為聲請拍賣抵押物強制執行事。
　　　　　強制執行標的物
　相對人所有如附表所示之不動產（證1）。
　　　　　強制執行之執行名義
　鈞院簡易庭97年拍字第7號民事裁定正本及裁定確定證明書各1件（證2）。
　　　　　理由
　相對人於民國93年4月14日以附表所示之土地設定最高限額新臺幣（下

同）100萬元抵押權登記予聲請人，以擔保相對人過去或現在、將來向聲請人之借款。債務清償日期，依照各個債務契約所約定之清償日期，並約定遲延利息為年息百分之十，違約金為每百元日息壹角。茲因相對人積欠聲請人90萬元借款未清償，有借據一紙為證（證3）。依民法第873條規定「抵押權人，於債權已屆清償期，而未受清償者，得聲請法院，拍賣抵押物，就其賣得價金而受清償。」聲請人自可拍賣抵押物。

　　聲請人聲請准予拍賣附表所示之土地，蒙　鈞院簡易庭97年拍字第7號民事裁定准予拍賣，並確定在案，爰依法聲請強制執行拍賣上述土地（關於利息、違約金、費用之數額待拍定後再陳報），請予照准。

　　又相對人於抵押權設定後在抵押之土地上建築房屋，依民法第877條第1項「土地所有人於設定抵押權後，在抵押之土地上營造建築物者，抵押權人於必要時，得於強制執行程序中聲請法院將其建築物與土地併付拍賣。但對於建築物之價金，無優先受清償之權。」請就該地上建物一併拍賣。

　　　　　　　　　　謹狀
臺灣彰化地方法院　公鑒
證物：
證1：土地、建物登記謄本各1件。
證2：他項權利證明書、抵押權設定契約書、鈞院簡易庭97年拍字第7號民事裁定、民事裁定確定證明書各1件（以上均正本）。
證3：借據正本1紙。

中　　華　　民　　國　　102　年　　6　月　　7　日

　　　　　　　　具狀人　甲　[印]

附表

建物部分										所有權人：乙			
編號	建號	基地坐落	建物門牌	主要建材料及房屋層數	建物面積（平方公尺）					附屬建物（平方公尺）		權利範圍	備考
					一層	二層	三層	騎樓	共計				
1	彰化縣和美鎮仁和段○○建號	彰化縣和美鎮仁和段○○地號	彰化縣和美鎮○○路○○號		41.2	55.20	55.20	14.00	165.60			全部	

土地部分									
編號	土地坐落					地目	面積	權利範圍	備考
	縣市	鄉鎮市區	段	小段	地號		平方公尺		
1	彰化縣	和美鎮	仁和		○○	建	109	全部	

相關法條及裁判要旨

■最高法院89年台抗字第352號判例：

民法第877條係為保護抵押權人之利益，及社會之經濟而設之規定，故於土地抵押後，在其上營造之建築物，雖非土地所有人所建，但於抵押權實行時，該建築物若與抵押之土地已歸一人所有，則為貫徹上開立法目的，宜解為有該條之適用，得於必要時，將土地抵押後，在其上營造之建築物，與該土地併付拍賣。

■辦理強制執行事件應行注意事項42(三)：

土地或建築物設定抵押權後，抵押人於土地上營造建築物或於原建築物再行擴建或增建者，除應認為係抵押物之從物，或因添附而成為抵押物之一部者外，執行法院於必要時得就原設定抵押權部分及其營造、擴建或增建部分分別估定價格，並核定其拍賣最低價額後一併拍賣之。但抵押權人就營造、擴建或增建部分，無優先受償之權。

(3)-3執行名義為拍賣抵押物裁定（以土地設定抵押權，但抵押權設定後，抵押人出租或出借土地給第三人在土地上建築房屋）（強制執行法第4條第1項第5款）

案例事實

同前例。但乙在空地設定抵押權後，將土地出租或出借丙在地上建築房屋，甲欲連同地上房屋一併拍賣。

撰狀說明

民法第877條第1項只適用於抵押人自己建築房屋，如非自己建築，而係抵押人出租或出借第三人建築者，依同條第2項「前項規定，於第八百六十六條第二項及第三項之情形，如抵押之不動產上，有該權利人或經其同意使用之人之建築物者，準用之。」及第866條第2項「前項情形，抵押權人實行抵押權受有

影響者,法院得除去該權利或終止該租賃關係後拍賣之。」第3項「不動產所有人設定抵押權後,於同一不動產上,成立第一項以外之權利者,準用前項之規定。」亦可併付拍賣該建物,但該建物賣得之價金應發給建物所有權人,不可分配給債權人。

書狀內容

> 狀別:民事聲請強制執行狀
> 訴訟標的金額:90萬元
> 聲　請　人　　甲　　　　　　　　住臺中市北屯區○○路○○號
> 即債權人
> 相　對　人　　乙　　　　　　　　住彰化縣和美鎮○○路○○號
> 即債務人
> 　　　為聲請拍賣抵押物強制執行事。
> 　　　　　　強制執行標的物
> 　　　相對人所有如附表所示之不動產(證1)。
> 　　　　　　強制執行之執行名義
> 　　　鈞院簡易庭97年拍字第9號民事裁定正本及裁定確定證明書各1件(證2)。
> 　　　　　　理由
> 　　　相對人於民國93年4月14日以附表所示之土地設定最高限額新臺幣(下同)100萬元抵押權登記予聲請人,以擔保相對人過去或現在、將來向聲請人之借款。債務清償日期,依照各個債務契約所約定之清償日期,並約定遲延利息為年息百分之十,違約金為每百元日息壹角。茲因相對人積欠聲請人90萬元借款未清償,有借據一紙為證(證3)。依民法第873條規定「抵押權人,於債權已屆清償期,而未受清償者,得聲請法院,拍賣抵押物,就其賣得價金而受清償。」聲請人自可拍賣抵押物。
> 　　　聲請人聲請准予拍賣附表所示之土地,蒙　鈞院簡易庭97年拍字第9號民事裁定准予拍賣,並確定在案,爰依法聲請強制執行拍賣上述土地(關於利息、違約金、費用之數額待拍定後再陳報),請予照准。
> 　　　又相對人於抵押權設定後將土地出租(或出借)第三人丙在抵押之土地上建築房屋,依民法第877條第2項「前項規定,於第八百六十六條第二項及第三項之情形,如抵押之不動產上,有該權利人或經其同意使用之人之建築

物者，準用之。」及第1項「土地所有人於設定抵押權後，在抵押之土地上營造建築物者，抵押權人於必要時，得於強制執行程序中聲請法院將其建築物與土地併付拍賣。但對於建築物之價金，無優先受清償之權。」請就該地上建物一併拍賣。

謹狀

臺灣彰化地方法院　公鑒

證物：

證1：土地、建物登記謄本各1件。

證2：他項權利證明書、抵押權設定契約書、鈞院簡易庭97年拍字第9號民事裁定、民事裁定確定證明書各1件（以上均正本）。

證3：借據1紙。

中　華　民　國　97　年　6　月　7　日

具狀人　甲　[印]

附表

編號	建號	基地坐落	建物門牌	主要建材料及房屋層數	一層	二層	三層	騎樓	共計	附屬建物（平方公尺）	權利範圍	備考
1	彰化縣和美鎮仁和段○○建號	彰化縣和美鎮仁和段○○地號	彰化縣和美鎮○○路○○號		41.2	55.20	55.20	14.00	165.60		全部	

建物部分　　所有權人：乙　　建物面積（平方公尺）

土地部分

編號	縣市	鄉鎮市區	段	小段	地號	地目	面積 平方公尺	權利範圍	備考
1	彰化縣	和美鎮	仁和		○○	建	109	全部	

(3)-4執行名義為拍賣抵押物裁定（以建物設定抵押，但建物有使用土地之權
利）（強制執行法第4條第1項第5款）

案例事實

乙所有之房屋並無坐落土地之所有權，只有地上權，乙以該房屋設定抵押
權向甲借得100萬元，屆期未清償，甲對乙取得拍賣抵押物裁定後，欲連同地上
權一併拍賣。

撰狀說明

一般情形，房屋所有權人多有基地所有權，故設定抵押權時，係以房屋及
土地一併設定抵押權，但亦有少許例外，房屋所有權人無基地所有權，只有租
賃、借貸或地上權，即地主以出租、出借或設定地上權方式，同意他人在其地
上建築房屋，此時屋主只有房屋所有權，除依民法第882條規定「地上權、農
育權及典權，均得為抵押權之標的物。」房屋所有權人可以房屋及地上權一併
設定抵押權外，無法連同承租權、借貸權一併設定抵押。又雖可連同地上權一
併設定抵押，但若未設定者，地上權即非抵押範圍。此時在行使抵押權拍賣房
屋時，為使拍定人亦可取得使用土地之權利，民法第877條之1規定「以建築物
設定抵押權者，於法院拍賣抵押物時，其抵押物存在所必要之權利得讓與者，
應併付拍賣。但抵押權人對於該權利賣得之價金，無優先受清償之權。」可一
併拍賣該承租權、借貸權及未一併設定抵押權之地上權（如地上權有設定抵押
者，當然可一併連同建物申請拍賣抵押物裁定）。

書狀內容

狀別：民事聲請強制執行狀
訴訟標的金額：100萬元
聲　請　人　　甲　　　　住臺南市安南區○○路○○號
相　對　人　　乙　　　　住彰化縣鹿港鎮○○路○○號
即債務人
為聲請拍賣抵押物強制執行事。
　　　　　強制執行標的物
　相對人所有如附表所示之建物及對附表所示之土地地上權（證1）。
　　　　　強制執行之執行名義
　鈞院簡易庭97年拍字第10號民事裁定正本及裁定確定證明書各1件（證

2）。

　　　　理由

　　相對人以如附表所示之建物於民國97年2月1日設定抵押權給聲請人以借貸100萬元，清償期屆至，相對人未清償，聲請人即向　鈞院請求裁定拍賣，獲　鈞院簡易庭97年拍字第10號裁定准許，為此聲請強制執行。

　　又因相對人之該建物就其坐落之土地有地上權，為此依民法第877條之1「以建築物設定抵押權者，於法院拍賣抵押物時，其抵押物存在所必要之權利得讓與者，應併付拍賣。但抵押權人對於該權利賣得之價金，無優先受清償之權。」請求一併執行該地上權。

　　　　　　謹狀

臺灣彰化地方法院　公鑒

證物：

證1：土地、建物登記謄本各1件。

證2：他項權利證明書、抵押權設定契約書、鈞院簡易庭97年拍字第10號民事裁定、民事裁定確定證明書各1件（以上均正本）。

中　華　民　國　102　年　6　月　7　日

　　　　具狀人　甲　　印

附表

建物部分											所有權人：乙	
編號	建號	基地坐落	建物門牌	主要建材料及房屋層數	建物面積（平方公尺）					附屬建物（平方公尺）	權利範圍	備考
					一層	二層	三層	騎樓	共計			
1	彰化縣和美鎮仁和段○○建號	彰化縣和美鎮仁和段○○地號	彰化縣和美鎮○○路○○號		41.2	55.20	55.20	14.00	165.60		全部	

土地部分：									
編號	土地坐落					地目	面積	權利範圍	備考
	縣市	鄉鎮市區	段	小段	地號		平方公尺		
1	彰化縣	和美鎮	仁和		○○	建	109	全部	

(4) 本票裁定（強制執行法第4條第1項第6款）

案例事實

　　乙簽發本票24萬元一紙給甲，向甲借得24萬元，屆期未清償，甲依票據法第123條「執票人向本票發票人行使追索權時，得聲請法院裁定後強制執行。」向法院聲請裁定後，對乙聲請強制執行。

撰狀說明

　　本票裁定為執行名義，債權人以此聲請強制執行，始可實現權利。又此裁定毋需確定即可執行，只需有送達證書影本或抗告狀繕本，證明裁定已送達即可。

書狀內容

状別：民事聲請強制執行狀
訴訟標的金額：24萬元
聲　請　人　　甲　　　　住臺中市東區○○路○○號
即債權人
相　對　人　　乙　　　　住臺中市西區○○路○○號
即債務人
為給付票款事件，聲請強制執行事。
　　　　　執行債權金額
　　債務人應給付聲請人新臺幣（以下同）24萬元及自民國100年11月1日起至清償日止按年息百分之六計算之利息。
　　　　　執行名義
　　鈞院100年度票字第16857號本票裁定及裁定確定證明書各1件。
　　　　　執行標的
　　債務人乙在第三商業銀行股份有限公司（設臺中市中區○○路○○號）之所有存款。
　　　　　事實及理由
　　聲請人執有債務人簽發之一紙本票，金額為24萬元，屆期提示不獲付款，向　鈞院聲請裁定，蒙　鈞院100年票字第16857號民事裁定准予強制執行在案，惟債務人迄今未清償分文，爰依法聲請強制執行。

　　　　　　　　謹狀
臺灣臺中地方法院　公鑒
證物：鈞院民事裁定正本及送達證書影本各乙件。
中　　華　　民　　國　　102　年　　12　月　　1　日
　　　　　　　　　具狀人　甲　　印

■最高法院57年台抗字第76號判例：

本票執票人，依票據法第123條規定，聲請法院裁定許可對發票人強制執行，係屬非訟事件，此項聲請之裁定，及抗告法院之裁定，僅依非訟事件程序，以審查強制執行許可與否，並無確定實體上法律關係存否之效力，如發票人就票據債務之存否有爭執時，應由發票人提起確認之訴，以資解決。

(5) 聲請對動產執行（強制執行法第45條）

案例事實

　　乙因積欠甲借款100萬元未還，甲對乙起訴獲勝訴判決確定，因乙判決確定後仍未清償，為此甲聲請對乙所有之汽車強制執行。

撰狀說明

　　金錢請求權之執行，係以取得金錢為目的，凡債務人之財產可以換價者，均可執行，除非法律有特別規定不可執行者，例如強制執行法第52條、第53條等，始不可對之強制執行。至於債務人之財產，分為動產、不動產、船舶、航空器、其他財產權，強制執行法就此分別定有強制執行方法。

　　本題係欲對債務人之動產強制執行，其執行方法依第45條「動產之強制執行，以查封、拍賣或變賣之方法行之。」即先查封，再拍賣或變賣以換價，換價所得價金分配債權人。汽車為動產，即應依上開規定執行。應注意者，汽車會移動，所以執行時必須找到汽車查封後始可。一般均向汽車停放地之法院聲請執行。

書狀內容

狀別：民事聲請狀
訴訟標的金額：100萬元
聲　請　人　甲　　　住新竹市○○路○○號
相　對　人　乙　　　住新竹市○○路○○號
為返還借款聲請強制執行事。
　　　　　　聲請事項
　　相對人應給付聲請人新臺幣100萬元及自民國98年1月1日起至清償日止，按年利百分之五計算之利息。
　　　　　　理由
　　相對人向聲請人借貸100萬元未還，聲請人向　鈞院起訴，獲　鈞院98年訴字第51號判決相對人應返還，該判決已確定，然相對人仍拒不返還，為此聲請執行相對人所有牌照號碼AB-077號汽車。又該汽車平日均停放相對人家之車庫，可在該處查封。
　　　　　　　　謹狀
臺灣新竹地方法院　公鑒
證物：判決及確定證明書正本各1件。
中　　華　　民　　國　　102　　年　　3　　月　　1　　日
　　　　　　　　具狀人　甲　　印

相關法條及裁判要旨

■強制執行法第52條：
查封時，應酌留債務人及其共同生活之親屬二個月間生活所必需之食物、燃料及金錢。
前項期間，執行法官審核債務人家庭狀況，得伸縮之。但不得短於一個月或超過三個月。
■強制執行法第53條：
左列之物不得查封：
一、債務人及其共同生活之親屬所必需之衣服、寢具及其他物品。
二、債務人及其共同生活之親屬職業上或教育上所必需之器具、物品。
三、債務人所受或繼承之勳章及其他表彰榮譽之物品。

四、遺像、牌位、墓碑及其他祭祀、禮拜所用之物。

五、未與土地分離之天然孳息不能於一個月內收穫者。

六、尚未發表之發明或著作。

七、附於建築物或其他工作物，而為防止災害或確保安全，依法令規定應設備之機械或器具、避難器具及其他物品。

前項規定斟酌債權人及債務人狀況，有顯失公平情形，仍以查封為適當者，執行法院得依聲請查封其全部或一部。其經債務人同意者，亦同。

(6) 聲請對不動產執行（強制執行法第75條）

案例事實

同上例，甲欲對乙之土地強制執行。

撰狀說明

依強制執行法第75條第1項「不動產之強制執行，以查封、拍賣、強制管理之方法行之。」即對不動產強制執行係先查封，再以拍賣或強制管理方式換價，以換價價金分配債權人。又依同條第2項「前項拍賣及強制管理之方法，於性質上許可並認為適當時，得併行之。」是拍賣及強制管理可併行。

為避免土地及地上房屋因強制執行拍賣結果分歸不同人所有，依強制執行法第75條第3項「建築物及其基地同屬於債務人所有者，得併予查封、拍賣。」規定，應一併執行。又依同條第4項「應拍賣之財產有動產及不動產者，執行法院得合併拍賣之。」是若不動產上有動產，例如工廠與廠內之機器，可一併執行，其動產適用不動產執行程序規定。

書狀內容

```
狀別：民事聲請狀
訴訟標的金額：100萬元
聲　請　人　甲　　　住新竹市○○路○○號
即債權人
相　對　人　乙　　　住新竹市○○路○○號
即債務人
為返還借款聲請強制執行事。
　　　聲請事項
```

相對人應給付聲請人新臺幣100萬元及自民國98年1月1日起至清償日止，按年利百分之五計算之利息。

　　　　理由

　　聲請人持有判令相對人應給付如聲請事項所示之確定判決，因相對人仍拒不履行，為此聲請強制執行如附表所示之不動產。

　　　　　　謹狀

臺灣新竹地方法院　公鑒

證物：判決及確定證明書正本各1件。

中　　華　　民　　國　　102　　年　　3　　月　　1　　日

　　　　　具狀人　甲　[印]

附表

地號	面積（平方公尺）	權利範圍
新竹市東光段001號	100	全部
新竹市東光段002號	200	全部

相關法條及裁判要旨

■辦理強制執行事件應行注意事項40(一)、(二)、(六)、(七)

(一)債權人聲請查封不動產，應提出產權證明文件，並導引執行人員前往現場指封之。

(二)查封未經登記之房屋，仍應通知地政機關依有關法令之規定辦理查封登記。

(六)查封債務人之土地，執行法院應查明該土地上是否有建築物。

(七)建築物及其基地同屬債務人所有者，宜將建築物及其基地併予查封、拍賣。其有公寓大廈管理條例第四條第二項情形者，應將其建築物及其基地併予查封、拍賣，不得分別拍定。

(7) 聲請對船舶（或航空器）執行（強制執行法第114條）

案例事實

　　同前，甲欲執行乙所有之海星號漁船。

撰狀說明

　　強制執行法第114條第1項「海商法所定之船舶，其強制執行，除本法另有規定外，準用關於不動產執行之規定；建造中之船舶亦同。」是對海商法所定之船舶，應依此規定執行，即先查封，再拍賣或強制管理，以價金分配債權人。至於海商法所定之船舶係指在海上航行或在與海相通水面或水中航行之船舶，而其總噸位20噸以上（含20噸）之動力船舶或50噸以上（含50噸）非動力船舶，是乙所有之漁船如為20噸以上動力者，即適用上開規定。反之，如非海商法之船舶，仍適用動產執行程序。

書狀內容

狀別：民事聲請狀
訴訟標的金額：100萬元
聲　請　人　甲　　　　住新竹市○○路○○號
相　對　人　乙　　　　住新竹市○○路○○號
為返還借款聲請強制執行事。
　　　　　　　聲請事項
　　相對人應給付聲請人新臺幣100萬元及自民國98年1月1日起至清償日止，按年利百分之五計算之利息。
　　　　　　　理由
　　相對人向聲請人借貸100萬元未還，聲請人向　鈞院起訴，獲　鈞院98年訴字第51號判決相對人應返還，判決確定後，相對人仍不返還，為此聲請執行相對人所有之25噸動力漁船海星號。又該船停舶在南寮漁港，請在該港口執行。
　　　　　　　謹狀
臺灣新竹地方法院　公鑒
證物：判決及確定證明書正本各1件。
中　　華　　民　　國　102　年　3　月　1　日
　　　　　　　具狀人　甲　　印

相關法條及裁判要旨

■海商法第1條：

本法稱船舶者，謂在海上航行，或在與海相通水面或水中航行之船舶。

■海商法第3條：

下列船舶除因碰撞外，不適用本法之規定：

一、船舶法所稱之小船。

二、軍事建制之艦艇。

三、專用於公務之船舶。

四、第一條規定以外之其他船舶。

■船舶法第1條：

本法所稱船舶，謂在水面或水中供航行之船舶，其類別如左：

一、客船：謂搭載乘客超過十二人之船舶。

二、非客船：謂不屬於客船之其他船舶。

三、小船：謂總噸位未滿五十噸之非動力船舶，或總噸位未滿二十噸之動力船舶。

四、動力船舶：謂裝有機械用以航行之船舶。

五、非動力船舶：謂不屬於動力船（舶）之任何船舶。

■辦理強制執行事件應行注意事項61(一)、(二)：

(一)本法第一百十四條第一項所稱建造中之船舶，係指自安放龍骨或相當於安放龍骨之時起，至其成為海商法所定之船舶時為止之船舶而言。

(二)對於船舶之查封，除為查封之標示及追繳船舶文書外，應使其停泊於指定之處所，並即通知當地航政主管機關。但國內航行船舶之假扣押，得以揭示方法為之。以揭示方法執行假扣押時，應同時頒發船（舶）航行許可命令，明示准許航行之目的港、航路與期間；並通知當地航政主管機關及關稅局。

(8)-1對債務人對第三人之金錢債權執行（例如執行存款）（強制執行法第115條）

案例事實

　　同前，甲欲執行乙在臺灣銀行臺中分行之存款。

撰狀說明

　　債務人對第三人之金錢債權，例如債務人在銀行之存款，債務人對第三人有工程款、薪水等。依強制執行法第115條第1項「就債務人對於第三人之金錢

債權為執行時，執行法院應發扣押命令禁止債務人收取或為其他處分，並禁止第三人向債務人清償。」第2項「前項情形，執行法院得詢問債權人意見，以命令許債權人收取，或將該債權移轉於債權人。如認為適當時，得命第三人向執行法院支付轉給債權人。」就債務人對第三人之金錢債權之執行方法，是由執行法院發扣押命令，禁止債務人收取、處分，亦禁止第三人清償，再由執行法院視情況發收取命令，由債權人向第三人收取，或發移轉命令，將債務人對第三人之金錢債權讓與債權人，或發支付轉給命令，命令第三人將金錢繳予法院，再由法院分配給債權人。

又此存款既在臺中分行，應以該分行所在地法院為管轄法院。

書狀內容

```
狀別：民事聲請狀
訴訟標的金額：100萬元
聲　請　人　　甲　　　　　　　住新竹市○○路○○號
相　對　人　　乙　　　　　　　住新竹市○○路○○號
第　三　人　　臺灣銀行臺中分行　設臺中市中區自由路○○號
法定代理人　　Ａ　　　　　　　住同上
為返還借款聲請強制執行事。
　　　　　　聲請事項
　　相對人應給付聲請人新臺幣100萬元及自民國98年1月1日起至清償日止，
按年利百分之五計算之利息。
　　　　　　理由
　　聲請人持有命相對人返還借款之確定判決，相對人於判決確定，仍未給
付，為此聲請強制執行，請就相對人在臺灣銀行臺中分行之存款強制執行。
　　　　　　謹狀
臺灣臺中地方法院　公鑒
證物：判決及確定證明書正本各1件。
中　　華　　民　　國　　102　　年　　3　　月　　1　　日
　　　　　　　　具狀人　甲　　印
```

(8)-2對債務人之薪水強制執行（執行薪水）（強制執行法第115條）

案例事實

同前，甲欲執行乙在臺灣銀行臺中分行之薪水。

撰狀說明

債務人工作之薪水可以強制執行，應以該僱主所在地法院為管轄權。又為保障債務人生活，強制執行法第122條有執行限制，雖依第115條之1第2項可執行薪水三分之一，但依第3項「債務人生活所必需，以最近一年衛生福利部或直轄市政府所公告當地區每人每月最低生活費一點二倍計算其數額，並應斟酌債務人之其他財產。」則不可執行三分之一，而執行法院可另為決定。

書狀內容

狀別：民事聲請狀
訴訟標的金額：100萬元
聲　請　人　　甲　　　　　　　　住新竹市○○路○○號
相　對　人　　乙　　　　　　　　住新竹市○○路○○號
第　三　人　　臺灣銀行臺中分行　設臺中市中區自由路○○號
法定代理人　　A　　　　　　　　住同上
為返還借款聲請強制執行事。
　　　　　　聲請事項
　相對人應給付聲請人新臺幣100萬元及自民國○○年1月1日起至清償日止，按年利百分之五計算之利息。
　　　　　　理由
　聲請人持有命相對人返還借款之確定判決，相對人於判決確定，仍未給付，為此聲請強制執行。因相對人在臺灣銀行臺中分行工作，每月均有薪水，請就其薪水三分之一強制執行。
　　　　　　謹狀
臺灣臺中地方法院　公鑒
證物：判決及確定證明書正本各1件。
中　　華　　民　　國　　102　　年　　3　　月　　1　　日
　　　　　　　具狀人　甲　　印

相關法條及裁判要旨

■強制執行法第115條之1第2項：

對於下列債權發扣押命令之範圍，不得逾各期給付數額三分之一：

一、自然人因提供勞務而獲得之繼續性報酬債權。

二、以維持債務人或其共同生活親屬生活所必需爲目的之繼續性給付債權。

■強制執行法第115條之1第3項：

前項情形，執行法院斟酌債務人與債權人生活狀況及其他情事，認有失公平者，得不受扣押範圍之比例限制。但應預留債務人生活費用，不予扣押。

■強制執行法第115條之1第4項：

第一項債務人於扣押後應受及增加之給付，執行法院得以命令移轉於債權人。但債務人喪失其權利或第三人喪失支付能力時，債權人債權未受清償部分，移轉命令失其效力，得聲請繼續執行。並免徵執行費。

■強制執行法第122條：

債務人依法領取之社會福利津貼、社會救助或補助，不得爲強制執行。

債務人依法領取之社會保險給付或其對於第三人之債權，係維持債務人及其共同生活之親屬生活所必需者，不得爲強制執行。

債務人生活所必需，以最近一年衛生福利部或直轄市政府所公告當地區每人每月最低生活費一點二倍計算其數額，並應斟酌債務人之其他財產。

債務人共同生活親屬生活所必需，準用前項計算基準，並按債務人依法應負擔扶養義務之比例定其數額。

執行法院斟酌債務人與債權人生活狀況及其他情事，認有失公平者，不受前三項規定之限制。但應酌留債務人及其扶養之共同生活親屬生活費用。

(8)-3對債務人基於債權得請求第三人移轉不動產權利執行（強制執行法第116條）

案例事實

　　甲因乙公司違法吸金交付300萬元，該公司以丙名義購買房地，其間有借名登記關係，嗣該乙公司倒閉，甲對乙公司取得勝訴判決，應返還300萬元，甲先代位乙公司對丙起訴，請求丙移轉不動產給乙公司，判決勝訴確定後，甲欲執行該房屋。

撰狀說明

　　債務人之不動產以他人名義登記，必須先返還登記爲債務人所有後，始可

強制執行，此時債權人固可代位債務人對第三人起訴，請求法院判決第三人應移轉給債務人，待判決勝訴後再代位辦理移轉登記給債務人，以對之強制執行，但此時債權人支出之登記費用、稅金，均無法列為執行費用優先受償，為其缺點。此時可依強制執行法第116條第1項「就債務人基於債權或物權，得請求第三人交付或移轉動產或不動產之權利為執行時，執行法院除以命令禁止債務人處分，並禁止第三人交付或移轉外，如認為適當時，得命第三人將該動產或不動產交與執行法院，依關於動產或不動產執行之規定執行之。」以債務人對第三人基於債權或物權可請求第三人交付或移轉動產不動產之權利為執行，執行法院應先發扣押命令，禁止債務人處分，並禁止第三人交付或移轉，必要時，再令第三人將動產、不動產交與執行法院依動產或不動產之執行程序辦理。依同條第2項「基於確定判決，或依民事訴訟法成立之和解、調解，第三人應移轉或設定不動產物權於債務人者，執行法院得因債權人之聲請，以債務人之費用，通知登記機關登記為債務人所有後執行之。」如有確定判決判令第三人應移轉不動產給債務人者，即可以該判決聲請執行法院通知地政機關登記為債務人所有後，再依不動產執行程序執行。此時債權人支出之相關登記費用、稅金均可判為執行費用而優先受償。

書狀內容

狀別：民事聲請強制執行狀
訴訟標的金額：300萬元
聲　請　人　　甲　　　　　　　住臺中市大里區○○路○○號
即債權人
相　對　人　　乙公司　　　　　設臺北市仁愛路○○號
法定代理人　　A　　　　　　　住同上
第　三　人　　丙　　　　　　　住高雄市苓雅區○○路○○號
為損害賠償聲請強制執行事。
　　　　聲請事項
　　相對人應給付聲請人新臺幣300萬元及自民國87年7月3日起至清償日止按年息百分之五計算之利息。
　　　　聲請執行標的
　　坐落如附表所示之不動產。
　　　　理由

　　聲請人為乙公司之債權人，持有臺灣臺中地方法院所發債權憑證（聲證1），相對人應給付如聲請事項所示。坐落如附表所示之不動產為相對人乙公司所有（聲證2），借丙名義登記，現經　鈞院判決應移轉登記予乙公司確定（聲證3），為此依強制執行法第116條第1項「就債務人基於債權或物權，得請求第三人交付或移轉動產或不動產之權利為執行時，執行法院除以命令禁止債務人處分，並禁止第三人交付或移轉外，如認為適當時，得命第三人將該動產或不動產交與執行法院，依關於動產或不動產執行之規定執行之。」及第2項「基於確定判決，或依民事訴訟法成立之和解、調解，第三人應移轉或設定不動產物權於債務人者，執行法院得因債權人之聲請，以債務人之費用，通知登記機關登記為債務人所有後執行之。」聲請執行，請　鈞院通知地政機關將如附表所示之不動產登記為乙公司所有後拍賣之，以清償聲請人債權。

　　　　　　　　謹狀
臺灣高雄地方法院　公鑒
證物：
聲證1：債權憑證正本及分配表影本1件。
聲證2：土地登記簿謄本1件及建物登記簿謄本2件。
聲證3：判決及確定證明書各1件。
中　華　民　國　102　年　4　月　16　日
　　　　　　　具狀人　甲　印

附表

建物部分							所有權人：丙	
編號	建號	基地坐落	建物門牌	主要建材料及房屋層數	建物面積（平方公尺）五層	附屬建物（平方公尺）陽台	權利範圍	備考
1	高雄市苓雅區○○段○○建號	高雄市苓雅區○○段○○號	高雄市苓雅區中正二路○○號	鋼筋混凝土造	140.48	12.31	全部	
2	高雄市苓雅區○○段○○建號	高雄市苓雅區○○段○○號	同上	鋼筋混凝土造	861.34			共同部分

土地部分								所有權人：丙	
編號	土 地 坐 落					地目	面積（平方公尺）	權利範圍	備考
	縣市	鄉鎮市區	段	小段	地號				
1	高雄市	苓雅區	○○		00-1	建	877	40000分之194	

(8)-4對債務人基於債權得請求第三人交付動產之權利執行（強制執行法第116條）

案例事實

乙積欠甲公司200萬元，開立本票一紙，甲公司據此取得本票裁定。乙向第三人○○汽車公司訂購汽車，但第三人尚未交付，為此甲公司欲執行乙向第三人購買之汽車。

撰狀說明

同前。

書狀內容

狀別：民事聲請強制執行狀
訴訟標的金額：200萬元
聲　請　人　　甲公司　　　　　　設臺中市臺中港路○○號
法定代理人　　A　　　　　　　　住同上
相　對　人　　乙　　　　　　　　住南投縣南投市○○路○○號
第　三　人　　○○汽車股份　　　設南投縣南投市○○路○○號
　　　　　　　有限公司
法定代理人　　B　　　　　　　　住同上
為返還票款強制執行事。
　　　　執行名義
　　臺灣南投地方法院100年度票字第618號民事裁定（證1）。
　　　　執行標的
　　相對人依買賣債權請求第三人交付之汽車。
　　　　事實及理由

　　相對人積欠甲公司200萬元未還，甲公司已取得　鈞院本票裁定，茲因相對人向第三人購買汽車，汽車尚未交付，請依強制執行法第116條第1項「就債務人基於債權或物權，得請求第三人交付或移轉動產或不動產之權利為執行時，執行法院除以命令禁止債務人處分，並禁止第三人交付或移轉外，如認為適當時，得命第三人將該動產或不動產交與執行法院，依關於動產或不動產執行之規定執行之。」就相對人基於債權可請求第三人交付汽車之權利強制執行。
　　　　　　　　　謹呈
臺灣南投地方法院　公鑒
證物：
證1：鈞院裁定正本及送達證書影本各乙件。
中　　華　　民　　國　　102　年　　5　月　　31　日
　　　　　　　　具狀人　甲公司　　印
　　　　　　　　法定代理人　A　　印

(8)-5對債務人所有之專利權執行（強制執行法第117條）

案例事實
　　同(8)-2，甲欲對乙之某一專利權執行。

撰狀說明
　　強制執行法第117條規定「對於前三節及第一百十五條至前條所定以外之財產權執行時，準用第一百十五條至前條之規定，執行法院並得酌量情形，命令讓與或管理，而以讓與價金或管理之收益清償債權人。」係就不屬於第115條至第116條之其他財產權規定，例如著作權、商標權、專利權、租賃權等，即由法院發扣押命令，再讓與以受償。

書狀內容

狀別：民事聲請狀
訴訟標的金額：100萬元
聲　請　人　　甲　　　　　住新竹市○○路○○號
相　對　人　　乙　　　　　住新竹市○○路○○號
為返還借款聲請強制執行事。

> 　　　聲請事項
> 　　相對人應給付聲請人新臺幣100萬元及自民國98年1月1日起至清償日止，
> 按年利百分之五計算之利息。
> 　　　理由
> 　　聲請人持有命相對人返還借款之確定判決，相對人於判決確定，仍未給
> 付，為此聲請強制執行，請就相對人之專利證書○○號專利權強制執行，並
> 請通知智慧財產局禁止上開權利之移轉等處分。
> 　　　　　謹狀
> 臺灣新竹地方法院　公鑒
> 證物：判決及確定證明書正本各1件。
> 中　　華　　民　　國　　102　　年　　3　　月　　1　　日
> 　　　　　具狀人　甲　　印

(9) 調卷執行

案例事實

　　乙開車不慎撞傷甲，因乙未賠償，甲決定對乙起訴請求賠償，在起訴前，
為保全將來之強制執行，先聲請假扣押裁定獲准，對乙所有之坐落臺北市大安
區忠孝東路房地聲請假扣押執行，查封在案。嗣甲提起侵權行為損害賠償訴
訟，獲勝訴判決確定，乙應給付300萬元，甲持該判決欲強制執行上開假扣押之
房地。

撰狀說明

　　起訴到判決勝訴確定，須經過一段時間，為避免債務人脫產，債權人可以
聲請假扣押裁定以扣押債務人財產，保全將來之強制執行，待取得勝訴判決確
定，即可聲請強制執行該假扣押執行之財產。此時由於該財產已經假扣押執行
之查封，即毋庸再查封，逕行進入拍賣程序，實務謂為調卷執行。
　　就此應說明者：
(1)假扣押執行之財產，仍為債務人之財產，為其責任財產，故不僅假扣押之債
　　權人可調卷執行，即其他非假扣押之債權人，因仍為債務人之債權人，就此
　　責任財產，亦可調卷執行。
(2)調卷執行，不限於假扣押者，包括假處分之財產，即在經假處分執行，禁止
　　債務人移轉、處分之財產，因仍為債務人之財產，如其另有金錢債務存在，

該金錢債權人於取得執行名義後，仍可調假處分卷，強制執行假處分標的物。

(3)假扣押執行之債權人取得執行名義後，不聲請調卷執行，聲請執行債務人其他財產，亦屬合法，蓋如何行使權利，係權利人之自由，法律並未限制只能執行假扣押標的物。

書狀內容

狀別：民事聲請狀
訴訟標的金額：300萬元
聲　請　人　甲　　　住臺南市安平區○○路○○號
相　對　人　乙　　　住高雄市小港區○○路○○號
為請求損害賠償聲請強制執行事。

　　　　　聲請事項
一、相對人應給付聲請人新臺幣（以下同）300萬元及自民國100年3月1日起至清償日止，按年利率百分之五計算之利息。
二、執行費用由相對人負擔。

　　　　　理由
　　相對人於民國100年2月1日在高雄市○○路與○○路口，開車撞傷甲，經　鈞院100年訴字第101號判決相對人應賠償聲請人300萬元及自民國100年3月1日起至清償日止，按年利百分之五計算之利息，相對人上訴，經臺灣高等法院高雄分院101年度上字第99號判決駁回後確定（證1）。

　　相對人於判決確定後，迄未給付300萬元及遲延利息，為此聲請強制執行。因相對人有坐落臺北市中正區如附表所示之房地，已經　鈞院100年度執全字第71號執行在案，請調卷執行（證2）。

　　　　　謹狀
臺灣臺北地方法院　公鑒
證物：
證1：判決正本2件、確定證明書正本1件。
證2：土地登記謄本2件、建物登記謄本1件。
中　華　民　國　102　年　1　月　5　日
　　　　　具狀人　甲　　印

附表

項次	建　　號	地　　號	面　積 （平方公尺）	權利範圍
1		臺北市中正區河堤段 四小段488地號	162	332752分 之39246
2		臺北市中正區河堤段 四小段488-1地號	68	332752分 之39246
3		臺北市中正區河堤段 四小段488-2地號	43	332752分 之39246
4		臺北市中正區河堤段 四小段489地號	147	20分之3
5	臺北市中正區河堤段四 小段392建號 （門牌臺北市廈門街 ○○巷4弄10號3樓）		132.36	全部

相關法條及裁判要旨

■最高法院70年4月21日民事庭會議決議：

禁止債務人就特定財產為處分行為之假處分，其效力僅在禁止債務人就特定財產為自由處分，並不排除法院之強制執行，本院62年度第1次民庭庭長會議已有決議在案，多年來實務上均依此辦理，本件債務人甲經假處分禁止其就訟爭房屋為處分行為，然並不排除法院之強制執行，甲之其他債權人對訟爭房屋聲請實施強制執行，自非法所不許。

2.非金錢請求權之執行

(1) 交付動產（強制執行法第123條第1項）

案例事實

　　甲公司之業務員乙使用公司之汽車，離職時本應返還，但乙以甲公司未給付資遣費為由，拒不返還，經甲公司對乙起訴請求返還，法院判決乙應返還確

定，但乙仍不返還，為此甲公司對乙聲請強制執行。

撰狀說明

　　法院判決債務人應返還汽車，如債務人仍拒不返還，債權人可聲請強制執行，執行法院應依強制執行法第123條第1項「執行名義係命債務人交付一定之動產而不交付者，執行法院得將該動產取交債權人。」執行。

書狀內容

狀別：民事聲請狀
訴訟標的金額：90萬元
聲　請　人　　甲股份有限公司　　　設臺北市信義區○○路一段○○號
法定代理人　　A　　　　　　　　　住同上
相　對　人　　乙　　　　　　　　　住基隆市○○路○○號
為請求返還汽車聲請強制執行事。
　　　　　　　聲請事項
一、相對人應返還豐田牌照號碼AB-001號之汽車給聲請人。
二、執行費用由相對人負擔。
　　　　　　　理由
　　相對人占用聲請人之豐田牌照號碼AB-001號之汽車，經　鈞院100年訴字第25號判決應返還聲請人確定（聲證1），詎相對人仍不返還，為此聲請鈞院依強制執行法第123條第1項「執行名義係命債務人交付一定之動產而不交付者，執行法院得將該動產取交債權人。」強制執行，以維權益。
　　又汽車目前停放相對人住家之車庫，可到場執行之。
　　　　　　　謹狀
臺灣基隆地方法院　公鑒
證物：
聲證1：鈞院判決及確定證明書正本各1件。
中　　華　　民　　國　　102　　年　　3　　月　　1　　日
　　　　　　　　　具狀人　甲股份有限公司　　印
　　　　　　　　　法定代理人　A　　　印

(2) 交付動產（強制執行法第123條第2項）

案例事實

　　在上例中，如乙將甲公司在合作金庫銀行大安支庫之100萬元定期存款存單及公司印章攜走不還，經法院判決乙應返還，判決確定後，乙仍拒不返還，為此甲公司對乙聲請強制執行。

撰狀說明

　　債務人應返還之動產，固應依強制執行法第123條第1項執行，但依此項執行，必須能找到該動產，執行法院始可「取交」，如遍尋不著，如何取交？為此第123條第2項「債務人應交付之物為書據、印章或其他相類之憑證而依前項規定執行無效果者，得準用第一百二十一條、第一百二十八條第一項之規定強制執行之。」就若干較小，可以宣示作廢者，另訂執行方法，即在無法取交時，可以準用強制執行法第121條「債務人對於第三人之債權或其他財產權持有書據，執行法院命其交出而拒絕者，得將該書據取出，並得以公告宣示未交出之書據無效，另作證明書發給債權人。」宣示作廢。屆時，債權人即可以執行法院所發證明書，以已宣告作廢為由向主管機關申請補發或變更，亦可準用第128條第1項「依執行名義，債務人應為一定之行為，而其行為非他人所能代為履行者，債務人不為履行時，執行法院得定債務人履行之期間。債務人不履行時，得拘提、管收之或處新臺幣三萬元以上三十萬元以下之怠金。其續經定期履行而仍不履行者，得再處怠金。」命債務人交出。

書狀內容

狀別：民事聲請狀

聲　請　人	甲股份有限公司	設臺北市信義區○○路一段○○號
法定代理人	A	住同上
相　對　人	乙	住基隆市○○路○○號

為請求返還印章等，聲請強制執行事。

　　　聲請事項

一、相對人應返還聲請人如附件所示之印章及合作金庫銀行大安支庫100萬元之定期存單一紙。

二、執行費用由相對人負擔。

　　　理由

　　相對人持有如附件所示之印章及聲請人所有合作金庫銀行大安支庫100萬元之定期存單一紙，經　鈞院100年訴字第101號判決確定，應予返還，詎相對人仍不返還，聲請人履次催討，相對人均以忘記存放何處爲由拒絕，爲此聲請強制執行，並請　鈞院依強制執行法第123條第2項「債務人應交付之物爲書據、印章或其他相類之憑證而依前項規定執行無效果者，得準用第一百二十一條、第一百二十八條第一項之規定強制執行之。」即同法第121條「債務人對於第三人之債權或其他財產權持有書據，執行法院命其交出而拒絕者，得將該書據取出，並得以公告宣示未交出之書據無效，另作證明書發給債權人。」宣告作廢，發證明書給聲請人。

謹狀

臺灣基隆地方法院　公鑒

證物：判決及確定證明書正本各1件。

中　　華　　民　　國　　102　　年　　3　　月　　1　　日

具狀人　甲股份有限公司　　印

法定代理人　　A　　印

附件：印文　印　之印章。

---

(3) 交付不動產（遷讓房屋）（強制執行法第4條第1項第4款、第124條第1項前段）

案例事實

　　甲於民國100年1月1日將房屋出租乙使用，租期至民國101年12月31日止，約定租期屆滿乙應自行搬遷，如逾期不搬可逕行強制執行，該租約經公證，民國101年12月31日租期屆滿，甲不續租，但乙仍不遷讓，爲此甲對乙聲請強制執行。

撰狀說明

　　依公證法第13條第1項第3款，租賃房屋定有期限者，其租約經公證，公證書載明租期屆滿應交還房屋，如不交還可逕受強制執行者，該公證書依強制執行法第4條第1項第4款可爲執行名義，是甲乙之租約既經公證，公證書載明租期屆滿不遷讓可逕受強制執行，甲自可於民國102年1月1日乙不搬遷時，對乙聲請強制執行。至於執行方法係依強制執行法第124條第1項「執行名義係命債務人交出不動產而不交出者，執行法院得解除債務人之占有，使歸債權人占有。如

債務人於解除占有後，復即占有該不動產者，執行法院得依聲請再爲執行。」由法院將債務人遷出，解除其占有，將房屋交還債權人。

　　又因上開公證法第13條第1項第3款限制必須租期屆滿，始可適用，故如租約約定，租金一期不付，出租人可終止契約者，即不可依此規定強制執行，必須另提起訴訟，以判決爲執行名義，始可強制執行。至於未付之租金，如依公證法第13條第1項第1款公證者，則可依此規定強制執行，此時屬金錢請求權之執行。

書狀內容

狀別：民事聲請狀
訴訟標的金額：200萬元
聲　請　人　　甲　　　　　住新北市板橋區○○路○○號
相　對　人　　乙　　　　　住新北市永和區○○路○○號
爲請求遷讓房屋聲請強制執行事。
　　　　　　聲請事項
一、相對人應自坐落新北市永和區○○路○○號之房屋遷出，將該房屋交還
　　聲請人。
二、執行費用由相對人負擔。
　　　　　　理由
　　坐落新北市永和區○○路○○號之房屋係聲請人於民國100年1月1日出租給相對人，約定租期兩年，至民國101年12月31日止，租期屆滿相對人應自行遷出，否則可逕受強制執行，該租約已經公證，公證書載明如未遷讓可逕受強制執行。茲租期屆滿後，相對人迄不搬遷，迭經聲請人催促，相對人仍拒不遷讓，爲此依該公證書聲請　鈞院依強制執行法第124條第1項「執行名義係命債務人交出不動產而不交出者，執行法院得解除債務人之占有，使歸債權人占有。如債務人於解除占有後，復即占有該不動產者，執行法院得依聲請再爲執行。」強制執行。
　　　　　　謹狀
臺灣新北地方法院　公鑒
證物：公證書及租約正本各1件。
中　　華　　民　　國　　102　　年　　1　　月　　15　　日
　　　　　　具狀人　甲　　印

<u>相關法條及裁判要旨</u>

■公證法第13條第1項：

當事人請求公證人就下列各款法律行為作成之公證書，載明應逕受強制執行者，得依該證書執行之：

一、以給付金錢或其他代替物或有價證券之一定數量為標的者。

二、以給付特定之動產為標的者。

三、租用或借用建築物或其他工作物，定有期限並應於期限屆滿時交還者。

四、租用或借用土地，約定非供耕作或建築為目的，而於期限屆滿時應交還土地者。

■最高法院92年台抗字第500號裁定：

按強制執行之當事人，依執行名義之記載定之；又執行名義係命債務人交出不動產而不交出者，執行法院得解除「債務人之占有」，使歸債權人占有，強制執行法第124條第1項定有明文。所謂「債務人占有」，係指執行標的物現為債務人或為債務人之受僱人、學徒或與債務人共同生活而同居一家之人占有之情形。

(4) 交付不動產（拆屋還地）（強制執行法第124條第1項前段）

<u>案例事實</u>

乙未經甲之同意，於民國100年2月間，趁甲出國之際，在甲所有桃園縣中壢市○○段○○號空地上搭建房屋使用，甲於民國100年8月間回國，發現上情，向臺灣桃園地方法院起訴請求乙將上開房屋拆除，返還土地，並請求乙應自民國100年2月1日起至交還土地之日止，按月給付甲新臺幣5萬元，經該院100年訴字第101號判決甲勝訴，乙上訴臺灣高等法院，該院於民國101年2月1日判決上訴駁回，乙未再上訴，判決確定，但乙仍拒不返還土地，為此甲對乙聲請強制執行。

<u>撰狀說明</u>

本件甲一方面請求乙拆屋還地，另一方面請求乙應賠償其占用甲土地期間之損失（或不當得利），則甲之聲請強制執行，實包括兩部分，一為強制執行法第124條第1項「執行名義係命債務人交出不動產而不交出者，執行法院得解除債務人之占有，使歸債權人占有。如債務人於解除占有後，復即占有該不動產者，執行法院得依聲請再為執行。」之交付不動產，一為金錢請求權之執行。

書狀內容

狀別：民事聲請狀
訴訟標的金額：200萬元
聲　請　人　甲　　　住桃園縣中壢市○○路○○號
相　對　人　乙　　　住桃園縣平鎮市○○路○○號
為請求拆屋還地等事件聲請強制執行事。
　　　　　聲請事項
一、相對人應將坐落桃園縣中壢市○○段○○號土地上，如臺灣桃園地方法
　　院100年度訴字第101號判決附圖所示面積100平方公尺地上之房屋拆除，
　　將土地返還聲請人。
二、相對人應給付聲請人自民國100年2月1日起至交還上開土地之日止，每月
　　新臺幣5萬元。
三、執行費用由相對人負擔。
　　　　　理由
　　　坐落桃園縣中壢市○○段○○號土地為聲請人所有，相對人未得聲請人
同意，在民國100年2月1日占用上開土地之如聲請事項所示A部分面積100平
方公尺建築房屋使用，經確定之臺灣桃園地方法院100年訴字第101號判決相
對人應將上開房屋拆除，將土地返還聲請人，並自民國100年2月1日起至交還
土地之日止，按月給付5萬元，茲因相對人仍未履行，為此聲請強制執行。
　　　上開拆屋還地部分，請依強制執行法第124條第1項「執行名義係命債務
人交出不動產而不交出者，執行法院得解除債務人之占有，使歸債權人占
有。」執行，至於賠償部分，則請就上開屋內之動產及相對人所有之牌照號
碼BC-1111號汽車強制執行。
　　　　　謹狀
臺灣桃園地方法院　公鑒
證物：判決正本2件、確定證明書1件。
中　　華　　民　　國　　102　　年　　3　　月　　1　　日
　　　　　　　具狀人　甲　　印

■相關法條及裁判要旨

■辦理強制執行事件應行注意事項57(七)、(九)：

(七)本法第九十九條及第一百二十四條所定債務人，包括爲債務人之受僱人、學徒或與債務人共同生活而同居一家之人，或基於其他類似之關係，受債務人指示而對之有管領之力者在內。

(九)依本法第九十九條第二項、第一百二十四條之規定，聲請續爲執行，以原占有人復行占有者始得依聲請再予點交，並以本法修正施行後，經聲請執行法院點交者爲限。

■辦理強制執行事件應行注意事項66(四)：

遷讓房屋、拆屋還地或點交不動產執行事件，執行法官宜親至現場執行，實施執行期日，除有法定情形應予停止執行者外，不得率予停止，並須使債權人確實占有標的物。

(5) 交付不動產續行執行（強制執行法第124條第1項後段）

■案例事實

　　在前例中，法院已將土地交還甲，但隔日，乙又占用土地，甲應如何處理？

■撰狀說明

　　依強制執行法第124條第1項「執行名義係命債務人交出不動產而不交出者，執行法院得解除債務人之占有，使歸債權人占有。如債務人於解除占有後，復即占有該不動產者，執行法院得依聲請再爲執行。」對此解除占有又再占有者，債權人可聲請續行執行，但依同條第2項「前項再爲執行，應徵執行費。」此續行執行需繳執行費。

■書狀內容

狀別：民事聲請狀
案號：102年執字第007號
訴訟標的金額：200萬元
聲　請　人　甲　　　　住桃園縣中壢市○○路○○號
相　對　人　乙　　　　住桃園縣平鎮市○○路○○號
爲請求拆屋還地等事件聲請再爲強制執行事。

聲請事項
一、相對人應將坐落桃園縣中壢市○○段○○號土地上，如臺灣桃園地方法
　　院100年度訴字第101號判決附圖所示面積100平方公尺地上之房屋拆除，
　　將土地返還聲請人。
二、執行費用由相對人負擔。
　　　理由
　　坐落桃園縣中壢市○○段○○號土地為聲請人所有，相對人未得聲請人
同意，在民國100年2月1日占用上開土地之如聲請事項所示A部分面積100平
方公尺地上建築房屋使用，經確定之臺灣桃園地方法院100年訴字第101號判
決相對人應將上開房屋拆除，將土地返還聲請人。聲請人聲請　鈞院強制執
行，經　鈞院102年執字第007號於民國102年5月1日強制執行完畢，將土地交
付聲請人，詎相對人竟於民國102年5月2日又再占用上開土地，為此依強制執
行法第124條第1項「執行名義係命債務人交出不動產而不交出者，執行法院
得解除債務人之占有，使歸債權人占有。如債務人於解除占有後，復即占有
該不動產者，執行法院得依聲請再為執行。」聲請再為執行。
　　　　　　　　謹狀
臺灣桃園地方法院　公鑒
中　　華　　民　　國　　102　　年　　5　　月　　3　　日
　　　　　　　　具狀人　甲　　印

相關法條及裁判要旨

■強制執行法第124條第2項：
前項再為執行，應徵執行費。
■最高法院84年台抗字第392號裁定：
強制執行法第124條第1項規定：「執行名義係命債務人交出不動產而不交出
者，執行法院得解除債務人之占有，使歸債權人占有。如債務人於解除占有
後，復占有該不動產者，執行法院得依聲請續為執行。」是只須債務人於解除
占有後，復占有該不動產，債權人即得聲請執行法院續為執行。

(6) 關於行為請求權（可代替者，強制執行法第127條第1項）

案例事實

　　甲向乙買某品牌之電視機一台，付款後，乙未交付，經臺灣新竹地方法院105年訴字第36號判決，乙應交付該品牌之電視機，判決確定後，乙拒不履行，甲為此聲請強制執行。

撰狀說明

　　依強制執行法第127條第1項規定「依執行名義，債務人應為一定行為而不為者，執行法院得以債務人之費用，命第三人代為履行。」則參照辦理強制執行事件應行注意事項67「為執行名義之確定判決，僅命債務人交付一定種類、數量之動產，而未載明不交付時應折付金錢者，執行法院不得因債務人無該動產交付，逕對債務人之其他財產執行。惟命交付之動產為一定種類、數量之代替物者，本應由債務人採買交付，債務人不為此項行為時，執行法院得以債務人之費用，命第三人代為採買交付。此項費用，由執行法院定其數額，以裁定命債務人預行支付，基此裁定，得就債務人之一切財產而為執行。」可以採買交付方式執行，故可依強制執行法第127條第1項「依執行名義，債務人應為一定行為而不為者，執行法院得以債務人之費用，命第三人代為履行。」聲請執行。

書狀內容

狀別：民事聲請狀

聲　請　人　　甲　　　　　住臺北市中山區○○路五段○○號

相　對　人　　乙　　　　　住新竹市○○路○○號

為請求交付電視機聲請強制執行事。

　　　　　聲請事項

一、相對人應交付○○牌電視機給聲請人。

二、執行費用由相對人負擔。

　　　　　理由

　　按依執行名義，債務人應為一定行為而不為者，執行法院得以債務人之費用，命第三人代為履行，強制執行法第127條第1項定有明文。本件相對人經臺灣新竹地方法院105年訴字第36號判決確定，應交付○○牌電視機給聲請人，雖目前相對人以無該電視機可交付而拒絕履行，但因此電視機為代替

物，相對人可在坊間電器商行購買後交付，爲此依採買交付方式，請　鈞院
命聲請人代爲履行，所生費用，再就相對人財產強制執行。
　　　　　　　　　謹狀
臺灣新竹地方法院　公鑒
證物：鈞院判決及確定證明書正本各1件。
中　　　華　　　民　　　國　　106　　年　　2　　月　　1　　日
　　　　　　　　　具狀人　甲　　印

相關法條及裁判要旨

■強制執行法第127條第2項：
前項費用，由執行法院酌定數額，命債務人預行支付或命債權人代爲預納，必
要時，並得命鑑定人鑑定其數額。

■辦理強制執行事件應行注意事項67：
爲執行名義之確定判決，僅命債務人交付一定種類、數量之動產，而未載明不
交付時應折付金錢者，執行法院不得因債務人無該動產交付，逕對債務人之其
他財產執行。惟命交付之動產爲一定種類、數量之代替物者，本應由債務人採
買交付，債務人不爲此項行爲時，執行法院得以債務人之費用，命第三人代爲
採買交付。此項費用，由執行法院定其數額，以裁定命債務人預行支付，基此
裁定，得就債務人之一切財產而爲執行。

(7) 關於行爲請求權（不可代替，強制執行法第128條第1項）

案例事實

　　乙與甲電視公司簽約，約定乙在民國100年1月1日起一年內爲該公司演出電
視劇，但簽約後，乙因其他電視公司之邀約，拒絕爲甲電視公司演出，爲此甲
電視公司起訴請求乙要爲其演出，判決確定後，乙仍不履行，甲遂聲請強制執
行。

撰狀說明

　　依強制執行法第128條第1項「依執行名義，債務人應爲一定之行爲，而其
行爲非他人所能代履行者，債務人不爲履行時，執行法院得定債務人履行之期
間。債務人不履行時，得以新臺幣三萬元以上三十萬元以下之怠金。其續經期

履行而仍不履行者，得再處怠金或管收之。」則債務人應為一定行為，但其行為非他人所能代替者，可依上開方法執行。即由法院先定一期間命債務人履行，逾期不履行時，可處3萬元以上，30萬元以下之怠金，以強使債務人履行。在科處怠金後，執行法院再定期履行，債務人乃不履行，可再處怠金或管收，惟此怠金係繳納國庫，並非給債權人，遇債務人財力富足或無財力，甚至不畏管收者，實難以此執行達到實現債權目的，債權人可另起訴請求賠償，以免漫無終止之執行。

書狀內容

狀別：民事聲請狀

聲　請　人	甲電視股份有限公司	設臺北市○○路○○號
法定代理人	A	住同上
相　對　人	乙	住新北市淡水區○○路○○號

為請求相對人履行契約聲請強制執行事。

　　　　　聲請事項

一、相對人應為聲請人演出電視劇。

二、執行費用由相對人負擔。

　　　　　理由

　　相對人與聲請人簽約，應為聲請人演出電視劇「大漠英雄」「長江2號」，因相對人拒不履行契約，經　鈞院判決相對人應履行上開演出義務（證1），詎相對人於判決確定後，仍拒不履行，為此聲請強制執行，請　鈞院依強制執行法第128條第1項「依執行名義，債務人應為一定之行為，而其行為非他人所能代為履行者，債務人不為履行時，執行法院得定債務人履行之期間。債務人不履行時，得處新臺幣三萬元以上三十萬元以下之怠金。其續經定期履行而仍不履行者，得再處怠金或管收之。」執行。

　　　　　謹狀

臺灣臺北地方法院　公鑒

證物：

證1：判決及確定證明書正本各1件。

中	華	民	國	102	年	5	月	1	日

　　　　　　具狀人　甲電視股份有限公司　　㊞

　　　　　　法定代理人　A　　㊞

相關法條及裁判要旨

■辦理強制執行事件應行注意事項68：

(一)依本法第一百二十八條第一項規定，執行法院定期命債務人履行而債務人不履行時，得先處怠金，其續經定期履行而仍不履行者，得再處怠金或管收之。

依第一百二十九條第一項規定，執行法院於債務人不履行時，得先處怠金，其仍不履行時，得再處怠金或管收之。但管收期間，仍應受本法第二十四條之限制。如符合拘提事由時，執行法院得依本法第二十一條規定拘提債務人。

(二)本法第一百二十九條第二項規定，所稱「除去其行為之結果」，係指禁止債務人為一定行為之執行名義成立後存在之「行為之結果」而言；執行名義成立前發生者，亦包括在內。

(三)執行法院依本法第一百二十八條、第一百二十九條規定所為之執行，必要時，應通知相關機關協助維持執行之效果。

(四)執行法院辦理交付子女或被誘人強制執行事件時，應注意遵循交付子女或被誘人強制執行事件作業要點之相關規定。

(8) 關於行為請求權（交付子女，強制執行法第128條第3項）

案例事實

甲夫乙妻婚後生有丙、丁二人，乙於民國100年3月1日攜帶丙、丁二人返回娘家，甲以二人已難維持婚姻，向法院起訴請求判決離婚，丙、丁二人由甲行使親權，經法院判准離婚，丙、丁二人由甲行使親權，判決確定後，甲請求乙將丙、丁交出給甲，但乙拒絕，為此甲聲請強制執行。又民國101年6月1日施行之家事事件法第194條第1項「執行名義係命交付子女或會面交往者，執行法院應綜合審酌下列因素，決定符合子女最佳利益之執行方法，並得擇一或併用直接或間接強制方法：一、未成年子女之年齡及有無意思能力。二、未成年子女之意願。三、執行之急迫性。四、執行方法之實效性。五、債務人、債權人與未成年子女間之互動狀況及可能受執行影響之程度。」第195條第1項「以直接強制方式將子女交付債權人時，宜先擬定執行計畫；必要時，得不先通知債務人執行日期，並請求警察機關、社工人員、醫療救護單位、學校老師、外交單位或其他有關機關協助。」第2項「前項執行過程，宜妥為說明勸導，儘量採取平和手段，並注意未成年子女之身體、生命安全、人身自由及尊嚴，安撫其情

緒。」亦增訂執行方法。

｜撰狀說明｜

　　依強制執行法第128條第3項規定「執行名義，係命債務人交出子女或被誘人者，除適用第一項規定外，得用直接強制方法，將該子女或被誘人取交債權人。」則判決就親權決定由一方行使，但子女在另一方者，此親權人即可聲請強制執行，執行法院可依上開規定，將子女由他方取交此方。

｜書狀內容｜

狀別：民事聲請狀

聲　請　人　　甲　　　　　住臺中市中區○○路○○號

相　對　人　　乙　　　　　住臺中市西區○○街○○號

為交出子女聲請強制執行事。

　　　　　　聲請事項

一、相對人應將丙、丁交付聲請人。

二、執行費用由相對人負擔。

　　　　　　理由

　　按執行名義，係命債務人交出子女或被誘人者，除適用第1項規定外，得用直接強制方法，將該子女或被誘人取交債權人，強制執行法第128條第3項定有明文。

　　兩造間離婚等事件，經臺灣臺中地方法院105年度婚字第○號判決准予離婚，兩造所生之丙、丁，由聲請人行使親權，相對人對該判決上訴後，經臺灣高等法院臺中分院、最高法院判決駁回上訴而確定，是丙、丁應由聲請人行使親權。

　　茲因丙、丁為相對人攜回臺中市西區○○街○○號居住，拒不交付聲請人，為此聲請強制執行，請依上開規定，將丙、丁由相對人處取交聲請人，以維法制。

　　　　　　謹狀

臺灣臺中地方法院　公鑒

證物：判決正本3件。

中　華　民　國　108　年　6　月　1　日

　　　　　　具狀人　甲　　印

相關法條及裁判要旨

■家事事件法第194條：

執行名義係命交付子女或會面交往者，執行法院應綜合審酌下列因素，決定符合子女最佳利益之執行方法，並得擇一或併用直接或間接強制方法：

一、未成年子女之年齡及有無意思能力。

二、未成年子女之意願。

三、執行之急迫性。

四、執行方法之實效性。

五、債務人、債權人與未成年子女間之互動狀況及可能受執行影響之程度。

■家事事件法第195條：

以直接強制方式將子女交付債權人時，宜先擬定執行計畫；必要時，得不先通知債務人執行日期，並請求警察機關、社工人員、醫療救護單位、學校老師、外交單位或其他有關機關協助。

前項執行過程，宜妥為說明勸導，儘量採取平和手段，並注意未成年子女之身體、生命安全、人身自由及尊嚴，安撫其情緒。

■辦理強制執行應行注意事項68(三)、(四)：

(三)執行法院依本法第一百二十八條、第一百二十九條規定所為之執行，必要時，應通知相關機關協助維持執行之效果。

(四)執行法院辦理交付子女或被誘人強制執行事件時，應注意遵循交付子女或被誘人強制執行事件作業要點之相關規定。

■最高法院66年台抗字第573號裁定：

確定離婚判決載明子女由某造監護，雖未更為應由他造將該子女交出之宣示，除有該子女原不在他造保護之情形外，亦認為有此含義，當然得據以為執行名義，而聲請強制執行。

■最高法院89年台抗字第367號裁定：

請求行使負擔對於未成年子女權利義務事件之確定判決，經判命未成年子女權利義務之行使負擔由一造任之，而未為他造應交付子女之宣示者，倘子女猶在他造保護下，該一造將無從行使或負擔對其子女之權利義務，故解釋上即應認該確定判決所命由一造行使負擔對於未成年子女權利義務之內涵，當然含有他造應交付其保護下子女以使另一造得行使監護權之意義。苟其不交付子女，該一造自得依上開確定判決聲請強制執行交付子女，始符該確定判決之意旨。

(9) 關於不行為請求權（強制執行法第129條第1項、第2項）

A. 袋地通行權（民法第787條第1項）

案例事實

　　甲所有坐落臺中市霧峰區○○段○○號土地爲袋地，經法院判決可通行乙所有同段○○號土地。雖判決確定，乙仍不同意甲通行，且爲防阻甲通行，乙在相鄰處之自己土地上築有石牆，爲此甲以上開判決聲請強制執行。

撰狀說明

　　依強制執行法第129條第1項規定「執行名義係命債務人容忍他人之行爲，或禁止債務人爲一定之行爲者，債務人不履行時，執行法院得處新臺幣三萬元以上三十萬元以下之怠金。其仍不履行時，得再處怠金或管收之。」是如判決允許他人通行自己之土地，即係應容忍他人之行爲，如仍不容忍，拒絕債權人之通行，債權人即可聲請強制執行，執行法院可依上開規定處理。又如債務人不僅消極拒絕通行外，尚有以石牆等障礙物阻止通行，執行法院尚可依第2項規定「前項情形，於必要時，並得因債權人之聲請，以債務人之費用，除去其行爲之結果。」執行。

書狀內容

狀別：民事聲請狀
聲　請　人　甲　　　　住臺中市霧峰區○○路○○號
相　對　人　乙　　　　住臺中市大里區○○路○○號
爲通行權事件聲請強制執行事。
　　　　聲請事項
一、相對人所有坐落臺中市霧峰區○○段○○號土地應容忍聲請人通行。
二、相對人在上開土地所建之石牆，應予拆除。
三、執行費用由相對人負擔。
　　　　理由
　　緣相對人所有坐落臺中市霧峰區○○段○○號土地與聲請人所有同段○○號土地相鄰，經臺灣臺中地方法院100年訴字第51號判決，相對人應容忍聲請人通行，該判決雖經相對人上訴臺灣高等法院臺中分院，但已判決上訴駁回而確定，茲相對人於判決確定後，不僅仍拒絕聲請人通行，且在土地邊

界上，設立石牆，以阻止聲請人通行，爲此聲請強制執行，請依強制執行法第129條第1項「執行名義係命債務人容忍他人之行爲，或禁止債務人爲一定之行爲者，債務人不履行時，執行法院得處新臺幣三萬元以上三十萬元以下之怠金。其仍不履行時，得再處怠金或管收之。」及第2項「前項情形，於必要時，並得因債權人之聲請，以債務人之費用，除去其行爲之結果。」執行之。

　　　　　　　謹狀
臺灣臺中地方法院　公鑒
證物：判決正本2件、確定證明書正本1件。

中　　華　　民　　國　　102　　年　　5　　月　　2　　日
　　　　　　　　　具狀人　甲　　印

B. 鄰地使用權（民法第792條）

案例事實

　　甲在其土地施作建物，需用相鄰之乙地，但乙不同意，經法院判決確定，甲依民法第792條「土地所有人因鄰地所有人在其地界或近旁，營造或修繕建築物或其他工作物有使用其土地之必要，應許鄰地所有人使用其土地。但因而受損害者，得請求償金。」可以使用乙之土地及地上建物，但乙仍拒絕履行，並在相鄰處乙之土地上設鋁柵欄、瓦斯管以爲阻隢，甲聲請強制執行。

撰狀說明

　　同上例。

書狀內容

狀別：民事強制執行聲請狀
聲　請　人　甲　　　　　住○○市○○區○○路○○號
即債權人
相　對　人　乙　　　　　住○○市○○區○○路○○號
即債務人
爲鄰地建築使用權聲請強制執行事件。
　　　執行名義

鈞院○○年度訴字第○○號判決、臺灣高等法院臺中分院○○年度上字第○○號判決及最高法院○○年度台上字第○○號裁定正本（聲證1）。

　　　　聲請執行事項

相對人應容忍聲請人使用其所有坐落於臺中市西區○○段○○地號土地，及其上同段○○建號建物（門牌號碼臺中市西區○○路○○號）依附件所示之工法施作臺中市政府○○中都建字第○○號建造執照新建工程期間為100個工作天。並除去其設置之鋁格柵及瓦斯管。

　　　　理由

一、緣相對人係臺中市西區○○段○○地號土地及其上門牌號碼臺中市西區○○路○○號房屋所有權人（下稱系爭房地），聲請人係相鄰同段○○地號土地所有人，於○○年○○月○○日取得臺中市政府都市發展局核發○○中都建字第○○號建造執照後，即進行「○○路○○號甲宅新建工程」，興建至頂樓，近完工階段，需拆除面臨相對人建物之聲請人建物外牆模板、鋼筋及表面處理等工項。因兩造間建物距離甚窄，需利用系爭房地始能施作上開工項，因相對人拒絕，為此聲請人依民法第792條規定起訴請求相對人容忍聲請人使用其系爭房地以一定工法施作上開工項。經判決確定，相對人應容忍聲請人依判決附件所示之工法（聲證2）使用系爭土地。然相對人不僅不予置理，且在第二審判決前後，在相對人系爭房地上設置鋁格柵及瓦斯管（聲證3），阻撓聲請人依上開工法施工，為此依強制執行法第129條第1項「執行名義係命債務人容忍他人之行為，或禁止債務人為一定之行為者，債務人不履行時，執行法院得處新臺幣三萬元以上三十萬元以下之怠金。其仍不履行時，得再處怠金或管收之。」第2項「前項情形，於必要時，並得因債權人之聲請，以債務人之費用，除去其行為之結果。」聲請強制執行。

二、執行標的

(一) 相對人設置之上開鋁格柵及瓦斯管，致聲請人無法依確定判決所示之工法施作，依強制執行法第129條第2項及辦理強制執行事件應行注意事項第68點(二)「本法第一百二十九條第二項規定，所稱『除去其行為之結果』，係指禁止債務人為一定行為之執行名義成立後存在之『行為之結果』而言；執行名義成立前發生者，亦包括在內。」應除去相對人所設置之上開鋁格柵及瓦斯管。即不論此鋁格柵及瓦斯管何時設置，因相對

人應容忍聲請人施作上開工項，則其設置，有違上開確定判決所指應容忍聲請人使用系爭土地依判決所示工法施作，相對人拒不容忍行為之結果，自應除去。

(二) 上開瓦斯管應係相對人申請○○天然氣股份有限公司設置，由相對人使用，請 鈞院通知該公司移除該瓦斯管。

三、本件聲請人之建物僅上開工項因相對人阻撓，致延誤至今已五年，未能完工使用，聲請人損失至巨，雖在訴訟中，法院多次調解，聲請人已表示善意，然相對人堅拒，甚至在第一審敗訴後，第二審判決前後設置上開鋁格柵及瓦斯管以達阻撓目的，請 鈞院到場勘驗，儘速執行。

四、執行費

本案執行標的價額為新臺幣165萬元（參見 鈞院○○年度訴字第○○號民事裁定），應納執行費○○元。

　　　　　　　　　謹狀

臺灣臺中地方法院民事執行處　　公鑒

證據

附件：委任狀2件。

聲證1： 鈞院○○年度訴字第○○號判決、臺灣高等法院臺中分院○○年度上字第○○號判決及最高法院○○年度台上字第○○號裁定正本。

聲證2：判決附件所示之工法。

聲證3：照片3張。

中　華　民　國　　○○　　年　　○○　　月　　○○　　日

　　　　具狀人：甲　　印

相關法條及裁判要旨

■辦理強制執行事件應行注意事項68(二)：

本法第一百二十九條第一項規定，所謂「除去其行為之結果」，係指禁止債務人為一定行為之執行名義成立後存在之「行為之結果」而言；執行名義成立前發生者，亦包括在內。

(10) 分割共有物事件（拆屋還地，強制執行法第131條第1項）

案例事實

　　甲、乙、丙三人共有坐落彰化縣員林鎮○○段○○號土地，因三人無法協議分割，經甲對乙、丙二人起訴，請求判決分割，臺灣彰化地方法院100年度訴字第41號判決，依各人應有部分判決分割，分割結果，甲分得之土地有乙之房屋占用，乙分得之土地有丙之房屋占用，爲此甲請求乙將占用部分拆除，乙請求丙將占用部分拆除，各自聲請強制執行。

撰狀說明

　　依強制執行法第131條第1項規定「關於繼承財產或共有物分割之裁判，執行法院得將各繼承人或共有人分得部分點交之；其應以金錢補償者，並得對於補償義務人之財產執行。」則在分割共有物之判決，如分得之共有物上有他共有人占用，可以聲請法院點交，即將占有之房屋拆除，不因是否爲判決之原告而有不同，是在本案例，甲可請求乙拆除，乙可請求丙拆除。至於地上之房地爲他人所有（即非共有人），只得另行起訴請求拆除，不可以共有物分割之判決爲執行名義聲請強制執行拆除。又在共有人間之占用，固可依上開規定強制執行點交，但若有實體權利，例如租賃，仍可提起異議之訴排除強制執行。

書狀內容

狀別：民事聲請狀（甲聲請執行）
聲　請　人　　甲　　　　　住彰化縣員林鎮○○街○○號
相　對　人　　乙　　　　　住彰化縣員林鎮○○路○○號
爲點交共有物聲請強制執行事。
　　　　　聲請事項
一、相對人應將坐落彰化縣員林鎮○○段○○號土地上如臺灣彰化地方法院
　　100年訴字第41號判決附圖所示A部分上之房屋拆除，將該A部分土地點
　　交聲請人。
二、執行費用由相對人負擔。
　　　　　理由
　　兩造及第三人丙共有坐落彰化縣員林鎮○○段○○號土地，經　鈞院100
年度訴字第41號判決確定（證1），應以判決附圖所示方法分割，其中聲請
人分得之如該附圖所示A部分，其上有相對人房屋，相對人迄未拆除將該土

地點交聲請人,為此聲請強制執行,請依強制執行法第131條第1項「關於繼承財產或共有物分割之裁判,執行法院得將各繼承人或共有人分得部分點交之;其應以金錢補償者,並得對於補償義務人之財產執行。」將A部分點交聲請人。

　　　　　　　　　謹狀
臺灣彰化地方法院　公鑒
證物:
證1:判決及確定證明書正本各1件。
中　　華　　民　　國　102　　年　　4　　月　　1　　日
　　　　　　　　　具狀人　甲　　印

狀別:民事聲請狀(乙聲請執行)
聲　請　人　乙　　　　　住彰化縣員林鎮○○路○○號
相　對　人　丙　　　　　住彰化縣員林鎮○○路○○號
為點交共有物聲請強制執行事。
　　　　　　聲請事項
一、相對人應將坐落彰化縣員林鎮○○段○○號土地上如臺灣彰化地方法院
　　100年度訴字第41號判決附圖所示B部分上之房屋拆除,將B部分土地點
　　交聲請人。
二、執行費用由相對人負擔。
　　　　　　理由
　　兩造及第三人甲共有坐落彰化縣員林鎮○○段○○號土地,經　鈞院100
年度訴字第41號判決確定(證1),應以判決附圖所示方法分割,其中聲請人
分得之如該附圖所示B部分,其上有相對人房屋,相對人迄未拆除將該土地點
交聲請人,為此聲請強制執行,請依強制執行法第131條第1項「關於繼承財
產或共有物分割之裁判,執行法院得將各繼承人或共有人分得部分點交之;其
應以金錢補償者,並得對於補償義務人之財產執行。」將B部分點交聲請人。
　　　　　　　　　謹狀
臺灣彰化地方法院　公鑒
證物:
證1:判決及確定證明書正本各1件。
中　　華　　民　　國　102　　年　　4　　月　　1　　日
　　　　　　　　　具狀人　乙　　印

相關法條及裁判要旨

■司法院74年11月8日（74）廳民一字第869號函：

關於分割共有物之裁判，執行法院得將各共有人分得部分點交之，強制執行法第131條第1項定有明文。又執行名義命債務人返還土地，雖未命拆卸土地上之房屋，惟由強制執行法第125條所準用之第100條法意推之，該執行名義當然含有使債務人拆卸房屋之效力（本院院解字第3583號解釋、最高法院44年台抗字第6號判例參照）。本題情形，共有物分割之確定判決，未爲交付管業或互爲交付之宣示，而應交付之土地上又有建築物，依上開說明，執行法院自得按共有人分得部分，逕行拆屋還地。

■最高法院75年1月14日74年度第1次民事庭會議決議：

分割共有物之判決，兼有形成判決及給付判決之性質，不因強制執行法修正而有異。且判決之執行爲程序上之事項，參照45年台上字第83號判例，分割共有物之判決，不論成立於強制執行法第131條修正前或修正後，均應適用修正後之規定而有執行力。

■最高法院88年台上字第557號判決：

關於分割共有物之裁判，執行法院固得依強制執行法第131條前項之規定，將各共有人分得部分點交之，惟此乃強制執行法爲配合民法第824條第2項及第3項規定，以減輕訟累所爲之規定。關於交付土地部分，因非分割共有物訴訟之標的，且未經裁判，自無既判力可言。倘依法應點交之共有人對於得依法請求點交之共有人有妨礙點交之實體法上法律關係存在，而該法律關係又未經法院於分割共有物訴訟中爲實體權利存否之判斷者，揆諸強制執行法第14條第2項之立法旨趣，應認債務人得就實體上權利存否之爭執，提起異議之訴，以維護其權益。

■最高法院92年台上字第1484號判決：

不動產共有人中之一人或數人訴請分割共有物，經法院判准爲原物分割確定者，依土地登記規則第27條第4款及第100條規定，當事人之任何一造均得依該確定判決單獨爲全體共有人申請分割登記；又依強制執行法第131條第1項前段規定，關於共有物分割之裁判，執行法院得將各共有人分得部分點交之。故共有人中之一人或數人訴請命對造協同辦理分割登記及交付分得之土地，係欠缺權利保護要件，應予駁回。

(11) 分割共有物執行（金錢補償，強制執行法第131條第1項）

案例事實

在上開案例，如法院為顧及乙、丙在地上有房屋，為避免拆除房屋影響社會經濟及乙、丙之損失，以各人使用現狀分割，就甲分配不足部分，判令乙應補償甲新臺幣50萬元，判決確定後，乙迄不給付，甲欲聲請強制執行。

撰狀說明

此時，乙既應給付50萬元，依強制執行法第131條第1項「關於繼承財產或共有物分割之裁判，執行法院得將各繼承人或共有人分得部分點交之；其應以金錢補償者，並得對於補償義務人之財產執行。」可對乙強制執行，與金錢請求權之強制執行同，可執行乙所有之財產，不限於乙分得之土地。但依民法第824條之1第4項「前條第三項之情形，如為不動產分割者，應受補償之共有人，就其補償金額，對於補償義務人所分得之不動產，有抵押權。」甲就乙分得之土地有抵押權，且依同條第5項「前項抵押權應於辦理共有物分割登記時，一併登記，其次序優先於第二項但書之抵押權。」此一抵押權優先原來之設定抵押權，故如執行乙分得之土地，可優先受償。

書狀內容

狀別：民事聲請狀
訴訟標的金額：50萬元
聲　請　人　　甲　　　　　住彰化縣員林鎮○○路○○號
相　對　人　　乙　　　　　住彰化縣員林鎮○○路○○號
為分割共有物補償聲請強制執行事。
　　　　　聲請事項
一、相對人應給付聲請人新臺幣50萬元。
二、執行費用由相對人負擔。
　　　　　理由
　　　兩造及第三人丙共有坐落彰化縣員林鎮○○段○○號土地，經　鈞院100年度訴字第42號判決確定（證1），應以如該判決附圖所示方法分割，因聲請人分配不足，令相對人補償50萬元，然相對人在判決確定後，已辦妥分割登記，仍拒不給付補償，為此聲請強制執行。
　　　至於執行之財產為相對人分得之土地，即坐落彰化縣員林鎮○○段

○○－1號土地（證2），請依法查封拍賣，聲請人就賣得價金，依民法第824條之1第4項「前條第三項之情形，如爲不動產分割者，應受補償之共有人，就其補償金額，對於補償義務人所分得之不動產，有抵押權。」有優先權。

$\qquad$ 謹狀

臺灣彰化地方法院　公鑒

證物：

證1：判決及確定證明書正本各1件。

證2：土地登記謄本1件。

中　　華　　民　　國　　102　　年　　4　　月　　1　　日

　　　　　　　　具狀人　甲　[印]

(12) 分割共有物執行（變賣分割，強制執行法第131條第2項）

案例事實

在上開案例，如因共有之土地面積甚小，無法以原物分割，法院判決變賣分割，甲接到判決欲聲請強制執行。

撰狀說明

依民法第824條第2項，如共有物無法以原物分割，則可以變價分割，即將共有物拍賣，以賣得價金按共有人應有部分比例分配。至於聲請強制執行之債權人，不限於判決之原告，被告亦可聲請，即任一共有人均可聲請強制執行。至於執行方法與金錢請求權之執行同，即先查封土地，再予拍賣，賣得價金以應有部分比例分配。在拍定時，除拍定人爲共有人，否則，在第三人拍定時，依民法第824條第7項「變賣共有物時，除買受人爲共有人外，共有人有依相同條件優先承買之權，有二人以上願優先承買者，以抽籤定之。」共有人有優先承買權。

書狀內容

狀別：民事聲請狀

訴訟標的金額：100萬元（按：以土地之公告現值，依甲之應有部分比例計算）

聲　請　人　甲　　　　住彰化縣員林鎮○○路○○號

相　對　人　　乙　　　　　住彰化縣員林鎮○○路○○號
　　　　　　　　丙　　　　　住彰化縣員林鎮○○路○○號
爲變賣共有物聲請強制執行事。
　　　　　　聲請事項
一、兩造共有坐落彰化縣員林鎮○○段○○號土地請變賣，賣得價金依兩造
　　應有部分比例分配。
二、執行費用由相對人負擔。
　　　　　　理由
　　　坐落彰化縣員林鎮○○段○○號土地爲兩造共有，經　鈞院100年度訴字
第45號判決確定（證1），以變賣分割方式分割，賣得價金，依兩造應有部分
各三分之一分配，爲此聲請強制執行，請依強制執行法第131條第2項「執行
名義係變賣繼承財產或共有物，以價金分配於各繼承人或各共有人者，執行
法院得予以拍賣，並分配其價金，其拍賣程序，準用關於動產或不動產之規
定。」查封並拍賣上開土地，以賣得價金依應有部分比例分配兩造。
　　　　　　　謹狀
臺灣彰化地方法院　公鑒
證物：
證1：判決及確定證明書正本各1件。
中　　華　　民　　國　　102　　年　　5　　月　　1　　日
　　　　　　　　具狀人　甲　　［印］

相關法條及裁判要旨

■民法第824條第2項：

分割之方法不能協議決定，或於協議決定後因消滅時效完成經共有人拒絕履行
者，法院得因任何共有人之請求，命爲下列之分配：

一、以原物分配於各共有人。但各共有人均受原物之分配顯有困難者，得將原
　　物分配於部分共有人。
二、原物分配顯有困難時，得變賣共有物，以價金分配於各共有人；或以原物
　　之一部分分配於各共有人，他部分變賣，以價金分配於各共有人。

(13) 假扣押執行（強制執行法第4條第1項第2款、第132條第1項）

案例事實

　　乙因積欠甲貨款100萬元未付，甲先聲請假扣押裁定獲准，提存擔保後欲對乙為強制執行。

撰狀說明

　　為避免債務人脫產，債權人可對債務人為保全措施，如為金錢請求權者，可聲請假扣押，非金錢請求者，可聲請假處分。惟假扣押及假處分均係包括三項程序，(1)係聲請假扣押（或假處分）裁定。(2)取得准許假扣押裁定（或假處分裁定），依裁定所示之擔保金額辦理提存。(3)提存完畢，聲請假扣押執行（或假處分執行），必須依此執行，始能達到保全結果。又在收到假扣押裁定（或假處分裁定），必須於三十日內聲請強制執行，否則該裁定失效。至於假扣押之執行方法，原則為查封或扣押，不可拍賣，例外因查封之動產有價格減少之虞或保管需費過多，始可拍賣，但拍賣之價金不交債權人而提存，待判決結果，如債權人獲勝訴判決始可執行此價金。

書狀內容

```
狀別：民事聲請狀
訴訟標的金額：100萬元
聲　請　人　甲　　　　住雲林縣斗六鎮○○路○○號
相　對　人　乙　　　　住雲林縣虎尾鎮○○路○○號
為聲請假扣押強制執行事。
　　　　　執行名義
　　鈞院102年裁全字第5號裁定（證1）。
　　　　　執行標的
　　相對人所有坐落雲林縣虎尾鎮○○段○○號土地。
　　　　　　　　謹狀
臺灣雲林地方法院　公鑒
證物：
證1：裁定正本及提存書正本各1件。
中　　華　　民　　國　　102　　年　　10　　月　　1　　日
　　　　　　　具狀人　甲　　印
```

相關法條及裁判要旨

■強制執行法第132條第3項：

債權人收受假扣押或假處分裁定後已逾三十日者，不得聲請執行。

■強制執行法第134條：

假扣押之動產，如有價格減少之虞或保管需費過多時，執行法院得因債權人或債務人之聲請或依職權，定期拍賣，提存其賣得金。

■強制執行法第135條：

對於債權或其他財產權執行假扣押者，執行法院應分別發禁止處分清償之命令，並準用對於其他財產權執行之規定。

■強制執行法第136條：

假扣押之執行，除本章有規定外，準用關於動產、不動產、船舶及航空器執行之規定。

■最高法院44年台上字第1328號判例：

假扣押之執行，依強制執行法第136條準用關於動產不動產執行之規定，故假扣押之執行亦係以查封為開始，而以假扣押之標的脫離假扣押之處置，如將假扣押標的交付執行或撤銷假扣押，其程序方為終結。原判以假扣押查封完畢，認為執行程序業已終結，不得提起執行異議之訴，自難謂合。

■辦理強制執行事件應行注意事項69(二)：

債權人聲請假扣押或假處分執行時，已逾本法第一百三十二條第二項規定之三十日期限者，執行法院應以裁定駁回之。

■辦理強制執行事件應行注意事項70：

在假扣押或假處分中之財產，如經政府機關依法強制採購或徵收者，執行法院應將其價金或補償金額提存之。

(14) 假處分執行（強制執行法第4條第1項第2款、第132條第1項）

案例事實

在上例，甲欲為假扣押執行，發現乙已將土地移轉其母丙，甲認乙丙間之移轉為脫產，屬通謀虛偽意思表示或詐害行為，欲起訴塗銷所有權移轉登記，但又恐丙再次移轉，為保全將來之強制執行，先為假處分，經法院裁定准許，甲在收到假處分裁定，辦理提存完畢欲聲請強制執行。

撰狀說明

　　同上。

書狀內容

狀別：民事聲請狀

聲　請　人　甲　　　　　住臺中市大雅區○○路○○號

相　對　人　丙　　　　　住臺北市○○路○○號

為假處分事件，聲請強制執行事。

　　　　　　執行名義

　　鈞院102年度裁全字第10201號民事假處分裁定正本1件（證1）。

　　　　　　執行標的

　　相對人不得將附表所示之不動產為讓與、抵押、出租及其他一切處分行

為（證2）。

　　　　　　事實及理由

　　聲請人業依上開裁定供擔保完畢（證3），為此聲請強制執行，請依強制

執行法第139條「假處分裁定，係禁止債務人設定、移轉或變更不動產上之權

利者，執行法院應將該裁定揭示。」執行。

　　　　　　　　　謹狀

臺灣臺北地方法院　公鑒

證物：

證1：裁定正本1件。

證2：土地及建物謄本各1件。

證3：提存書及國庫繳款收據影本各2件。

中　　華　　民　　國　　102　　年　　10　　月　　5　　日

　　　　　　　具狀人　甲　　印

附表

項次	建　　　　號	地　　　　號	面　積 （平方公尺）	權利範圍
1		臺北市中正區河堤段四小段000地號	162	332752分之39246
2		臺北市中正區河堤段四小段000-1地號	68	332752分之39246
3		臺北市○○區河堤段四小段000-2地號	43	332752分之39246
4		臺北市○○區河堤段四小段002地號	147	20分之3
5	臺北市○○區河堤段四小段000建號 （門牌臺北市廈門街○○巷4弄10號3樓）		132.36	全部

相關法條及裁判要旨

■強制執行法第138條：

假處分裁定，係命令或禁止債務人為一定行為者，執行法院應將該裁定送達於債務人。

■強制執行法第139條：

假處分裁定，係禁止債務人設定、移轉或變更不動產上之權利者，執行法院應將該裁定揭示。

■強制執行法第140條：

假處分之執行，除前三條規定外，準用關於假扣押、金錢請求權及行為、不行為請求權執行之規定。

(15) 對繼承人聲請強制執行

案例事實

在(1)例中，如判決確定後乙死亡，丙爲其繼承人，甲欲對丙聲請強制執行其在臺灣銀行臺中分行之存款。

撰狀說明

依強制執行法第4條之2第1項「執行名義爲確定終局判決者，除當事人外，對於左列之人亦有效力：一、訴訟繫屬後爲當事人之繼受人及爲當事人或其繼受人占有請求之標的物者。二、爲他人而爲原告或被告者之該他人及訴訟繫屬後爲該他人之繼受人，及爲該他人或其繼受人占有請求之標的物者。」是乙死亡，可對其繼承人丙聲請強制執行，但依民法第1148條第2項「繼承人對於被繼承人之債務，以因繼承所得遺產爲限，負清償責任。」足可執行其繼承之財產，又丙如拋棄繼承，即不可對丙強制執行，只得視乙有無其他繼承人，如均無其他繼承人，但乙有財產，則應依民法第1177條「繼承開始時，繼承人之有無不明者，由親屬會議於一個月內選定遺產管理人，並將繼承開始及選定遺產管理人之事由，向法院報明。」或第1178條第2項「無親屬會議或親屬會議未於前條所定期限內選定遺產管理人者，利害關係人或檢察官，得聲請法院選任遺產管理人，並由法院依前項規定爲公示催告。」選定或選任遺產管理人，依第1179條由遺產管理人處理，或就其遺產，以遺產管理人爲相對人而聲請強制執行。

書狀內容

状別：民事聲請狀

訴訟標的金額：100萬元

聲　請　人	甲	住臺中市太平區○○路○○號
相　對　人	丙	住臺中市大里區○○路○○號
第　三　人	臺灣銀行臺中分行	設臺中市中區自由路一段○○號
法定代理人	A	住同上

爲返還借款聲請強制執行事。

　　　聲請事項

一、相對人應給付聲請人新臺幣（以下同）100萬元及自民國97年2月2日起至清償日止，按年利百分之五計算之利息。

二、執行費用由相對人負擔。

　　　　理由

　　相對人之父乙因積欠聲請人100萬元，經臺灣臺中地方法院100年度訴字第17274號判決應給付上開金額及自民國100年2月2日起至清償日止，按年利百分之五計算之利息（證1），判決確定後，乙死亡，相對人為其繼承人（證2），依強制執行法第4條之2第1項為執行力所及，聲請人自得對其聲請強制執行。

　　又執行之標的，為相對人繼承乙之臺灣銀行臺中分行存款。

　　　　　　　謹狀

臺灣臺中地方法院　公鑒

證物：

證1：判決及確定證明書正本各1件。

證2：繼承系統表及戶籍謄本各1件。

中　華　民　國　102　年　1　月　5　日

　　　　　　　具狀人　甲　㊞

相關法條及裁判要旨

■民法第1148條第2項：

繼承人對於被繼承人之債務，以因繼承所得遺產為限，負清償責任。

■辦理強制執行事件應行注意事項3(三)：

強制執行開始後，債務人死亡者，繼承人對於債務人之債務，以因繼承所得遺產為限，負清償責任，僅得對遺產續行強制執行。

■最高法院94年台抗字第847號裁定：

執行名義為確定判決者，除當事人外，對於訴訟繫屬後為當事人之繼受人亦有效力；此項規定，於強制執行法第4條第1項第2款至第6款規定之執行名義，準用之，同法第4條之2第1項第1款及第2項定有明文。而所謂繼受人，則包括債權法定移轉之受讓人在內。查再抗告人既以連帶保證人之身分清償主債務人陳○棟向合庫所借之債務，依民法第281條第2項之規定，合庫之權利自應由再抗告人於其得向其餘連帶保證人即相對人求償之範圍內承受，此為債權之法定移轉，因而再抗告人執債權人為合庫之債權憑證及代償證明書聲請執行法院就相對人之財產為強制執行，依上說明，並無不合。

■最高法院95年台上字第1523號判決：

債權讓與對於債務人發生效力後，債務人即得以其與新債權人即受讓人間所存事由對抗受讓人；故執行名義成立後，債權人將債權讓與他人，該他人為強制執行法第4條之2第1項第1款所稱之繼受人，雖得以原執行名義聲請強制執行，惟債務人如主張與繼受人間存有消滅或妨礙繼受人請求之事由，自應認係於執行名義成立後，有消滅或妨礙債權人請求之事由發生，許債務人提起異議之訴，以資救濟。

(二) 執行名義之調閱卷宗

案例事實

　　在前例中，如甲因無判決正本，僅留有影本，欲對丙強制執行，遂以判決影本聲請強制執行，法院通知應補正判決正本，甲應知如何處理。

撰狀說明

　　依強制執行法第6條第1項第1款，以確定終局判決聲請強制執行，必須提出判決正本，如無正本，即無法強制執行，一般固可向判決之法院聲請補發，但因強制執行法第6條第2項規定「前項證明文件，未經提出者，執行法院應調閱卷宗。但受聲請之法院非係原第一審法院時，不在此限。」則甲以判決影本向臺灣臺中地方法院聲請強制執行時，雖未提出判決正本，但可依上開規定，請求法院調閱卷宗，毋庸補正判決正本，但此限於受理強制執行之法院即為判決法院始可，否則，即無第6條第2項適用。

書狀內容

狀別：民事補正狀
案號：102年司執字第5號
股別：天股
聲　請　人　　甲　　　　　　在卷
相　對　人　　丙　　　　　　在卷
為補正執行名義正本事。

　　頃接　鈞院通知應補正執行名義正本，惟因本件執行名義之判決係　鈞院判決者，為此依強制執行法第6條第2項「前項證明文件，未經提出者，執行法院應調閱卷宗。但受聲請之法院非係原第一審法院時，不在此限。」請調閱卷宗核對。

　　　　　　　　　謹狀
臺灣臺中地方法院　公鑒
中　華　民　國　102　年　2　月　1　日
　　　　　　　具狀人　甲　　印

(三) 延緩執行（強制執行法第10條）

案例事實

在上例中，如執行法院係查封丙繼承乙之土地，在拍賣前，丙與甲洽商和解事宜，但一時未能談妥，丙恐在洽商過程中，法院繼續拍賣其土地，將有拍定之危險，與甲商議延緩執行。

撰狀說明

強制執行程序開始進行後，原則上不停止，以迅速實現債權人權利，但基於當事人進行主義，如債權人願暫緩執行，亦無不可，為此強制執行法第10條第1項規定「實施強制執行時，經債權人同意者，執行法院得延緩執行。」，債權人可以聲請延緩執行。又依第10條第2項規定「前項延緩執行之期限不得逾三個月。債權人聲請續行執行而再同意延緩執行者，以一次為限。每次延緩期間屆滿後，債權人經執行法院通知而不於十日內聲請續行執行者，視為撤回其強制執行之聲請。」每次延緩期間不得逾三個月，再延緩以一次為限。

書狀內容

狀別：民事聲請狀
案號：102年司執字第5號
股別：天股
聲　請　人　甲　　　　　在卷
相　對　人　丙　　　　　在卷
為返還借款強制執行聲請延緩執行事。

　　按實施強制執行時，經債權人同意者，執行法院得延緩執行，強制執行法第10條第1項定有明文。

　　本件執行事件，因兩造正洽商和解中，為此依上開規定聲請延緩執行。
　　　　　　　　　　謹狀
臺灣臺中地方法院　公鑒
中　　華　　民　　國　　102　　年　　4　　月　　1　　日
　　　　　　　　具狀人　甲　　印

(四) 延緩期滿，聲請續行執行

案例事實

　　在上例中，延緩期間已將近三個月，甲欲聲請續行執行。

撰狀說明

　　依強制執行法第10條第2項「前項延緩執行之期限不得逾三個月。債權人聲請續行執行而再同意延緩執行者，以一次為限。每次延緩期間屆滿後，債權人經執行法院通知而不於十日內聲請續行執行者，視為撤回其強制執行之聲請。」在三個月期限屆滿前，甲應聲請續行執行。在聲請續行執行後，仍可再聲請延緩執行一次。

書狀內容

狀別：民事聲請狀
案號：102年司執字第5號
股別：天股
聲　請　人　甲　　　　　　在卷
相　對　人　丙　　　　　　在卷
為返還借款強制執行聲請續行執行事。
　　本件聲請人於民國102年4月1日聲請延緩執行，迄今已近三個月，為聲請續行執行。
　　　　　　　　　謹狀
臺灣臺中地方法院　公鑒
中　　華　　民　　國　　102　年　6　月　28　日
　　　　　　　　具狀人　甲　　印

(五) 聲請及聲明異議（強制執行法第12條）

1.聲請夜間執行（強制執行法第55條第1項）

案例事實

　　在前例中，如甲欲執行丙繼承乙之汽車，但汽車白天時間流動不定，不易尋找而查封，但在夜間丙必然停放其住宅之門口，為此甲聲請法院於夜間執行。

撰狀說明

　　依強制執行法第55條第1項規定「星期日或其他休息日及日出前、日沒後，不得進入有人居住之住宅實施關於查封之行為。但有急迫情事，經執行法官許可者，不在此限。」夜間不可為查封等執行行為，但有急迫情事，經執行法官許可者，則可例外於夜間查封。又依同法第12條第1項「當事人或利害關係人，對於執行法院強制執行之命令，或對於執行法官、書記官、執達員實施強制執行之方法，強制執行時應遵守之程序，或其他侵害利益之情事，得於強制執行程序終結前，為聲請或聲明異議。但強制執行不因而停止。」是就此執行方法債權人可為一定聲請，為此甲具狀聲請在夜間強制執行。

書狀內容

```
狀別：民事聲請狀
案號：102年司執字第5號
股別：天股
聲　請　人　　甲　　　　　在卷
相　對　人　　丙　　　　　在卷
為返還借款強制執行事件聲請夜間強制執行事。
　　按星期日或其他休息日及日出前、日沒後，不得進入有人居住之住宅實
施關於查封之行為。但有急迫情事，經執行法官許可者，不在此限，強制執
行法第55條第1項定有明文。
　　本件聲請人聲請執行相對人之汽車，因該汽車於晚間九點會停放其住宅
門口，為此聲請於夜間執行。
　　　　　　　　　　　　謹狀
臺灣臺中地方法院　公鑒
中　　華　　民　　國　　102　　年　　5　　月　　1　　日
　　　　　　　具狀人　甲　　　印
```

相關法條及裁判要旨

■辦理強制執行事件應行注意事項30：

(一)假扣押、假處分及其他執行案件，遇債務人有脫產之虞或其他急迫情形，法官應許可得於星期日、例假日或其他休息日及日出前、日沒後執行之。

(二)休息日及日出前日沒後之執行，應將急迫情形記載於執行筆錄，並將執行法官許可執行之命令出示當事人。

2.聲請追加執行事

案例事實

在前例中，如執行丙之汽車尚不足清償，而債權人又發現債務人有財產可以執行，自可聲請追加執行。

撰狀說明

強制執行既已實現債權爲目的，只要不過度查封，在現執行之財產不足清償而發見債務人有其他財產可以執行，亦可聲請追加執行。

書狀內容

狀別：民事聲請追加執行狀
案號：102年司執字第5號
股別：天股
聲　請　人　　甲　　　　　　在卷
即債權人
相　對　人　　丙　　　　　　在卷
即債務人
第　三　人　　臺灣○○商業銀　　設臺中市北屯區○○路○○號
　　　　　　　行股份有限公司北屯分行
法定代理人　　A　　　　　　住同上
爲返還借款強制執行事件，聲請追加執行事。

　　經查債務人丙繼承乙之財產尚有於第三人處尚有存款，爲此聲請追加執行，敬請　鈞院速予核發扣押命令，至感德誼。
　　　　　　　　謹呈

```
臺灣臺中地方法院　公鑒
中　華　民　國　102　年　8　月　3　日
　　　　　　　　具狀人　甲　［印］
```

相關法條及裁判要旨

■強制執行法第50條之1第1項：

應查封動產之賣得價金，清償強制執行費用後，無賸餘之可能者，執行法院不得查封。

3.聲請除去租賃權（民法第866條第2項、強制執行法第98條第2項）

案例事實

　　乙以土地及上建物於民國99年3月1日設定抵押權給甲，以借貸100萬元，嗣乙屆期未能清償，甲對乙取得拍賣抵押物裁定，聲請法院強制執行該土地及建物，查封時，發現有第三人丙居住該房屋，丙提出租約，主張係民國100年1月1日承租，租期四年，法院第一次拍賣，拍賣公告載明因丙承租使用拍賣物，故不點交，第一次拍賣無人應買，甲恐因丙承租不點交，無人應買，欲除去租賃權。

撰狀說明

　　依民法第425條第1項「出租人於租賃物交付後，承租人占有中，縱將其所有權讓與第三人，其租賃契約，對於受讓人仍繼續存在。」則法院拍賣之不動產，如有出租，其租賃關係對受讓人繼續存在，是抵押物在設定抵押後出租第三人者，不僅因有上開規定適用，且此第三人占用係在查封前，屬有權（即有租賃權）占用，依強制執行法第99條第1項「債務人應交出之不動產，現為債務人占有或於查封後為第三人占有者，執行法院應解除其占有，點交於買受人或承受人；如有拒絕交出或其他情事時，得請警察協助。」相反解釋為不點交，將來拍賣時，抵押物不易拍定，影響抵押權人之權益，為此民法第866條第1項「不動產所有人設定抵押權後，於同一不動產上，得設定地上權或其他以使用收益為目的之物權，或成立租賃關係。但其抵押權不因此而受影響。」第2項「前項情形，抵押權人實行抵押權受有影響者，法院得除去該權利或終止該租賃關係後拍賣之。」辦理強制執行事件應行注意事項第57點(四)規定「不動產所

有人設定抵押權後，於同一不動產上設定地上權或其他權利或出租於第三人，因而價值減少，致其抵押權所擔保之債權不能受滿足之清償者，執行法院得依聲請或依職權除去後拍賣之。」是抵押權人即可於第一次拍賣未拍定時，主張第三人租賃影響抵押權，聲請執行法院除去該租賃權。一經除去，租賃權不存在，依強制執行法第98條第2項「前項不動產原有之地上權、永佃權、地役權、典權及租賃關係隨同移轉。但發生於設定抵押權之後，並對抵押權有影響，經執行法院除去後拍賣者，不在此限。」不僅無上開第425條第1項適用，拍定人不繼受租賃關係，且依強制執行法第99條第2項「第三人對其在查封前無權占有不爭執或其占有為前條第二項但書之情形者，前項規定亦適用之。」即可點交。於此應說明者，係因抵押權以登記為生效要件，租賃不以登記為必要，故實務上在除去租賃權有爭議者，係租賃究在抵押權設定之前或之後。執行法官或司法事務官依調查證據結果，自由心證判斷，以為認定。

書狀內容

```
狀別：民事聲請狀
案號：102年執字第001號
股別：地股
聲　請　人　甲　　　　　在卷
相　對　人　丙　　　　　在卷
為強制執行事件，聲請除去租賃權事。
　　本件拍賣之建物，相對人係民國100年1月1日承租，已在本件抵押權民國99年3月1日設定之後，為此依民法第866條第1項「不動產所有人設定抵押權後，於同一不動產上，得設定地上權或其他以使用收益為目的之物權，或成立租賃關係。但其抵押權不因此而受影響。」第2項「前項情形，抵押權人實行抵押權受有影響者，法院得除去該權利或終止該租賃關係後拍賣之。」應予除去，除去後即可依強制執行法第99條第2項「第三人對其在查封前無權占有不爭執或其占有為前條第二項但書之情形者，前項規定亦適用之。」點交，為此聲請　鈞院為除去之執行處分。
　　　　　　　　謹狀
臺灣○○地方法院　公鑒
中　華　民　國　102　年　5　月　1　日
　　　　　　　　具狀人　甲　印
```

相關法條及裁判要旨

■強制執行法第98條第2項：

前項不動產原有之地上權、永佃權、地役權、典權及租賃關係隨同移轉。但發生於設定抵押權之後，並對抵押權有影響，經執行法院除去後拍賣者，不在此限。

■最高法院60年台上字第4615號判例：

抵押人於抵押權設定後，與第三人訂立租約，致影響於抵押權者，對於抵押權人雖不生效，但執行法院倘不依聲請或依職權認為有除去該影響抵押權之租賃關係之必要，而為有租賃關係存在之不動產拍賣，並於拍賣公告載明有租賃關係之事實，則該租賃關係非但未被除去，且已成為買賣（拍賣）契約內容之一部。無論應買人投標買得或由債權人承受，依繼受取得之法理，其租賃關係對應買人或承受人當然繼續存在。

■最高法院86年台抗字第588號判例：

抵押權為擔保物權，不動產所有人設定抵押權後，於同一不動產上，固仍得為使用收益，但如影響於抵押權者，對於抵押權人不生效力。故土地所有人於設定抵押權後，在抵押之土地上營造建築物，並將該建築物出租於第三人，致影響於抵押權者，抵押權人自得聲請法院除去該建築物之租賃權，依無租賃狀態將該建築物與土地併付拍賣。

4.對除去租賃權聲明異議

案例事實

在前例中，被除去租賃權者，以其租賃係在民國99年1月1日，租約日期誤載，認除去之執行處分不當欲聲明異議以為救濟。

撰狀說明

執行法院除去租賃權者，為執行處分，如對此處分不服，自可依強制執行法第12條第1項聲請異議。又執行法院之除去必須符合法律規定，如不符合法律規定，例如租賃權並非在抵押權設定之後，就此除去租賃權之執行處分，自可聲明異議。

214　訴訟文書撰寫範例──非訟編

書狀內容

狀別：民事聲異議狀
案號：100年執字第001號
股別：地股
聲明異議人　丙　　　　詳卷
債　權　人　甲　　　　詳卷
為對除去租賃權之執行處分聲明異議事。

　　按當事人或利害關係人，對於執行法院強制執行之命令，或對於執行法官、書記官、執達員實施強制執行之方法，強制執行時應遵守之程序，或其他侵害利益之情事，得於強制執行程序終結前，為聲請或聲明異議。但強制執行不因而停止，強制執行法第12條第1項定有明文。又按不動產所有人設定抵押權後，於同一不動產上，得設定地上權或其他以使用收益為目的之物權，或成立租賃關係。但其抵押權不因此而受影響。前項情形，抵押權人實行抵押權受有影響者，法院得除去該權利或終止該租賃關係後拍賣之，民法第866條第1、2項定有明文，是能除去之租賃權，必須係抵押權設定後之租賃權，本件租賃權係在抵押權設定前之民國99年1月1日成立，此有租金收據一紙及證人張三可證，租賃契約載明訂立之日期係筆誤，是執行法院依抵押權人聲請而除去，自有違誤，為此依強制執行法第12條第1項聲明異議。
　　　　　　　　　　謹狀
臺灣○○地方法院　公鑒
證物：收據影本1件。
證人：張三，住臺北市○○路○○號
中　華　民　國　102　年　6　月　3　日
　　　　　　　　具狀人　丙　　印

相關法條及裁判要旨

■最高法院74年台抗字第227號判例：
執行法院認抵押人於抵押權設定後，與第三人訂立之租約，致影響於抵押權者，得依聲請或職權除去其租賃關係，依無租賃狀態逕行強制執行。執行法院所為此種除去租賃關係之處分，性質上係強制執行方法之一種，當事人或第三人如有不服，應依強制執行法第12條規定，向執行法院聲明異議，不得逕行對

之提起抗告。

■最高法院96年度台抗字第444號裁定：

抵押權人在設定抵押權時，對於租期屆滿或原承租人死亡，原耕地三七五租約關係將繼續存在之情況，應在抵押權人得預測評價之範圍內，在此情形，所訂立之新耕地三七五租約，僅係就原已存在之租賃關係，予以確認及延續，自應認係在抵押權設定之前，即已成立耕地三七五租賃關係，自無民法第866條之適用。

5.聲請除去借貸使用權

案例事實

在前例3中，如丙非基於租賃，而係乙於民國100年1月1日出借給丙使用，甲如何除去其借貸使用權。

撰狀說明

依民法第866條第3項「不動產所有人設定抵押權後，於同一不動產上，成立第一項以外之權利者，準用前項之規定。」則抵押權設定後之出借，其借貸使用關係亦可由抵押權人聲請除去。

書狀內容

> 狀別：民事聲請狀
> 案號：102年執字第1號
> 股別：地股
> 聲　請　人　甲　　　　在卷
> 相　對　人　丙　　　　在卷
> 為強制執行事件，聲請除去借貸使用權事。
> 　　本件拍賣之建物，相對人係民國100年1月1日向乙借貸使用，已在本件抵押權民國95年3月1日設定之後，為此依民法第866條第3項「不動產所有人設定抵押權後，於同一不動產上，成立第一項以外之權利者，準用前項之規定。」、第2項「前項情形，抵押權人實行抵押權受有影響者，法院得除去該權利或終止該租賃關係後拍賣之。」應予除去，除去後即可依強制執行法第99條第2項「第三人對其在查封前無權占有不爭執或其占有為前條第2項但書

之情形者，前項規定亦適用之。」點交，為此聲請除去。

　　　　　　　　　謹狀

臺灣○○地方法院　公鑒

中　　華　　民　　國　　102　年　　5　月　　1　日

　　　　　　　　　具狀人　甲　　[印]

6.行使優先承買權

案例事實

　　執行法院拍賣之二筆土地上有甲之房屋占用，執行法院以其中一筆土地認甲有租賃關係，通知甲行使優先承買權，另一筆土地，執行法院認甲無租賃權，未通知甲行使優先承買權，為此甲欲具狀就此二筆土地行使優先承買權。

撰狀說明

　　按執行法院之拍賣與民法上之買賣相同，是有優先承買權者，仍可於拍定後向執行法院主張優先承買權。拍賣公告已載明優先承買權人，該人固可據以行使，但如拍賣公告未記載，實際有優先承買權者，仍可於拍定後行使。有無優先承買權屬實體事項，執行法院無權審酌，故對執行法院認定有無優先承買權不服者，不僅可聲明異議，亦可另提確認優先承買權存在（按：此為主張者提起）或不存在之訴訟（按：此為否認者，即拍定人提起）。

書狀內容

狀別：民事聲明行使優先承買權狀

案號：95年執字第001號

股別：曾股

聲　明　人　甲　　　　　　住臺北市○○路○○號

為聲明行使優先承買權事。

一、鈞院95年度執字第001號債權人○○商業銀行股份有限公司等與債務人臺灣○○股份有限公司間清償票款強制執行事件，債務人所有不動產業於民國102年2月12日拍定。茲收到　鈞院民國102年2月13日新院雲95年執曾字第001號函，通知聲明人於文到十日內聲明願否依同樣條件優先承買新竹市○○段484地號土地。惟因鈞院拍定者除484地號外，尚有同

段473地號土地，聲明人在484地號土地上建物係連同473地號土地一併使用，依民法第425條之1規定「土地及其土地上之房屋同屬一人所有，而僅將土地或僅將房屋所有權讓與他人，或將土地及房屋同時或先後讓與相異之人時，土地受讓人或房屋受讓人與讓與人間或房屋受讓人與土地受讓人間，推定在房屋得使用期限內，有租賃關係。其期限不受第四百四十九條第一項規定之限制。」及土地法第104條第1項及第2項分別規定：「基地出賣時，地上權人、典權人或承租人有依同樣條件優先購買之權。房屋出賣時，基地所有權人有依同樣條件優先購買之權。其順序以登記之先後定之。」「前項優先購買權人，於接到出賣通知後十日內不表示者，其優先權視為放棄。出賣人未通知優先購買權人而與第三人訂立買賣契約者，其契約不得對抗優先購買權人。」聲明人對新竹市○○段484地號及473地號土地均有優先承買權，該土地既經　鈞院拍定，依法聲明願依同樣條件優先承買。

二、鈞院上開函僅就484地號土地通知聲明人是否行使優先承買之權，未就473地號土地以書面通知聲明人是否行使，顯屬疏漏，爰一併聲明願依同樣條件優先承買新竹市○○段484地號及473地號二筆土地。

　　　　　　　　　　謹狀

臺灣新竹地方法院　公鑒

證物：建物登記謄本影本1件。

中　　華　　民　　國　　102　　年　　2　　月　　25　　日

　　　　　　　　具狀人　甲　　印

7.否認優先承買權之聲明異議狀

案例事實

同前，但拍定人否認甲就上開兩筆土地有優先承買權。

撰狀說明

拍定人就甲之行使優先承買權，否認而具狀聲明異議。

書狀內容

狀別：民事聲明異議狀
案號：95年度執字第001號
股別：曾股

拍　定　人　乙　　　　　　　在卷
第　三　人　甲　　　　　　　在卷

為對第三人聲明行使優先承買權聲明異議事。

　　本件拍賣之土地，其中484號，鈞院於拍賣公告註明「484地號上建物所有人如符合土地法第104條及民法第426條之2第1項規定，就其建物坐落之土地有優先承買權」，是有優先承買權者，應符合土地法第104條第1項「基地出賣時，地上權人、典權人或承租人有依同樣條件優先購買之權。房屋出賣時，基地所有權人有依同樣條件優先購買之權。其順序以登記之先後定之。」及民法第426條之2第1項「租用基地建築房屋，出租人出賣基地時，承租人有依同樣條件優先承買之權。承租人出賣房屋時，基地所有人有依同樣條件優先承買之權。」而土地法第104條第1項之承租人，參照最高法院65年台上字第530號判例「土地法第104條係規定租用基地建築房屋之承租人，於出租人之基地出賣時，有優先承買權，其出租人於承租人之房屋出賣時，有優先購買權，旨在使基地與基地上之房屋合歸一人所有，以盡經濟上之效用，並杜紛爭，如基地承租人於基地上根本未為房屋之建築者，當無該條規定之適用。」69年台上字第945號判例「土地法第104條第1項規定：基地出賣時，地上權人、典權人或承租人有依同樣條件優先購買之權。房屋出賣時，基地所有權人有依同樣條件優先購買之權。係指房屋與基地分屬不同之人所有，房屋所有人對於土地並有地上權、典權或租賃關係存在之情形而言。」必須房屋所有權人就土地有租賃關係，為租地建屋始有適用。又民法第426條之2第1項規定，與土地法第104條第1項類似，依上開判例，亦須有租地建物關係。

　　茲第三人甲雖提出鈞院77年度訴字第546號判決，主張有優先承買權，但查：

一、在該判決中，第三人與本件債務人臺灣○○有限公司（即土地所有權人）均否認土地與建物間有租賃關係及地上權，判決亦未認定有租賃關係及地上權，遂判決第三人毋庸給付租金（聲證1），則依該判決，至多只能證明第三人有權使用土地，但不能證明有租賃關係及地上權，如何

可主張優先承買權？

二、第三人引用民法第425條之1第1項規定「土地及其土地上之房屋同屬一人所有，而僅將土地或僅將房屋所有權讓與他人，或將土地及房屋同時或先後讓與相異之人時，土地受讓人或房屋受讓人與讓與人間或房屋受讓人與土地受讓人間，推定在房屋得使用期限內，有租賃關係。其期限不受第四百四十九條第一項規定之限制。」認其有租賃權，但查第三人在上開訴訟否認有租賃關係，已如上述，法院判決亦認定無租賃關係，如何可依上開規定認有租賃關係？民法第425條之1係民國88年修訂民法時增訂，依民法債編施行法，該條不溯及既往適用，則第三人在民國46年間購買該地上房屋時，既無該條規定，自不能因此認有租賃權。

三、上開第三人之建物均已殘破不堪，無法居住使用，參照最高法院92年台上字第1052號判決「系爭土地及其地上房屋原同屬一人所有，而僅將土地讓與被上訴人之被繼承人，嗣由被上訴人共同繼承取得系爭土地所有權，系爭房屋所有權則由上訴人繼承取得，應認被上訴人默許上訴人繼續使用系爭土地，有租賃關係，其租賃期限係至房屋不堪使用時為止。系爭房屋經鑑定結果，已達不堪使用之程度，租賃關係即歸於消滅，被上訴人得請求返還系爭土地，上訴人嗣後雖將系爭房屋修繕，自不能使既已消滅之租賃關係回復。」第三人亦無租賃權，不可優先承買，　鈞院可勘驗現場查明。

四、第三人另主張473號土地亦可優先承買，全無理由，蓋一方面依民國93年7月7日查封時，地政人員指界，484號土地上有建物外，並未指明473號土地有圍牆或建物，另一方面第三人提出之判決亦未指明473號土地有圍牆或第三人使用，自無優先承買權。

　　如　鈞院無法判斷，參照最高法院49年台抗字第83號判例「強制執行法上之拍賣，應解釋為買賣之一種，即指定人為買受人，而以拍賣機關代替債務人立於出賣人之地位。故出賣人於出賣時所應踐行之程序，例如依耕地三七五減租條例第15條規定，應將買賣條件以書面通知有優先承買權之承租人，使其表示意願等等，固無妨由拍賣機關為之踐行，但此究非強制執行法第12條所謂執行時應遵守之程序，縱令執行法院未經踐行或踐行不當，足以影響於承租人之權益，該承租人亦祇能以訴請救濟，要不能引用該條規定為聲請或聲明異議。」應令第三人起訴，由法院判決決定。

```
                    謹狀
臺灣新竹地方法院    公鑒
證物：
聲證1：鈞院77年度訴字第546號判決影本1件。
中    華    民    國    102    年    3    月    10    日
                        具狀人  乙  [印]
```

附註：本件優先承買權之爭議，嗣經判決第三人無優先承買權確定（參見臺灣
高等法院99年度重上字第155號判決及最高法院100年度台上字第575號裁
定）。

8.對本票裁定之強制執行聲明異議

案例事實

甲以乙簽發之本票，依票據法第123條聲請准予強制執行裁定獲准，於民
國97年3月1日持上開裁定聲請強制執行，乙以本票有偽造情事，在收到裁定後
二十日內提起確認本票為偽造訴訟，執行程序停止不進行，嗣訴訟結果，判決
乙勝訴確定，乙為撤銷強制執行而聲明異議。

撰狀說明

本票裁定如經抗告，廢棄該裁定，固無執行名義，不可強制執行。但因本
票裁定及抗告程序，均屬非訟事件，法院不審查實體，故若本票有偽造或債權
不成立、消滅事由，必須提起確認本票偽造或債權不存在，待獲勝訴判決，依
最高法院79年台抗字第300號判例「非訟事件之強制執行名義成立後，如經債務
人提起確認該債權不存在之訴，而獲得勝訴判決確定時，應認原執行名義之執
行力，已可確定其不存在。其尚在強制執行中，債務人可依強制執行法第十二
條規定，聲明異議。」可認執行名義之執行力不存在，再具狀聲明異議，撤銷
強制執行。

書狀內容

狀別：民事聲明異議狀
案號：97年執字第005號
股別：仁股
聲明異議人即債務人　　　乙　　　　在卷
相對人即債權人　　　　　甲　　　　在卷
為給付票款強制執行事件聲明異議事。

　　按非訟事件之強制執行名義成立後，如經債務人提起確認該債權不存在之訴，而獲得勝訴判決確定時，應認原執行名義之執行力，已可確定其不存在。其尚在強制執行中，債務人可依強制執行法第12條規定聲明異議，最高法院79年台抗字第300號判例著有明文。本件相對人以　鈞院97年度票字第031號裁定為執行名義聲請對聲明異議人強制執行，惟因該本票實非聲明異議人所簽發，為此提起確認本票為偽造訴訟，經　鈞院97年度訴字第271號判決本票為偽造，因相對人未上訴而確定，為此依首揭判例意旨聲明異議，請撤銷本件執行，就已查封之聲明異議人土地撤銷查封。
　　　　　　　　　謹狀
臺灣臺中地方法院　公鑒
證物：判決及確定證明書正本各1件。
中　華　民　國　102　年　6　月　3　日
　　　　　　　　具狀人　乙　　印

相關法條及裁判要旨

■票據法第5條第1項：
在票據上簽名者，依票上所載文義負責。
■非訟事件法第195條：
發票人主張本票係偽造、變造者，於前條裁定送達後二十日內，得對執票人向為裁定之法院提起確認之訴。
發票人證明已依前項規定提起訴訟時，執行法院應停止強制執行。但得依執票人聲請，許其提供相當擔保，繼續強制執行，亦得依發票人聲請，許其提供相當擔保，停止強制執行。
發票人主張本票債權不存在而提起確認之訴不合於第一項之規定者，法院依發

票人聲請,得許其提供相當並確實之擔保,停止強制執行。

■最高法院51年台上字第3309號判例:

盜用他人印章為發票行為,即屬票據之偽造。被盜用印章者,因非其在票據上簽名為發票行為,自不負發票人之責任,此項絕對的抗辯事由,得以對抗一切執票人。

9.對無執行名義之強制執行聲明異議(強制執行法第4條之2、第12條第1項)

案例事實

甲對乙取得勝訴之確定判決,因甲出國未歸,生死未卜,甲之子丙恐上開判決之請求權時效完成,遂持上開判決聲請法院對乙強制執行,執行法院未予注意,查封乙之土地,乙以丙非債權人為由向執行法院聲明異議。

撰狀說明

強制執行必須依執行名義為之,故聲請執行之債權人及債務人必須為執行名義之當事人或依強制執行法第4條之2之執行力所及之人,如非適格之當事人,可依強制執行法第12條聲明異議。如有爭議,亦可依強制執行法第14條之1提起債務人異議之訴。本題甲固然生死未卜,但未為死亡宣告前,丙非繼承人,自不可以上開執行名義對乙聲請強制執行,故乙可聲明異議以為救濟。

書狀內容

> 狀別:民事聲明異議狀
> 案號:102年執字第121號
> 股別:愛股
> 聲明異議人　　　乙　　　　　在卷
> 即債務人
> 相　對　人　　　丙　　　　　在卷
> 即債權人
> 為清償債務強制執行事件聲明異議事。
> 　　按強制執行應依執行名義為之,強制執行法第4條第1項定有明文,又執行名義之執行力,依第4條之2第1項,除當事人外,對當事人之繼受人固亦有

效。本件執行名義之當事人,即債權人為甲,丙雖為其子,但甲尚未死亡,丙非其繼承人,自非繼受人,故丙聲請本件強制執行於法不合,為此依強制執行法第12條第1項聲明異議。
　　　　　　　謹狀
臺灣士林地方法院　公鑒
中　華　民　國　102　年　7　月　7　日
　　　　　　　具狀人　乙　　印

10.對違法之拍賣程序聲明異議(強制執行法第63條)

案例事實

　　在前例中,如甲確已死亡,丙為其繼承人,強制執行聲請合法,法院查封乙之土地,法院定期拍賣時,漏未通知乙,乙為此聲明異議。

撰狀說明

　　不動產之拍賣,依強制執行法第113條「不動產之強制執行,除本節有規定外,準用關於動產執行之規定。」準用動產執行之第63條「執行法院應通知債權人及債務人於拍賣期日到場,無法通知或屆期不到場者,拍賣不因而停止。」是拍賣應通知債權人及債務人,苟未通知,執行程序違法,自可依強制執行法第12條第1項聲明異議。

書狀內容

狀別:民事聲明異議狀
案號:102年執字第121號
股別:愛股
聲明異議人　　乙　　　　在卷
即債務人
相　對　人　　丙　　　　在卷
即債權人
為清償債務強制執行事件聲明異議事。
　　不動產之強制執行,依強制執行法第113條準用第63條「執行法院應通知債權人及債務人於拍賣期日到場,無法通知或屆期不到場者,拍賣不因而停

止。」是法院之拍賣應通知債務人，本件　鈞院定期民國102年10月1日拍賣聲明異議人財產，未通知聲明異議人，為此依強制執行法第12條第1項聲明異議。

　　　　　　　謹狀
臺灣士林地方法院　公鑒
中　華　民　國　102　年　9　月　15　日
　　　　　　具狀人　乙　　印

相關法條及裁判要旨

■辦理強制執行事件應行注意事項35：
拍賣期日，應通知債權人及債務人到場。此項通知應予送達，並作成送達證書附卷。拍賣物如有優先承買權人或他項權利人者，亦宜一併通知之，但無法通知或經通知而屆期不到場者，拍賣不因之停止。

■最高法院57年台上字第3129號判例：
拍賣不動產，依強制執行法第113條準用第63條，及辦理強制執行事件應行注意事項第28點等規定，應通知債權人及債務人於拍賣期日到場，通知須以送達方法行之，作成送達證書附卷，若有應通知而不通知，或通知未經合法送達者，均為違反強制執行時應遵守之程序，未受通知或未受合法通知之當事人，均得對之聲明異議。

■最高法院63年台上字第2055號判例：
被上訴人主張執行法院將系爭土地之全部作為農地拍賣，不准無自耕能力者參加投標，限制應買人資格等，拍賣程序有瑕疵而不合法云云，係屬強制執行法第12條第1項聲明異議之範圍，而非拍賣無效之問題。

11.就非債務人財產強制執行聲明異議（強制執行法第17條、第12條第1項）

案例事實

　　在前例中，丙為執行乙之財產，遍尋不著乙有何財產，忽然有人告知乙開設之丁股份有限公司因與某銀行訴訟，該公司在法院有一提存款，丙乃聲請對該提存款強制執行，執行法院通知提存所扣押乙可領取之提存款，丁股份有限

公司為此聲明異議。

撰狀說明

　　自然人與法人為不同之人格，故自然人之財產與法人之財產亦有區隔，縱然法人之負責人個人欠債，只能執行其個人財產，不可執行法人之財產，故丁股份有限公司可聲明異議。

書狀內容

状別：民事聲明異議狀
案號：102年度執字第121號
股別：愛股
聲明異議人　丁股份有限公司　　　設臺中市○○路○○號
法定代理人　乙　　　　　　　　　住同上
相　對　人　丙　　　　　　　　　在卷
即債權人
債　務　人　丁　　　　　　　　　在卷
為清償債務強制執行事件聲明異議事。

　　按當事人或利害關係人，對於執行法院強制執行之命令，或對於執行法官、書記官、執達員實施強制執行之方法，強制執行時應遵守之程序，或其他侵害利益之情事，得於強制執行程序終結前，為聲請或聲明異議。強制執行法第12條第1項前段定有明文。

　　頃接　鈞院提存所民國102年9月18日函「本院96年度存字第5244號擔保提存事件，提存人丁股份有限公司所提供之提存物於新臺幣10,000,000元及其孳息範圍內同意扣押，請查照。」知悉　鈞院以民國102年9月10日中院彥民執102字第121號函扣押上開提存款10,000,000元。

　　惟查上開提存款係因○○銀行以　鈞院96年度裁全字第9236號裁定假扣押執行聲明異議人之財產，聲明異議人為免假扣押執行，遂提供10,000,000元為擔保，此有　鈞院96年度存字第5244號提存書記載提存人為聲明異議人可稽（聲證1），是該財產非債務人所有，實為聲明異議人所有，從而　鈞院就上開聲明異議人提供之擔保強制執行，自有損及聲明異議人之財產及未依執行名義執行，為此依強制執行法第12條第1項聲明異議，請惠予撤銷上開扣押命令。

謹狀

臺灣士林地方法院　公鑒

證物：

聲證1：提存書及　鈞院96年度裁全字第9236號裁定影本各1件。

中　　華　　民　　國　　102　　年　　10　　月　　1　　日

具狀人　丁股份有限公司　　印

法定代理人　乙　　印

12.對未完全提出現款之撤銷查封聲明異議（強制執行法第58條第1項、第12條第1項）

案例事實

在前例中，如乙為避免被拍賣，遂依判決所載之金額提出現款，請求執行法院依強制執行法第58條第1項撤銷查封，執行法院未注意該債務，除本金外，尚有利息、違約金，則乙之提出現款，應包括利息、違約金，始可塗銷，為此聲明異議。

撰狀說明

依強制執行法第58條第1項「查封後，債務人得於拍定前提出現款，聲請撤銷查封。」提出現款，即為清償，應依債務本旨始生清償效力，故如該債務有利息、違約金，亦應一併計算清償，債權人繳納之執行費用，亦應計算而繳納，否則即不可撤銷查封。

書狀內容

狀別：民事聲明異議狀

案號：98年度執字第121號

股別：愛股

聲明異議人　　丙　　　　　　在卷

即債權人

相　對　人　　乙　　　　　　在卷

即債務人

為塗銷查封聲明異議事。

　　按查封後，債務人得於拍定前提出現款，聲請撤銷查封，強制執行法第58條第1項定有明文，此一現款，應就全部債權爲之。本件聲明異議人聲請強制執行之執行名義，除有本金外，尚有遲延利息、違約金計算，茲未計算在內，即塗銷查封，應有欠妥，爲此聲明異議。

　　　　　　　　謹狀

臺灣士林地方法院　公鑒

中　　華　　民　　國　　102　　年　　10　　月　　16　　日

　　　　　　　具狀人　丙　　印

(六) 聲請停止執行（強制執行法第18條第1項）

案例事實

　　甲持有乙簽發之本票，依票據法第123條聲請准予強制執行之裁定獲准後，以該裁定為執行名義對乙聲請強制執行。乙雖承認本票為其所簽發，但以簽發本票係向甲借款，茲因借款早已清償，僅未收回本票，為此依強制執行法第14條第2項提起異議之訴，並聲請法院裁定停止執行。

撰狀說明

　　強制執行係為實現債權人權利，為能迅速實現，強制執行法第18條第1項規定「強制執行程序開始後，除法律另有規定外，不停止執行。」原則上執行開始後不停止執行，但若無可以停止執行之例外規定，有可能損及債務人或他人之權利，故同條第2項規定「有回復原狀之聲請，或提起再審或異議之訴，或對於和解為繼續審判之請求，或提起宣告調解無效之訴、撤銷調解之訴，或對於許可強制執行之裁定提起抗告時，法院因必要情形或依聲請定相當並確實之擔保，得為停止強制執行之裁定。」及其他法律設有例外可停止執行規定，即可以例外停止執行。是符合上開第2項規定者，即可向受理回復原狀、異議之訴等法院聲請停止執行裁定，而非向執行法院聲請，待取得停止執行裁定後，再向執行法院陳報，俾可停止執行。

書狀內容

　　狀別：民事聲請狀
　　聲　請　人　　乙　　　　　住臺中市大甲區○○路○○號
　　相　對　人　　甲　　　　　住臺中市清水區○○路○○號
　　為債務人異議之訴事件聲請裁定停止執行事。
　　　　　聲請事項
一、請准聲請人提供現金或等值之國泰世華銀行大甲分行一年期無記名定期
　　存單為擔保後，　鈞院98年度執字第51號強制執行程序應予停止。
二、程序費用由相對人負擔。
　　　　　理由
　　相對人持　鈞院102年度票字第2001號裁定，向　鈞院聲請強制執行聲請
人所有坐落臺中市大甲區○○段○○號土地，現由　鈞院103年度執字第51號
強制執行中。

　　惟上開裁定之本票，係聲請人簽發以向相對人借款使用，事後聲請人已清償，但相對人以本票一時尋找不著，未能返還，但另出具收據給聲請人，是該本票債權早因清償而消滅，為此聲請人已依強制執法行法第14條第2項「執行名義無確定判決同一之效力者，於執行名義成立前，如有債權不成立或消滅或妨礙債權人請求之事由發生，債務人亦得於強制執行程序終結前提起異議之訴。」向　鈞院提起異議之訴，是此強制執行程序應予停止，以免繼續執行，損及聲請人權利，爰依強制執行法第18條第2項「有回復原狀之聲請，或提起再審或異議之訴，或對於和解為繼續審判之請求，或提起宣告調解無效之訴、撤銷調解之訴，或對於許可強制執行之裁定提起抗告時，法院因必要情形或依聲請定相當並確實之擔保，得為停止強制執行之裁定。」聲請　鈞院裁定停止執行。

　　　　　　　　謹狀
臺灣臺中地方法院　公鑒
證物：起訴狀影本1件、收據影本1件。
中　　華　　民　　國　　103　年　　2　月　　4　日
　　　　　　具狀人　乙　印

相關法條及裁判要旨

■最高法院87年台抗字第427號裁定：
按強制執行法第18條第2項規定法院對於許可強制執行之裁定提起抗告時得為停止強制執行之裁定，該所謂「許可強制執行之裁定」者，係指假扣押、假處分等保全程序裁定以外其他經法院許可其強制執行之非訟裁定而言，例如強制執行法第4條第1項第5款、票據法第123條、平均地權條例第78條第2項、仲裁法第35條第2、3項、國民住宅條例第21條、第23條、勞資爭議處理法第37條第1項之裁定等是。故債務人對於假扣押、假處分裁定提起抗告時，法院即不得任依強制執行法第18條第2項規定停止該假扣押或假處分裁定之保全執行。

■最高法院95年台抗字第104號裁定：
有回復原狀之聲請，或提起再審或異議之訴，或對於和解為繼續審判之請求，或提起宣告調解無效之訴、撤銷調解之訴，或對於許可強制執行之裁定提起抗告時，法院因必要情形，或依聲請定相當並確實擔保，得為停止強制執行之裁定，強制執行法第18條第2項定有明文。又抵押人如以許可執行裁定成立前實

體上之事由，主張該裁定不得為執行名義而提起訴訟時，其情形較裁定程序為重，依「舉輕明重」之法理，並兼顧抵押人之利益，則抵押人自得依強制執行法第18條第2項之規定，聲請為停止執行之裁定。次按抵押人本此裁定所供之擔保，係以擔保抵押權人因抵押人聲請停止強制執行不當，可能遭受之損害獲得賠償為目的。是法院定此項擔保，其數額應依標的物停止執行後，抵押權人未能即時受償或利用該標的物所受之損害額，或其因另供擔保強制執行所受之損害額定之，非以標的物之價值或其債全額為依據。

■最高法院96年台抗字第362號裁定：

按有回復原狀之聲請，或提起再審或異議之訴，或對於和解為繼續審判之請求，或提起宣告調解無效之訴、撤銷調解之訴，或對於許可強制執行之裁定提起抗告時，法院因必要情形或依聲請定相當並確實之擔保，得為停止強制執行之裁定，強制執行法第18條第2項定有明文。該規定所謂之法院，係指受理回復原狀之聲請、再審或異議之訴等之受訴法院而言。準此，當事人以聲明異議為由聲請停止執行事件，應由聲明異議事件之受訴法院裁判之，始屬適法。

(七) 聲請調查債務人財產（強制執行法第19條第1項）

案例事實

　　甲對乙取得勝訴判決確定，乙應給付甲新臺幣100萬元，因乙於判決確定後，仍拒不清償，為此甲向法院聲請強制執行，但因甲不知乙有何財產可供執行，聲請強制執行狀未載明應執行之財產，甲欲請求執行法院查明。

撰狀說明

　　在金錢請求權之執行，必須能找到債務人可供換價之財產，始能獲得強制執行結果，否則徒勞無益，法院只能發債權憑證結案，為此強制執行法第19條第2項規定「執行法院得向稅捐及其他有關機關、團體或知悉債務人財產之人調查債務人財產狀況，受調查者不得拒絕。但受調查者為個人時，如有正當理由，不在此限。」債權人可聲請執行法院向有關機關查明債務人有何財產可供執行。此有關機關，實務上多為稅捐機關。

書狀內容

```
狀別：民事聲請狀
案號：103年執字第31號
聲　請　人　甲　　　　在卷
相　對　人　乙　　　　在卷
為清償債務聲請調查債務人財產事。
　　本件因債務人財產不明，為此依強制執行法第19條第2項「執行法院得向
稅捐及其他有關機關、團體或知悉債務人財產之人調查債務人財產狀況，受
調查者不得拒絕。但受調查者為個人時，如有正當理由，不在此限。」，請
　鈞院向財政部臺灣中區國稅局函查相對人財產，以便執行。
　　　　　　　　　　謹狀
臺灣臺中地方法院　公鑒
中　　華　　民　　國　　103　　年　　3　　月　　1　　日
　　　　　　　　具狀人　甲　　印
```

(八) 聲請核發債權憑證（強制執行法第27條第1項）

案例事實

同上例，如查無相對人財產，債權人可請求執行法院核發債權憑證。一方面可因聲請執行而中斷請求權時效，在發債權憑證後重新起算時效，另一方面將來債務人有財產時，可以債權憑證爲執行名義對債務人聲請執行。

撰狀說明

依強制執行法第27條第1項規定「債務人無財產可供強制執行，或雖有財產經強制執行後所得之數額仍不足清償債務時，執行法院應命債權人於一個月內查報債務人財產。債權人到期不爲報告或查報無財產者，應發給憑證，交債權人收執，載明俟發見有財產時，再予強制執行。」及第2項規定「債權人聲請執行，而陳明債務人現無財產可供執行者，執行法院得逕行發給憑證。」是在金錢請求權之強制執行，如因債務人無財產可供執行以換價，債權人可請求法院核發債權憑證。聲請時機，除於執行開始後，因執行結果不足清償而聲請，亦可於開始聲請強制執行時，即於聲請狀內表明目前債務人無財產可供執行，請求核發，以重新起算請求權時效。目前法院在執行結果不足受償，亦會主動就不足清償部分核發債權憑證。但執行名義爲拍賣抵押物裁定者，或假扣押裁定者，如拍賣不足或無財產可供執行，則不發債權憑證。以債權憑證聲請執行，須注意應於再次起算之時效期間內，不可逾期，以免時效完成，債務人可拒絕給付。

書狀內容

狀別：民事聲請狀
案號：103年執字第31號
聲　請　人　甲　　　　　　在卷
相　對　人　乙　　　　　　在卷
爲清償債務聲請核發債權憑證事。
　　　本件因相對人無財產可供執行，請核發債權憑證。
　　　　　　　　　謹狀
臺灣臺中地方法院　公鑒
中　　華　　民　　國　103　年　5　月　1　日
　　　　　　　　具狀人　甲　　印

相關法條及裁判要旨

■辦理強制執行事件應行注意事項14：

(一)有本法第二十七條第一項規定之情形時，執行法院應命債權人於一個月內查報債務人財產，並得就其調查方法，為必要之曉示。債權人到期不為報告，或查報無財產時，執行法院應發給憑證，俟發現財產時再予執行。

(二)執行法院依本法第二十七條規定，發給俟發見財產再予執行之憑證者，其因開始執行而中斷之時效，應由此重行起算。

(三)執行名義為拍賣抵押物或質物之裁定，如拍賣結果不足清償抵押權或質權所擔保之債權者，其不足金額，須另行取得執行名義，始得對債務人其他財產執行，不得依本條發給憑證。

(九) 聲請確定執行費用（強制執行法第29條第1項）

案例事實

甲以拆屋還地之判決對乙強制執行，執行完畢後，甲欲請求乙負擔執行費用。

撰狀說明

依強制執行法第29條第1項規定「債權人因強制執行而支出之費用，得求償於債務人者，得準用民事訴訟法第九十一條之規定，向執行法院聲請確定其數額。」是債權人因強制執行而支出之執行費用，可以向執行法院聲請確定其數額，並可以此裁定為執行名義對債務人強制執行，俾由債務人負擔執行費用。惟因該條第2項規定「前項費用及其他為債權人共同利益而支出之費用，得求償於債務人者，得就強制執行之財產先受清償。」是在金錢請求權之執行，執行法院在分配時，就此執行費用會列入優先分配，可毋庸聲請確定執行費用。但在非金錢請求權之執行，因無分配，執行法院無從分配執行費用給債權人，此時即須先聲請確定執行費用，再以此裁定為執行名義，另外聲請執行債務人之財產。

書狀內容

狀別：民事聲請確定執行費用狀
案號：103年執字第104號
聲　請　人　甲　　　　　在卷
相　對　人　乙　　　　　在卷
為拆屋還地執行事件聲請確定執行費用事。
　　　　聲請事項
　　相對人應負擔執行費用為新臺幣○○○元及自　鈞院裁定送達之翌日起至清償日止，按年利百分之五計算之利息。
　　　　理由
　　兩造間拆屋還地執行事件，業已執行終結，聲請人支付如後附計算書所示之執行費用，為此依強制執行法第29條第1項「債權人因強制執行而支出之費用，得求償於債務人者，得準用民事訴訟法第九十一條之規定，向執行法院聲請確定其數額。」第30條之1「強制執行程序，除本法有規定外，準用民事訴訟法之規定。」準用民事訴訟法第91條第2項「聲請確定訴訟費用額者，

應提出費用計算書、交付他造之計算書繕本或影本及釋明費用額之證書。」
聲請裁定如聲請事項所示。
計算書：
一、執行費○○元（證1）。
二、怪手租金○○元（證2）。
三、工人工資○○元（證3）。
　　　　　　　　　　謹狀
臺灣臺中地方法院　公鑒
證物：
證1：收據正本1件。
證2：收據正本1件。
證3：收據正本1件。
中　　華　　民　　國　　103　　年　　3　　月　　1　　日
　　　　　　　　具狀人　甲　　印

相關法條及裁判要旨

■最高法院55年台上字第2591號判例：
強制執行法第29條第2項所定得就強制執行之財產優先受償者，以債權人因強制執行而支出之費用得求償於債務人者為限。上訴人以破產管理人之身分，因僱工看管破產人建地四筆、房屋二幢所支出之費用，既係屬於破產財團管理所生之費用，依破產法第95條第1項第1款之規定，應為破產程序中之財團費用，而非強制執行費用。上訴人除得依破產程序而行使其權利外，無主張在被上訴人拍賣抵押物執行事件中，優先參加分配之餘地。

■最高法院95年台上字第1007號裁定：
強制執行法第29條第1項前段所稱「前項費用」，係指同條第1項規定之「債權人因強制執行而支出之費用，得求償於債務人者」之費用而言。併案執行之債權人或聲明參與分配之債權人依同法第28條之2第1、2項繳納之執行費，既係其因強制執行而支出之費用且得向債務人求償，自屬同法第29條第2項前段所稱之費用，得就強制執行之財產先受清償，此與同條項後段「其他為債權人共同利益而支出之費用」，以「為債權人共同利益而支出」為要件，並不相同。

(十) 參與分配（強制執行法第32條、第34條）

1.一般債權

案例事實

　　乙對甲取得給付租金100萬元之確定判決，聲請法院強制執行甲之不動產，在查封後，丙亦因甲之侵權行為，對甲取得判令給付20萬元之確定判決，丙為此聲請參與分配。

撰狀說明

　　按債務人之財產為其債務之總擔保，基於債權人平等原則，一債權人強制執行債務人之財產者，其他債權人亦可參與分配，為此強制執行法第32條第1項「他債權人參與分配者，應於標的物拍賣、變賣終結或依法交債權人承受之日一日前，其不經拍賣或變賣者，應於當次分配表作成之日一日前，以書狀聲明之。」第34條第1項「有執行名義之債權人聲明參與分配時，應提出該執行名義之證明文件。」設有規定。甚至於第33條明定「對於已開始實施強制執行之債務人財產，他債權人再聲請強制執行者，已實施執行行為之效力，於為聲請時及於該他債權人，應合併其執行程序，並依前二條之規定辦理。」又目前因參與分配需繳納執行費，故參與分配與聲請執行並無差異。強制執行法就參與分配，除有上開參與分配之時間限制外，另於第34條第1項及第2項「依法對於執行標的物有擔保物權或優先受償權之債權人，不問其債權已否屆清償期，應提出其權利證明文件，聲明參與分配。」分別就一般債權及執行擔保權分別規定，本例係就一般債權說明。

　　在他人參與分配者，執行法院就賣得價金依第38條「參與分配之債權人，除依法優先受償者外，應按其債權額數平均分配。」

書狀內容

```
狀別：民事聲請參與分配狀
案號：103年執字第123號
股別：青股
聲 請 人　丙　　　　　住雲林縣虎尾鎮○○路○○號
即債權人
相 對 人　甲　　　　　住雲林縣虎尾鎮○○路○○號
```

即債務人

為請求損害賠償聲請參與分配事。

　　按他債權人參與分配者，應於標的物拍賣、變賣終結或依法交債權人承受之日一日前，其不經拍賣或變賣者，應於當次分配表作成之日一日前，以書狀聲明之，強制執行法第32條第1項定有明文，本件債務人之財產現由　鈞院執行中，因聲請人亦持有確定之　鈞院102年易字第002號判決，令債務人應給付20萬元及自民國102年1月1日起至清償日止按年利百分之五計算之利息（證1），為此聲請參與分配。

　　　　　　　　　　謹狀

臺灣雲林地方法院　公鑒

證物：

證1：判決及確定證明書正本各1件。

中　　華　　民　　國　　103　　年　　4　　月　　1　　日

　　　　　　　　　　具狀人　甲　　印

2.行使抵押權參與分配（強制執行法第34條第2項）

案例事實

　　甲因積欠乙借款100萬元未還，經乙取得確定之支付命令，聲請強制執行甲之坐落臺中市西區○○段○○號土地，丙就該土地有200萬元抵押權，為行使抵押權具狀參與分配。

撰狀說明

　　依強制執行法第34條第2項「依法對於執行標的物有擔保物權或優先受償權之債權人，不問其債權已否屆清償期，應提出其權利證明文件，聲明參與分配。」則丙就上開執行之土地有抵押權，自可提出權利證明文件行使抵押權以參與分配，毋庸另行取得執行名義。如有拍賣抵押物裁定，亦可以聲請強制執行方式以行使抵押權，甚至如抵押權人就抵押權所擔保之債權取得一般債權之執行名義聲請強制執行時，亦可於聲請狀表明有抵押權，一併行使抵押權。

書狀內容

狀別：民事聲請行使抵押權狀
案號：103年執字第213號
股別：青股
聲　請　人　丙　　　　　　　住臺中市西區○○路○○號
即抵押權人
相　對　人　甲　　　　　　　住臺中市西區○○路○○號
即債務人
爲行使抵押權聲明參與分配事。
　　　鈞院執行之臺中市西區○○段○○號土地，聲請人有抵押權200萬元，爲
此行使抵押權，請優先分配。
　　　　　　　　　謹狀
臺灣臺中地方法院　公鑒
證物：他項權利證明書及抵押權設定契約及土地登記謄本各1件。
中　　華　　民　　國　　103　　年　　3　　月　　1　　日
　　　　　　　　具狀人　丙　　印

狀別：民事聲請強制執行狀
聲　請　人　丙　　　　　　　住臺中市西區○○路○○號
即抵押權人
相　對　人　甲　　　　　　　住臺中市西區○○路○○號
即債務人
爲清償債務聲請強制執行事。
　　　　　聲請事項
一、相對人應給付聲請人新臺幣200萬元及自民國102年2月1日起至清償日
　　止，按年利百分之五計算之利息。
二、執行費用由相對人負擔。
　　　　　理由
　　　相對人以坐落臺中市西區○○段○○號土地設定抵押權200萬元向聲請
人借貸200萬元，因相對人屆期未清償，經取得　鈞院102年度訴字第52號判
決，判決確定後（證1），相對人仍未清償，爲此聲請強制執行上開土地。因

上開土地業經　鈞院103年執字第213號執行中,請依強制執行法第33條「對於已開始實施強制執行之債務人財產,他債權人再聲請強制執行者,已實施執行行為之效力,於為聲請時及於該他債權人,應合併其執行程序,並依前二條之規定辦理。」併案執行。

　　　又因聲請人就上開土地有抵押權,為此一併行使抵押權(證2)。

　　　　　　　　謹狀

臺灣臺中地方法院　公鑒

證物:

證1:判決及確定證明書正本各1件。

證2:他項權利證明書、抵押權設定契約書及土地登記謄本正本各1件。

中　華　民　國　　103　　年　　3　　月　　3　　日

　　　　　　具狀人　丙　　印

相關法條及裁判要旨

■辦理強制執行事件應行注意事項18:

(一)對於已開始強制執行之債務人財產,他債權人再聲請強制執行者,應注意併案處理。

(二)依本法第三十三條之規定處理者,以原聲請強制執行及再聲請強制執行之債權,均為金錢債權者為限。

(三)聲請強制執行之債權人撤回其聲請時,原實施之執行處分,對再聲請強制執行之他債權人繼續有效。

■辦理強制執行事件應行注意事項18之1:

(一)執行法院將事件函送行政執行機關併辦時,應敘明如行政執行機關就已查封之財產不再進行執行程序時,應維持已實施之執行程序原狀,並將卷宗送由執行法院繼續執行。

(二)執行法院就已查封之財產不再進行執行程序時,如有行政執行機關函送併辦之事件,應維持已實施之執行程序原狀,並將卷宗送請行政執行機關繼續執行。

■辦理強制執行事件應行注意事項19:

(一)他債權人參與分配者,以有執行名義或依法對於執行標的物有擔保物權或優先受償權之債權人為限。

(二)無執行名義之普通債權人聲明參與分配者,執行法院應即駁回之。

(三)本法第三十四條第二項之債權人聲明參與分配而不繳納執行費者,不得予以駁回,其應納之執行費,就執行標的物拍賣或變賣後所得金額扣繳之。執行法院將未聲明參與分配而已知之債權及金額,依職權列入分配者,其應納之執行費,亦同。又依本項規定參與分配之債權人,如已取得拍賣抵押物或質物裁定以外之金錢債權執行名義,其未受清償之金額,得依本法第二十七條之規定發給憑證。

(四)有本法第三十四條第一項、第二項之債權人參與分配時,應即通知各債權人及債務人,俾其早日知悉而為必要之主張。

(五)本法第三十四條第二項規定之債權人,其參與分配,不受本法第三十二條第一項規定之限制。

■最高法院96年台上字第2202號判決:

強制執行法第98條第3項規定「存於不動產上之抵押權及其他優先受償權,因拍賣而消滅。但抵押權所擔保之債權未定清償期或其清償期尚未屆至,而拍定人或承受抵押物之債權人聲明願在拍定或承受之抵押物價額範圍內清償債務,經抵押權人同意者,不在此限。」已明揭拍賣之不動產上存在之抵押權及其他法定優先權,不問有無登記,原則上均因拍賣而消滅;僅於買受人(拍定人或承受人)聲明願承受抵押權及其所擔保之未到期或未定期之債務,經抵押權人同意者,對雙方均屬有利,始例外隨同移轉。倘不符上述例外情形,不動產上之抵押權及其他優先受償權,均因拍賣而消滅,以使買受人取得拍賣標的物之完全所有權。至於強制執行法第34條第4項規定「第二項之債權人(即依法對於執行標的物有擔保物權或優先受償權之債權人)不聲明參與分配,其債權金額又非執行法院所知者,該債權對於執行標的物之優先受償權,因拍賣而消滅,其已列入分配而未受清償部分,亦同。」其立法意旨係在規範未經登記之優先受償權,如債權人未自行聲明參與分配,執行法院輒無資料可據查悉,致未能列入分配時,基於塗銷主義之精神,其優先受償權仍不容繼續存在,始明定其對於執行標的物之「優先受償權」因拍賣而消滅,以保護拍定人之利益。此與第98條第3項規定之目的不同,不能因其未參與分配,即謂原有之擔保物權(抵押權)依然存在。

(十一) 分配表聲明異議（強制執行法第39條）

案例事實1

債務人甲之土地，經債權人乙持有200萬元之確定判決聲請強制執行，丙以有抵押權300萬元及丁持有債務人甲簽發之本票而取得之200萬元本票裁定參與分配，執行法院拍定之價金為600萬元，扣除增值稅及執行費用後尚餘570萬元，遂分配丙抵押權300萬元，另270萬元由乙與丁比例分配，各分得135萬元，乙不服，認該本票債權及抵押權擔保之債權均有問題不應分配，為此聲明異議。

撰狀說明

在強制執行時，遇有參與分配者，拍定價金應作成分配表，惟此分配表為執行處分，如有錯誤，應有救濟機制，故強制執行法第39條第1項規定「債權人或債務人對於分配表所載各債權人之債權或分配金額有不同意者，應於分配期日一日前，向執行法院提出書狀，聲明異議。」是不服者，可聲明異議。此聲明異議應以書狀依第39條第2項「前項書狀，應記載異議人所認原分配表之不當及應如何變更之聲明。」記載，異議狀提出後，執行法院依第40條第1項「執行法院對於前條之異議認為正當，而到場之債務人及有利害關係之他債權人不為反對之陳述或同意者，應即更正分配表而為分配。」處理，即如認異議不正當，固不更正分配表，但認異議正當，訊問有利害關係之人有無意見？是否同意更正？如同意即更正分配表，更正後之分配表，依第40條之1第1項「依前條第一項更正之分配表，應送達於未到場之債務人及有利害關係之他債權人。」第2項「前項債務人及債權人於受送達後三日內不為反對之陳述者，視為同意依更正分配表實行分配。其有為反對陳述者，應通知聲明異議人。」處理。如不同意更正，則依第41條第1項「異議未終結者，為異議之債權人或債務人，得向執行法院對為反對陳述之債權人或債務人提起分配表異議之訴。但異議人已依同一事由就有爭執之債權先行提起其他訴訟者，毋庸再行起訴，執行法院應依該確定判決實行分配。」由異議人對有利害關係之反對陳述者提起分配表異議之訴，至於執行法院認為異議不正當未更正分配表者，實務上，執行法院仍將異議狀送達，並訊問他債權人及債務人有無意見，他債權人及債務人不同意更正分配表時，異議人仍應依上開規定對有利害關係人之他債權人或債務人提起分配表異議之訴。凡未起訴者，執行法院則依分配表分配。

書狀內容

狀別：民事聲明異議狀
案號：102年度執二字第51109號
股別：仁股

聲明異議人	乙	住臺北市南京東路○○號
相 對 人	丙	住臺中市西區○○路○○號
	丁	住臺中市大里區○○路○○號

為分配表聲明異議事。

　　頃接　鈞院民國102年執字第50019號執行事件分配表，定於民國103年3月29日上午實行分配，惟聲明異議人認相對人丙及丁之債權不存在，不同意其分配，其分配金額包括執行費均應更正為零元，為此依強制執行法第39條第1項聲明異議。

　　雖相對人丁提出本票裁定為執行名義，聲請強制執行，其債權證明文件為本票，丙為抵押權人，提出他項權利證明書行使抵押權，但此均為非訟事件，無實體確定力，其債權應非實在。尤其丙抵押權之清償日期為民國69年7月18日，距其在本件強制執行事件中行使抵押權之民國102年12月7日，已逾二十年以上，依民法第880條規定「以抵押權擔保之債權，其請求權已因時效而消滅，如抵押權人，於消滅時效完成後，五年間不實行其抵押權者，其抵押權消滅。」抵押權消滅，實無權利，為此聲請異議，請求更正分配表。

　　又丙之抵押權擔保之債權已逾時效時間，聲明異議人就時效完成，代位債務人行使抗辯權，併此敘明。
　　　　　　　　　謹狀
臺灣臺中地方法院民事執行處　公鑒
中　　華　　民　　國　　103　年　　3　月　　18　日
　　　　　　　　具狀人　乙　印

相關法條及裁判要旨

■辦理強制執行事件應行注意事項21之1：
當事人未於分配期日一日前對分配表提出異議，但對分配表，協議變更者，仍得依其協議實行分配。

■辦理強制執行事件應行注意事項22：

(一)依本法第四十條第一項規定更正之分配表應送達於未到場之債務人及有利害關係之他債權人，俾能使其有反對之陳述機會。

(二)更正分配表而為分配時，應記載於分配筆錄。

(三)無異議部分不影響債務人或其他債權人之債權者，應就該部分先為分配。

■最高法院94年台抗字第370號裁定：

因強制執行所得之金額，如有多數債權人參與分配，執行法院應作成分配表，為強制執行法第31條所明定。準此，執行法院必於強制執行而有所得，且有多數債權人「參與分配」時，始應作成分配表為分配。如無多數之債權人參與分配，縱執行法院誤作成「分配表」，亦非此之所謂「分配」，本不適用分配之程序。於債權人對該「分配表」所載之債權或分配金額不同意，向執行法院聲明異議時，執行法院仍應依強制執行法第12條所定之程序處理，要無依同法第39條至第41條所定就分配表異議程序處理之餘地。

案例事實2

債權人乙以本票裁定對債務人甲強制執行，法院拍賣甲之土地，因有他債權人參與分配，執行法院製作分配表送達當事人，因甲否認乙債權存在，甲在收到分配表後聲明異議。

撰狀說明

一般言之，債務人對債權人以本票裁定強制執行，如否認本票債權存在，在執行中，固可依強制執行法第14條第2項提起債務人異議之訴，若未提起，亦可於分配時，主張債權人之債權不存在而聲明異議，並提起分配表異議之訴以為救濟。

書狀內容

狀別：民事聲明異議狀

案號：102年度執字第15886號

股別：冬股

異 議 人　　甲　　　　　　住彰化縣和美鎮○○路○○號

即債務人

相 對 人　　乙　　　　　　住彰化縣和美鎮○○路○○號

即債權人

爲就分配表聲明異議事。

　　按債權人或債務人對於分配表所載各債權人之債權或分配金額有不同意者，應於分配期日一日前，向執行法院提出書狀，聲明異議，強制執行法第39條第1項定有明文。

　　鈞院民國102年10月28日製作之分配表，定於同年11月20日分配，該表所列債權人乙次序六、七之票款債權應非實在，其所提之本票裁定所示之本票，係伊自己填寫，異議人實未欠其票款，即該債權不存在，爲此聲明異議。

　　該分配表據此不實之債權列入分配，應有不當，應更正爲零元。
　　　　　　　　謹狀
臺灣雲林地方法院民事執行處　公鑒
中　　華　　民　　國　　102　　年　　11　　月　　10　　日
　　　　　　　　具狀人　甲　印

(十二) 分配表異議之訴 (強制執行法第41條第1項)

案例事實

　　同前1之案例，乙聲明異議後，丙、丁不同意更正，乙遂對丙、丁提起分配表異議之訴。

撰狀說明

　　如前所述，分配表未更正，異議人應依第41條第1項「異議未終結者，爲異議之債權人或債務人，得向執行法院對爲反對陳述之債權人或債務人提起分配表異議之訴。但異議人已依同一事由就有爭執之債權先行提起其他訴訟者，毋庸再行起訴，執行法院應依該確定判決實行分配。」提起分配表異議之訴。又依同條第2項「債務人對於有執行名義而參與分配之債權人爲異議者，僅得以第十四條規定之事由，提起分配表異議之訴。」第3項「聲明異議人未於分配期日起十日內向執行法院爲前二項起訴之證明者，視爲撤回其異議之聲明；經證明者，該債權應受分配之金額，應行提存。」第4項「前項期間，於第四十條之一有反對陳述之情形，自聲明異議人受通知之日起算。」是提起此訴應注意辦理，即應於分配期日十日內向執行法院提出起訴之證明，如有第40條之1情形，該十日自執行法院通知聲明異議人起算。

書狀內容

状別：民事起訴狀
訴訟標的金額：435萬元
原　告　乙　　　　　　　　住臺北市南京東路○○號
被　告　丙　　　　　　　　住臺中市西區○○路○○號
　　　　丁　　　　　　　　住臺中市大里區○○路○○號
爲分配表異議事件，依法起訴事。
　　　　　訴之聲明
一、鈞院102年度執字第50019號強制執行事件之分配表，被告丙、丁之債權應予剔除，受分配金額應更正爲零元，重新分配。
二、訴訟費用由被告負擔。
　　　　　事實及理由
　　鈞院就債務人甲之102年度執字第50019號強制執行事件業已作成分配表在案（原證1），原告爲其債權人，對於該分配表所載債權人即被告丙、丁之

債權及執行費不同意，已依強制執行法第39條第1項規定「債權人或債務人對於分配表所載各債權人之債權或分配金額有不同意者，應於分配期日一日前，向執行法院提出書狀，聲明異議。」聲明異議（原證2），嗣經 鈞院民事執行處通知，提出已就所異議之事項提起訴訟之證明（原證3），為此依同法第41條第1項前段「異議未終結者，為異議之債權人或債務人，得向執行法院對為反對陳述之債權人或債務人提起分配表異議之訴。」提起本訴，合先敘明。

本件強制執行事件係執行如附表所示之土地，在執行程序中，被告丙以有300萬元之抵押權，於民國102年12月7日具狀行使抵押權（原證4）。被告丁以執有債務人甲簽發之合計200萬元本票二紙，以 鈞院102年度票字第11238號、第12288號本票裁定聲請執行（原證5），執行法院分別於分配表1、2列入分配。分配結果，連同執行費，被告丙分得300萬元，被告丁分得135萬元，二人合計為435萬元，致原告分配不足。

上開抵押權部分，不僅債權並非真正，原告否認，被告丙應舉證證明，且被告丙之抵押債權清償日期為民國69年7月18日，距其行使本件抵押權之民國102年12月7日，已逾二十年以上，依民法第880條規定：「以抵押權擔保之債權，其請求權已因時效而消滅，如抵押權人，於消滅時效完成後，五年間不實行其抵押權者，其抵押權消滅。」其抵押權消滅，實無權利，自不應列入分配。

至於被告丁所持上開本票裁定，無與確定判決同一之效力，依強制執行法第41條第2項「債務人對於有執行名義而參與分配之債權人為異議者，僅得以第十四條規定之事由，提起分配表異議之訴。」第14條第2項「執行名義無確定判決同一之效力者，於執行名義成立前，如有債權不成立或消滅或妨礙債權人請求之事由發生，債務人亦得於強制執行程序終結前提起異議之訴。」原告否認其債權存在，被告丁亦應舉證證明。

為明事實，請調 鈞院102年度執字第50019號強制執行卷及102年票字第11238號、第12288號本票裁定卷。

本件訴訟應以被告分配金額核計裁判費，併此敘明。

謹狀

臺灣臺中地方法院 公鑒

證物：

原證1：鈞院102年度執字第50019號分配表影本1件。

原證2：聲明異議狀影本2件。

原證3：鈞院民事執行處通知影本1件。

原證4：（被告丙）聲明行使抵押權狀影本1件。

原證5：（被告丁）強制執行聲請狀影本1件。

中　華　民　國　103　年　3　月　1　日

具狀人　乙　印

相關法條及裁判要旨

■辦理強制執行事件應行注意事項22：

(一)依本法第四十條第一項規定更正之分配表應送達於未到場之債務人及有利害關係之他債權人，俾能使其有反對之陳述機會。

(二)更正分配表而為分配時，應記載於分配筆錄。

(三)無異議部分不影響債務人或其他債權人之債權者，應就該部分先為分配。

■最高法院96年台抗字第911號裁定：

按強制執行法第41條第1項後段所謂「就有爭執之債權先行提起其他訴訟」，係指為異議之債權人或債務人就為反對陳述之債權人之債權，在收受分配表之前，已對該債權人提起確認債權存否之訴而言。此種訴訟，原無排除強制執行之效力，惟同一異議人依同一事由先行起訴，又再行提起分配表異議之訴，足以影響執行程序之迅速進行，並增加訟累，故特設例外規定，認聲明異議人於分配期日起十日內，就此項訴訟，向執行法院為起訴之證明者，亦生停止異議部分之分配及執行法院應依該訴訟之確定判決實行分配之效力，毋庸再行提起分配表異議之訴。

■最高法院93年台上字第2633號判決：

按分配表異議之訴，其訴訟標的之法律關係係原告對分配表之異議權，而債務人之財產為債權人之總擔保，強制執行分配案款，本質上仍屬債務人對債權人為清償行為，僅由法院介入公權力為之而已。如有不應清償而清償，致債務人之財產減少，他債權人少受分配之情形，亦係該不應受清償之債權人受有利益，致債務人受有損害，並間接影響他債權人之權利。故強制執行法第39條第2項規定，所謂（聲明異議）書狀，應記載異議人所認原分配表之不當及應如何變更之聲明，係指應記載異議人所認原分配表之有何不當及應如何變更分配

表，非謂因其異議所剔除之部分，均應歸其所有。是異議之結果，如有應剔除之分配金額，仍歸全體債權人所共享，依各債權之優先順序重新作成分配表。

■最高法院93年台再字第8號判決：

按分配表異議之訴，乃分配表有異議之債權人或債務人，對為反對陳述之債權人或債務人提起之訴訟，此觀強制執行法第41條第1項規定自明。同法第39條、第40條第1項、第40條之1並分別規定，債權人、債務人對分配表有異議之權，及對債權人或債務人之異議有為反對陳述之權。故債權人或債務人對分配表聲明異議後，如未予他債權人、債務人表示意見之機會，或他債權人、債務人對於債權人或債務人之異議未為反對之陳述者，均無從提起分配表異議之訴。且強制執行程序中，債權人或債務人對於分配表聲明異議，其他債權人或債務人於分配期日未到場，執行法院未依聲明異議更正分配表，而將聲明異議狀對之為送達，其他債權人或債務人就聲明異議為反對陳述者，聲明異議人對反對陳述之其他債權人或債務人提起分配表異議之訴，亦應類推適用強制執行法第41條第4項規定，自受執行法院通知有反對陳述之日起算分配表異議之訴之十日期間，而非自分配期日起算。

■最高法院96年台上字第1801號判決：

債權人或債務人對於分配表所載各債權人之債權或分配金額有不同意者，應於分配期日一日前，向執行法院提出書狀，聲明異議；前項書狀，應記載異議人所認原分配表之不當及應如何變更之聲明，強制執行法第39條第1項、第2項定有明文。債權人或債務人對於分配表聲明異議，必須合於上開規定，且因異議未能終結，聲明異議人始得依同法第41條第1項規定，提起分配表異議之訴。蓋關於分配表所載各債權人之債權或分配金額之爭執，執行法院不得為實體審認，故就分配表有異議之債權人或債務人，對為反對陳述之債權人或債務人得提起分配表異議之訴，以資解決爭端，從而同法第39條第1項、第40條第1項、第40條之1分別規定，債權人、債務人對分配表有異議之權，及對債權人或債務人之異議有為反對陳述之權。故債權人或債務人對分配表聲明異議如不合法，其異議即不存在，他債權人、債務人自無從表示意見，或對於債權人或債務人之異議為反對之陳述，自無從依上開規定提起分配表異議之訴。

■最高法院96年台抗字第911號裁定：

按強制執行法第41條第1項後段所謂「就有爭執之債權先行提起其他訴訟」，係指為異議之債權人或債務人就為反對陳述之債權人之債權，在收受分配表之前，已對該債權人提起確認債權存否之訴而言。此種訴訟，原無排除強制執行

之效力，惟同一異議人依同一事由先行起訴，又再行提起分配表異議之訴，足以影響執行程序之迅速進行，並增加訟累，故特設例外規定，認聲明異議人於分配期日起十日內，就此項訴訟，向執行法院為起訴之證明者，亦生停止異議部分之分配及執行法院應依該訴訟之確定判決實行分配之效力，毋庸再行提起分配表異議之訴。

(十三) 陳報起訴

案例事實

在上開案例中，乙提起分配表異議之訴，應具狀向執行法院陳明已起訴。

撰狀說明

依強制執行法第41條第3項規定「聲明異議人未於分配期日起十日內向執行法院為前二項起訴之證明者，視為撤回其異議之聲明；經證明者，該債權應受分配之金額，應行提存。」則雖已提起分配表異議之訴，但仍須在十日內向執行法院陳明已起訴，並提出起訴之證明，否則，視為撤回聲明異議，執行法院即按原定分配表實施分配。故此陳報起訴證明甚為重要，必須於法定之十日期間內為之。

書狀內容

狀別：民事陳報狀
聲明異議人　　乙　　　　住臺北市南京東路○○號
相　對　人　　丙　　　　住臺中市豐原區○○路○○號
　　　　　　　丁　　　　住臺中市大里區○○路○○號
為聲明異議陳報起訴事。
　　聲明異議人就　鈞院分配表所列丙、丁之分配已聲明異議在卷，茲已提起分配表異議之訴，特此提出起訴狀以為證明。
　　　　　　　　　謹狀
臺灣臺中地方法院　公鑒
證據：起訴狀影本1件。
中　　華　　民　　國　　103　　年　　3　　月　　1　　日
　　　　　　　　具狀人　乙　　印

(十四) 拍賣無實益之聲請繼續拍賣（強制執行法第50條之1第3項）

案例事實

甲因積欠乙借款100萬元，經乙取得確定之支付命令，乙聲請強制執行甲已使用十五年之汽車，該汽車經鑑價已無殘值，執行法院認無拍賣實益，詢問債權人，但債權人仍欲拍賣。

撰狀說明

依強制執行法第50條之1第1項「應查封動產之賣得價金，清償強制執行費用後，無賸餘之可能者，執行法院不得查封。」及第2項「查封物賣得價金，於清償優先債權及強制執行費用後，無賸餘之可能者，執行法院應撤銷查封，將查封物返還債務人。」是查封之動產，價值甚低，不足以清償執行費用者，法院可以拍賣無實益為由不拍賣而撤銷查封，但是否果無實益，仍須詢問債權人，俾其表示意見，強制執行法第50條之1第3項「前二項情形，應先詢問債權人之意見，如債權人聲明於查封物賣得價金不超過優先債權及強制執行費用時，願負擔其費用者，不適用之。」就此規定債權人如認有拍賣實益，仍可以一定條件聲請拍賣。至此條件之負擔費用係指拍賣之費用，例如登報費，非指聲請強制執行之執行費用。

書狀內容

狀別：民事聲請狀
案號：103年執字第22號
股別：明股
聲　請　人　乙　　　　　　在卷
相　對　人　甲　　　　　　在卷
為聲請拍賣事。

頃接　鈞院通知，以本件查封之汽車賣得價金不足清償執行費用，將撤銷查封，令聲請人表示意見。

按上開汽車雖已使用十五年，但保養得當，仍可使用，應有價值，詢問中古車商，仍有人願意購買，為此依強制執行法第50條之1第3項「前二項情形，應先詢問債權人之意見，如債權人聲明於查封物賣得價金不超過優先債權及強制執行費用時，願負擔其費用者，不適用之。」請准予拍賣，如拍賣

價金不超過該次拍賣之執行費用，聲請人願負擔該次執行費用。
　　　　　　　謹狀
臺灣臺中地方法院　公鑒
中　　華　　民　　國　　103　　年　　5　　月　　1　　日
　　　　　　　　具狀人　乙　　印

相關法條及裁判要旨

■辦理強制執行事件應行注意事項27之1：

(一)依本法第五十條之一第三項拍賣之動產，其出價未超過優先債權及強制執行
　　費用之總額者，應不予拍定；依本法第八十條之一第一項規定拍賣不動產
　　者，其拍賣最低價額，不得低於債權人依本法第八十條之一第一項規定指定
　　之拍賣最低價額。

(二)因無益拍賣所生費用，應由聲請拍賣之債權人負擔。聲請之債權人有二人以
　　上者，依債權額比例分擔。

(十五) 撤銷查封（強制執行法第58條第1項）

案例事實

　　在前例中，如法院將拍賣甲之汽車，甲為避免被拍賣，欲提出現款清償，以撤銷乙之執行。

撰狀說明

　　依強制執行法第58條第1項「查封後，債務人得於拍定前提出現款，聲請撤銷查封。」在拍定前，債務人得提出現款，以撤銷執行，此提出現款即等於清償。撤銷查封，即係撤銷執行。是提出之現款，係指債權人聲請執行，請求給付之債權額，如有請求利息、違約金等均應計算在內。執行費用因係債務人負擔，亦應計算在內，一併繳納。至此繳納，如債務人已知債權額，或計算利息、違約金無誤（按：應計算至繳納日），可逕予繳納，反之，如不知，亦可請求法院定期通知兩造到庭計算，以便當場繳納。

　　如債權人有數人，上開現款應包括數債權人全部之債權及執行費用在內，是若債務人有意清償，一定要儘速，以免日益增加之參與分配債權人，即須多所繳納，始可撤銷查封。

書狀內容

狀別：民事聲請狀（已知債權額等，毋庸再計算者）
案號：103年執字第22號
股別：明股
聲　請　人　甲　　　　　　　在卷
即債務人
相　對　人　乙　　　　　　　在卷
即債權人
為聲請撤銷查封事。

　　按查封後，債務人得於拍定前提出現款，聲請撤銷查封，強制執行法第58條第1項定有明文。茲就相對人之債權已計算，連同利息共○元，另外債務人提出現款，請依上開規定撤銷查封。
　　　　　　　謹狀
臺灣臺中地方法院　公鑒
中　華　民　國　103　年　5　月　2　日
　　　　　具狀人　甲　　印

狀別：民事聲請狀（不知應繳納金額者）

案號：103年執字第22號

股別：明股

聲　請　人　甲　　　　　　　　　在卷
即債務人

相　對　人　乙　　　　　　　　　在卷
即債權人

為聲請撤銷查封事。

　　按查封後，債務人得於拍定前提出現款，聲請撤銷查封，強制執行法第58條第1項定有明文。茲債務人願提出現款，以依上開規定撤銷查封，請定期通知兩造到庭計算利息、違約金，以便當場繳納。

　　　　　　　　　　　謹狀

臺灣臺中地方法院　公鑒

中　華　民　國　103　年　5　月　2　日

　　　　　　　　　具狀人　甲　　印

相關法條及裁判要旨

■辦理強制執行事件應行注意事項32(一)：

債務人提出現款聲請撤銷查封，於拍定前均得為之，若債務人於已經拍定之後提出現款請求撤銷查封者，亦得勸告拍定人，經其同意後予以准許，並記明筆錄。

(十六) 撤回強制執行

案例事實

在前例中，甲乙和解，乙欲撤回強制執行。

撰狀說明

在強制執行中，債權人在強制執行程序終結前，隨時均可撤回執行，至於撤回理由不論，但大多係因雙方和解。雖然強制執行法第58條第2項「拍定後，在拍賣物所有權移轉前，債權人撤回強制執行之聲請者，應得拍定人之同意。」似有限制，在拍定後須得拍定人同意始可撤回，但此實有誤會。蓋拍定後在執行程序未終結前，基於當事人進行主義，應允許債權人撤回，僅不能影響拍定人之權益，不可撤銷拍定，其仍可取得拍賣物所有權，但債權人撤回後，不能受分配或受清償而已。至若拍定人同意撤回者，執行法院可撤銷拍定，拍定人即不可取得拍賣物所有權。

又如已有其他人參與分配，一人之撤回，不影響其他債權人，仍不撤銷查封，而繼續拍賣，僅撤回者不可受清償或分配。

書狀內容

```
狀別：民事聲請狀
案號：103年執字第22號
股別：明股
聲　請　人　　乙　　　　　　　　在卷
即債權人
相　對　人　　甲　　　　　　　　在卷
即債務人
為聲請撤回強制執行事。
　　茲因兩造已和解，為此聲請撤回強制執行。
　　　　　　　　　謹狀
臺灣臺中地方法院　公鑒
中　　華　　民　　國　　103　　年　　10　　月　　1　　日
　　　　　　　具狀人　乙　　印
```

相關法條及裁判要旨

■辦理強制執行事件應行注意事項32：

(一)債務人提出現款聲請撤銷查封，於拍定前均得為之，若債務人於已經拍定之後提出現款請求撤銷查封者，亦得勸告拍定人，經其同意後予以准許，並記明筆錄。

(二)拍賣物所有權移轉於拍定人後，債權人不得再撤回其強制執行之聲請。

(十七) 聲請保管查封物（強制執行法第59條）

案例事實

　　在前例中，執行法院將查封之汽車交債務人甲保管，事後乙查知甲未妥善使用汽車，欲聲請法院自己保管。

撰狀說明

　　查封之動產如何保管，似非重要，但遇有如汽車、貴重物品，則交何人保管，即爲重要，蓋汽車如保管不當，將減損價值，甚至有時在拍賣期日，未駛至拍賣場所，以致無法拍賣。又金飾等物在保管中，是否會有調包，亦有爭執，故在此等情形，交何人保管甚爲重要。依強制執行法第59條第1項「查封之動產，應移置於該管法院所指定之貯藏所或委託妥適之保管人保管之。認爲適當時，亦得以債權人爲保管人。」第2項「查封物除貴重物品及有價證券外，經債權人同意或認爲適當時，得使債務人保管之。」是除貴重物品及有價證券外，原則上可交債務人保管。故一般之保管人或爲債務人或爲債權人，亦可爲第三人，目前實務上，多交由債務人保管，在交由債務人保管後，債權人如認不適當，亦可聲請法院改變保管人。

書狀內容

狀別：民事聲請狀
案號：103年執字第22號
股別：明股
聲　請　人　　乙　　　　　　　在卷
即債權人
相　對　人　　甲　　　　　　　在卷
即債務人
爲聲請變更保管人事。

　　本件查封之汽車固交債務人保管，但依強制執行法第59條第5項「查封物以債務人爲保管人時，得許其於無損查封物之價值範圍內，使用之。」必須在無損價值內使用，茲因債務人在查封後，每日均駕駛該車達十個小時以上，又不按時保養，有損價值，爲此聲請變更保管人，請將該汽車交第三人○○停車場保管。

　　　　謹狀

臺灣臺中地方法院　公鑒
中　　華　　民　　國　　103　　年　　9　　月　　28　　日
　　　　　　　　　　具狀人　乙　　印

相關法條及裁判要旨

■辦理強制執行事件應行注意事項33：

(一)查封債務人之動產，除貴重物品及有價證券宜由該管法院自行保管外，其他動產，執行法院認為適當時，固得交由債權人保管，但其後如認為不適當者，亦得另行委託第三人保管。

(二)查封標的物之保管人，因故意或過失致該標的物有滅失或毀損者，非有命該保管人賠償損害之執行名義，不得對之為強制執行。

■最高法院23年抗字第3142號判例：

因執行假扣押所查封債務人之動產，不便或不值在貯藏所保管者，執行書記官認為適當時，固得交由債權人保管。但交由債權人保管後如又認為不適當，自得另行委託第三人保管。

(十八) 聲請拍賣天然孳息（強制執行法第59條之2）

案例事實

甲在梨山種植雪梨，因欠乙債務未償，經乙對甲取得勝訴確定判決，請求法院查封種植之雪梨，因查封時，雪梨尚未採收，仍在樹上，故法院未立刻定期拍賣，待採收期屆至，乙聲請法院拍賣。

撰狀說明

依強制執行法第53條第1項第5款，未與土地分離之天然孳息不能於一個月內收穫者，不得查封，是如可於一個月內收穫者，雖掛在樹上或種在土中，仍可視爲動產而強制執行。僅依第59條之2第1項「查封未與土地分離之天然孳息者，於收穫期屆至後，始得拍賣。」應於收穫期屆至，始可拍賣。又依同條第2項「前項拍賣，得於採收後爲之，其於分離前拍賣者，應由買受人自行負擔費用採收之。」採收前後均可拍賣，是在查封後，已屆收穫期，如法院未定期拍賣，即可聲請定期拍賣。

書狀內容

```
狀別：民事聲請狀
案號：102年執字第42號
股別：目股
債  權  人    乙                在卷
債  務  人    甲                在卷
爲聲請定期拍賣事。
    本件查封之雪梨，其收穫期爲12月1日至12月30日，即將屆至，爲此依強
制執行法第59條之2第1項「查封未與土地分離之天然孳息者，於收穫期屆至
後，始得拍賣。」聲請定期拍賣。
                謹狀
臺灣臺中地方法院  公鑒
中    華    民    國    102    年    11    月    25    日
                具狀人  乙    印
```

(十九) 聲請變賣 (強制執行法第60條)

案例事實

　　甲有一魚池,養殖虱目魚,因積欠乙借款未還,乙取得本票裁定後聲請強制執行池內虱目魚,因虱目魚易於腐壞,且保管困難,無法以拍賣換價,甲欲聲請變賣。

撰狀說明

　　動產查封後,原則上以拍賣換價,因拍賣是在公開場所由多數人喊價,較可賣得高價,但因拍賣程序較複雜,依強制執行法第64條第1項「拍賣動產,應由執行法院先期公告。」及第66條「拍賣,應於公告五日後行之。但因物之性質須迅速拍賣者,不在此限。」應先公告,公告後五日始可拍賣,則遇有易腐壞物品以拍賣換價,公告後五日,動產已腐壞無價值,無人應買。為此動產尚設有變賣之換價方法,即將查封之動產以一定價格出售特定人。雖其迅速,但為顧及當事人利益,故強制執行法第60條第1項規定「查封物應公開拍賣之。但有左列情形之一者,執行法院得不經拍賣程序,將查封物變賣之:一、債權人及債務人聲請或對於查封物之價格為協議者。二、有易於腐壞之性質者。三、有減少價值之虞者。四、為金銀物品或有市價之物品者。五、保管困難或需費過鉅者。」設有限制。易言之,需符合該條及辦理強制執行事件應行注意事項第34點,始可變賣。

　　又此聲請變賣,可於一開始聲請強制執行狀內一併表明。

書狀內容

```
狀別:民事聲請狀
案號:103年執字第101號
股別:天股
債 權 人　　乙　　　　　　　　在卷
債 務 人　　甲　　　　　　　　在卷
為聲請變賣事。
　　本件聲請查封債務人魚池內之虱目魚,一方面有易於腐壞情形,另一方面保管困難,請准於查封時一併變賣,即通知漁市場派人到債務人之魚池,於撈魚查封時,即變賣給漁市場,以為德便。
　　　　　謹狀
```

```
臺灣臺南地方法院　公鑒
中　　華　　民　　國　　103　　年　　5　　月　　1　　日
　　　　　　　　　具狀人　乙　　印
```

相關法條及裁判要旨

■辦理強制執行事件應行注意事項34：

(一)查封物易腐壞或為有市價之物品，執行法官應注意依職權變賣之。對於易腐壞之物如無人應買時，得作價交債權人收受，債權人不收受時，應由執行法院撤銷查封，將該物返還債務人。

(二)查封之動產，如為依法令管制交易之物品，應依職權洽請政府指定之機構，按照規定價格收購之。

(三)得於有價證券集中交易市場交易之有價證券，宜委託證券經紀商變賣之。

(四)本法第六十條第一項第一款之協議，係指經全體債權人（包括參與分配之債權人）及債務人之協議而言；同項第四款之變賣，僅適用於金銀物品及有市價之物品，變賣價格亦不得低於市價。

(二十) 聲請對原拍定人強制執行（強制執行法第68條之2）

案例事實

甲因積欠乙借款未還，經乙取得勝訴判決確定後，乙聲請強制執行甲之汽車，拍賣後由丙以100萬元拍定，但丙拍定後反悔，拒不繳納價金，法院依強制執行法第68條之2第1項再拍賣，由丁以60萬元拍定，其間差額40萬元，應由丙負責，乙欲向丙追討。

撰狀說明

依強執行法第68條之2第1項「拍定人未繳足價金者，執行法院應再拍賣。再拍賣時原拍定人不得應買。」第2項「如再拍賣之價金低於原拍賣價金及因再拍賣所生之費用者，原拍定人應負擔其差額。」第3項「前項差額，執行法院應依職權以裁定確定之。」是拍定人未遵期繳納拍定價金，法院應再拍賣，茲丙未繳款，執行法院再拍賣，由丁拍定，其間40萬元差額應由丙負責，執行法院應對丙以裁定確定，並對丙強制執行，如執行法院未強制執行，債權人可聲請法院對丙強制執行。

書狀內容

```
狀別：民事聲請狀
案號：103年執字第32號
股別：地股
聲　請　人　乙　　　　　　在卷
相　對　人　丙　　　　　　在卷
為聲請對拍定人強制執行事。
　　本件執行之汽車，丙以100萬元拍定後未繳納，經　鈞院再拍賣，由丁以
60萬元拍定，其間差額40萬元及再拍賣之登報費用1萬元，依強制執行法第68
條之2第1項應由丙負擔，　鈞院已裁定此41萬元應由丙負擔差額，為此聲請
對丙強制執行。
　　　　　　　　　謹狀
臺灣臺南地方法院　公鑒
中　　華　　民　　國　　103　　年　　10　　月　　2　　日
　　　　　　　　具狀人　乙　　印
```

(二十一) 聲請再行拍賣（強制執行法第71條）

案例事實

在前例中，如第一次拍賣汽車無人應買，債權人聲請再行拍賣。

撰狀說明

動產之拍賣程序，原則上賣一次，例外賣兩次，即第一拍賣，如有人出價，但出價不足未拍定，依強制執行法第70條第4項「應買人所出之最高價，如低於底價，或雖未定底價而債權人或債務人對於應買人所出之最高價，認為不足而為反對之表示時，執行拍賣人應不為拍定，由執行法院定期再行拍賣。但債權人願依所定底價承受者，執行法院應交債權人承受。」及第71條「拍賣物無人應買時，執行法院應作價交債權人承受，債權人不願承受或依法不能承受者，應由執行法院撤銷查封，將拍賣物返還債務人。但拍賣物顯有賣得相當價金之可能者，準用前條第五項之規定。」是動產如第一次拍賣無人應買，不再進行第二次，必須第一拍賣，有人應買，但出價不足始為第二次拍賣。但在第一次拍賣無人應買時，若顯有賣得相當價金之可能者，可例外為第二次拍賣。茲汽車第一次拍賣，無人出價，本不進行第二次拍賣，但債權人可向法院以顯有賣得相當價金之可能聲請再行拍賣。

書狀內容

```
狀別：民事聲請狀
案號：103年執字第32號
股別：地股
聲　請　人　乙　　　　　在卷
相　對　人　甲　　　　　在卷
為聲請再行拍賣事。
　　本件拍賣之汽車，雖第一次拍賣無人應買，但該汽車狀況良好，顯有賣
得相當價金之可能，為此聲請再行拍賣。
　　　　　　　　謹狀
臺灣臺南地方法院　公鑒
中　華　民　國　103　年　5　月　2　日
　　　　　　具狀人　乙　　印
```

相關法條及裁判要旨

■辦理強制執行事件應行注意事項38：

(一)拍賣物價格不易確定或其價值較高者，執行法院宜依職權調查其價格，並預定其底價。

(二)依本法第七十條第一項規定，認為應酌定保證金額者，以拍賣物價值較高，並已預定拍賣物之底價者為限。其酌定之保證金額，應命應買人於應買前，向執行法院繳納，並應於拍賣公告內載明。未照納者，其應買無效。此種拍賣，執行法院認為必要時，得命應買人以書面提出願買之價額。

(三)依本法第七十條第三項規定，在最後一次高呼與拍定之間，應間隔相當之時間，如有同條第四項情形，執行拍賣人應不為拍定。

(四)依本法第七十條第五項及第七十一條規定將拍賣物作價交債權人承受時，其作價不得低於拍賣物底價百分之五十，未定底價者，應以估定價額為準，或參酌債權人及債務人意見，公平衡量而為核定。如債權人不願照價承受時，應撤銷查封，將拍賣物返還債務人。如債務人逃匿或行蹤不明或拒收，致撤銷查封後，無從返還拍賣物者，得參照本法第一百條第二項規定辦理。但如有本法第七十一條但書之情形者，得再行拍賣。

(五)依前款規定作價交由債權人承受者，如拍賣物價金超過債權人應受分配之債權額者，在未補繳差額前，不得將該物交付。

(六)依本法第七十條第五項及第七十一條規定撤銷查封，將拍賣物返還債務人時，應依本法第二十七條第一項規定辦理。

(二十二) 動產與不動產聲請合併拍賣（強制執行法第75條第4項）

案例事實

　　甲工廠股份有限公司因積欠乙貨款未付，經乙取得勝訴確定判決，聲請強制執行甲公司之廠房、土地及廠房內之機器，由於廠商與機器分屬不動產及動產，其拍賣程序不同，因機器與廠房一併拍賣，始能提高拍定價格，乙請求一併拍賣。

撰狀說明

　　強制執行法就動產與不動產分別規定執行程序，自有不同，是執行債務人之動產與不動產，本應分別進行執行程序，但動產與不動產如有合併拍賣較為妥當者，分開拍賣，即不利於拍定。即以本例而言，如分別拍賣，造成買到機器的人未買到廠房，買到廠房的人未買到機器，無法達成使用合一，將影響拍定價格，為此強制執行法第75條第4項規定「應拍賣之財產有動產及不動產者，執行法院得合併拍賣之。」第5項規定「前項合併拍賣之動產，適用關於不動產拍賣之規定。」俾動產與不動產合併拍賣，均依不動產拍賣規定進行拍賣。如法院主動合併拍賣，固無問題，如未合併拍賣，債權人或債務人均可聲請。又此合併拍賣，債權人在聲請強制執行時，亦可於聲請狀內請求合併拍賣。

書狀內容

```
狀別：民事聲請狀
案號：103年執字第6號
股別：山股
債 權 人　　乙　　　　　　　　　在卷
債 務 人　　甲工廠股份有限公司　　在卷
法定代理人　　A
為聲請合併拍賣事。
　　本件執行之標的廠商與機器本係合併使用，如分開拍賣，將影響應買人
意願，無法賣得高價，為此依強制執行法第75條第4項「應拍賣之財產有動產
及不動產者，執行法院得合併拍賣之。」請准予合併拍賣。
　　　　　　謹狀
臺灣高雄地方法院　公鑒
中　　華　　民　　國　　103　　年　　4　　月　　6　　日
　　　　　　　　具狀人　乙　　印
```

相關法條及裁判要旨

■辦理強制執行事件應行注意事項40(四)：

依本法第七十五條第四項得合併拍賣之動產及不動產，以具有不可分離之關係或能增加拍賣總價額者為限。

(二十三) 排除第三人占用查封物（強制執行法第133條準用第51條第3項）

案例事實

在上例中，如有第三人於查封後占用工廠，致使拍賣時，無人應買，債權人聲請排除第三人占用。

撰狀說明

強制執行法第51條第3項「實施查封後，第三人未經執行法院允許，占有查封物或爲其他有礙執行效果之行爲者，執行法院得依職權或依聲請排除之。」係關於查封效力之規定，依第113條準用於不動產執行。惟實務上，因動產查封後，交一定人保管，鮮有發生第三人於查封後占用，只有在不動產執行時，常見第三人於查封後占用，而此占用，多係與債務人勾串，以達到無人應買之目的，故此時應可準用第51條第3項，請求排除第三人占用後，再拍賣。又因不動產執行，本有點交與否問題，如本可點交者，縱第三人於查封後占用，執行法院少有在拍賣前排除占用，多逕於拍定後點交時，排除第三人占用。反之不點交者，本係查封時有第三人占用，此時第三人換成第四人占用，因本不點交，亦不會依上開規定排除（按：依法在第三人占用不點交者，第三人如查封後喪失占有，換由第四人占用，此第四人占用係查封後第三人占用，應予點交），只有在可點交，但第三人占用，如不排除無法順利拍賣者，執行法院始有依上開規定排除第三人占有，例如第三人在查封之房屋內放置棺木，如不排除，不可能有人應買。

書狀內容

狀別：民事聲請狀
案號：103年執字第6號
股別：山股
債　權　人　　乙　　　　　　　　　在卷
債　務　人　　甲工廠股份有限公司　　在卷
法定代理人　　　A
爲聲請排除占有事。

按實施查封後，第三人未經執行法院允許，占有查封物或爲其他有礙執行效果之行爲者，執行法院得依職權或依聲請排除之，強制執行法第51條第3

項定有明文,依同法第133條於不動產執行準用之。

　　本件查封之高雄市大寮區大寮段262之2號土地及地上房屋,在拍賣進行中,忽有第三人在屋內放置棺木一具,造成無人敢應買,為此依上開規定請予排除。

　　　　　　　　謹呈

臺灣高雄地方法院　公鑒

中　華　民　國　103　年　4　月　10　日

　　　　　　　具狀人　乙　　印

相關法條及裁判要旨

■辦理強制執行事件應行注意事項28:

實施查封後,第三人未經執行法院允許而占有查封之動產,或第三人為其他有礙執行效果行為者,執行法院於必要時,得依職權排除之,並應先予排除後再行拍賣。

■最高法院91年台抗字第406號裁定:

強制執行程序旨在滿足債權,故對於實現此目的有所妨礙之行為均應予排除,始足以貫徹強制執行之效果,用以保護執行債權人之權益。強制執行法第99條第1項固規定債務人應交出之不動產,現為債務人占有或於查封後為第三人占有者,執行法院應解除其占有,點交於買受人或承受人。惟此僅係就不動產在拍定後應如何排除有礙強制執行效果之行為所為之規定,對於不動產在實施查封後拍定前,第三人未經執行法院允許即行占有查封物或為其他有礙強制執行效果之行為者應否予以排除,強制執行法第二章第三節(對於不動產之執行)則未有規定,為貫徹強制執行之效果,執行債權人自得依強制執行法第113條準用同法第51條第3項規定聲請執行法院予以排除。

(二十四) 對鑑定價格表示意見（強制執行法第80條）

案例事實

在上例中，法院囑託估價公司鑑定廠房及土地價格分別為300萬元及500萬元，法院發函通知債權人及債務人就此價格表示意見，債務人認鑑價過低，具狀表示意見。

撰狀說明

依強制執行法第80條規定「拍賣不動產，執行法院應命鑑定人就該不動產估定價格，經核定後，為拍賣最低價額。」是鑑價後，法院均會通知兩造就此鑑價表示意見，如無意見，即參考此鑑定而核定拍賣底價，故當事人就此鑑定如有意見，應即具狀表示。申言之，不僅債權人，即債務人亦可具狀表示，請求執行法院提高以一定價額為底價，惟均應有相當證據。至若無意見者，則可不具狀。又法理上，當事人主張鑑價過高，請求降低核定底價，固應准許，但實務上，鮮有降低者，因鑑價一般均較低，執行法院如再降低，恐遭非議。

核定底價係法院之職權，故在對鑑價表示意見後，執行法院未予採納而自行核定底價，實務就此底價聲明異議，多被駁回。

書狀內容

狀別：民事陳報狀
案號：103年執字第6號
股別：山股
債　務　人　　甲工廠股份有限公司　　　在卷
法定代理人　　　A
為對鑑價陳報意見事。

本件債務人之工廠，鑑價結果，廠房為300萬元，土地為500萬元，似有過低，不足反映市價。蓋本工廠附近之他人工廠，在半年前出售他人，每坪價格為20萬元，此有契約一件可證，換算結果，廠房應為500萬元，土地為800萬元，請依此核定底價，以免底價過低，影響債務人權益。
　　　　　　　　　謹狀
臺灣高雄地方法院　公鑒
證物：契約影本1件。

| 中 | 華 | 民 | 國 | 103 | 年 | 5 | 月 | 5 | 日 |

　　　　　具狀人　甲工廠股份有限公司

　　　　　法定代理人　　A　　　印

相關法條及裁判要旨

■辦理強制執行事件應行注意事項42：

(一)鑑定人估價時，宜就不動產是否出租、是否被第三人占用等情形分別估價。其估定之不動產價額與市價不相當時，執行法院得參考其他資料，核定拍賣最低價額。

(二)查封房屋之實際構造與登記簿記載不符時，仍應按實際構造情形鑑定拍賣。

(三)土地或建築物設定抵押權後，抵押人於土地上營造建築物或於原建築物再行擴建或增建者，除應認為係抵押物之從物，或因添附而成為抵押物之一部者外，執行法院於必要時得就原設定抵押權部分及其營造、擴建或增建部分分別估定價格，並核定其拍賣最低價額後一併拍賣之。但抵押權人就營造、擴建或增建部分，無優先受償之權。

(四)債務人於不動產設定抵押權後，就同一不動產上設定負擔或予出租者，執行法院應命鑑定人就無負擔或未出租之價額與有負擔或出租之價額，分別估定。

(五)核定拍賣最低價額應儘量與市價相當，且於核定前應使債權人、債務人就鑑定價格表示意見，俾作為核定拍賣最低價額之參考。

(六)不動產價值之鑑定，除有特殊情形外，應囑託不動產估價師或建築師為之。

(七)不動產如確因地區日趨繁榮、商業日趨興盛，或存有其他無形之價值，而鑑定人未將之估定在內者，執行法官核定拍賣最低價額時，得酌量提高。必要時並宜赴現場勘驗，瞭解不動產內部裝潢設備及環境四周，以為核定拍賣最低價額之參考，避免不當提高或壓低拍賣最低價額。

■最高法院88年台抗字第13號裁定：

強制執行法第80條規定，拍賣不動產，執行法院應命鑑定人就該不動產估定價格，經核定後，為拍賣最低價額。執行法院核定之價格應如何認為相當，原屬於執行法院職權裁量之範圍，非當事人所可任意指摘。

(二十五) 拍賣無實益聲請拍賣（強制執行法第80條之1第1項）

案例事實

在上例中，如鑑價結果廠房為300萬元，土地為500萬元，但該房地向臺灣中小企業銀行設定抵押權1,000萬元，則此鑑價既不足清償該抵押債權，執行法院通知乙表示意見，乙認鑑價過低，應仍可拍賣。

撰狀說明

強制執行法第80條之1第1項規定「不動產之拍賣最低價額不足清償優先債權及強制執行之費用者，執行法院應將其事由通知債權人。債權人於受通知後七日內，得證明該不動產賣得價金有賸餘可能或指定超過該項債權及費用總額之拍賣最低價額，並聲明如未拍定願負擔其費用而聲請拍賣。逾期未聲請者，執行法院應撤銷查封，將不動產返還債務人。」為拍賣無實益規定，與前述動產執行之第50條之1相同，是債權人如仍要拍賣，應具狀表示意見。

又如聲請強制執行之債權人即為抵押權人或先順位抵押權人，無上開規定適用，不論鑑價如何均應拍賣。

書狀內容

狀別：民事聲請狀
案號：103年執字第6號
股別：山股
債　權　人　　乙　　　　　　　　　在卷
債　務　人　　甲工廠股份有限公司　　在卷
法定代理人　　A
為聲請拍賣事。

頃接　鈞院通知，本件執行標的之廠房鑑價為300萬元，土地為500萬元，不足清償臺灣中小企業銀行之抵押權1,000萬元，令債權人表示意見。

經查上開鑑價過低，依其附近行情，每坪可達20萬元，換算結果，廠房應為500萬元，土地應為800萬元，否則以銀行作業言，不能設定抵押權1,000萬元，是以上開合計1,300萬元言，賣得價金扣除抵押權顯有剩餘可能，請定期拍賣。縱或不然，亦請以1,300萬元為底價，如未拍定，債權人願負擔此次拍賣費用。

　　　謹狀

臺灣高雄地方法院　公鑒
證物：○○仲介公司銷售記錄影本1件。
中　　華　　民　　國　　103　　年　　7　　月　　1　　日
　　　　　　　　　具狀人　乙　［印］

相關法條及裁判要旨

■強制執行法第80條之1第2項、第3項：

依債權人前項之聲請為拍賣而未拍定，債權人亦不承受時，執行法院應公告願買受該不動產者，得於三個月內依原定拍賣條件為應買之表示，執行法院於訊問債權人及債務人意見後，許其應買；債權人復願承受者亦同。逾期無人應買或承受者，執行法院應撤銷查封，將不動產返還債務人。

不動產由順位在先之抵押權或其他優先受償權人聲請拍賣者，不適用前二項之規定。

■辦理強制執行事件應行注意事項42之1：

本條關於無益執行之禁止，對次順序抵押權人或其他優先債權人均有適用。

■最高法院95年台抗字第448號裁定：

強制執行法第80條之1第3項所稱之聲請拍賣，與依同法第34條第2項聲明參與分配者，其內涵未盡相同，前者乃提出執行名義，積極地請求法院將不動產實施換價，與後者係基於貫徹膣餘主義及塗銷主義之精神，並顧及普通債權人執行權益之情形有間。

(二十六) 陳報刊登報紙（強制執行法第84條第2項）

案例事實

在前例中，如法院定期拍賣，通知債權人將拍賣公告刊登報紙，債權人刊登後應具狀陳報。

撰狀說明

依強制執行法第84條第2項規定「拍賣公告，如當地有公報或新聞紙者，並應登載，但不動產價值過低者，得不予登載。」拍賣公告原則上應刊登報紙，刊登後，債權人應將報紙連同刊登費用之收據一併陳報法院，證明已刊登，該刊登費用為執行費用。

書狀內容

```
狀別：民事聲請狀
案號：103年執字第6號
股別：山股
債　權　人　乙　　　　　　　　在卷
為陳報刊登報紙事。
　　檢呈刊登拍賣公告之報紙一份及收據一件，請　鑑核。刊登費用，請列
入執行費用。
　　　　　　謹狀
臺灣高雄地方法院　公鑒
證物：報紙1份、收據1件。
中　華　民　國　103　年　6　月　10　日
　　　　　　具狀人　乙　　印
```

(二十七) 聲請續行拍賣（強制執行法第95條）

案例事實

在前例中，執行法院爲第三次拍賣，仍無人應買，遂爲特別拍賣之公告，但在三個月期間內仍無人應買，債權人希再進行拍賣。

撰狀說明

依強制執行法第95條第1項「經二次減價拍賣而未拍定之不動產，債權人不願承受或依法不得承受時，執行法院應於第二次減價拍賣期日終結後十日內公告願買受該不動產者，得於公告之日起三個月內依原定拍賣條件爲應買之表示，執行法院得於詢問債權人及債務人意見後，許其買受。債權人復願爲承受者，亦同。」及第2項「前項三個月期限內，無人應買前，債權人亦得聲請停止前項拍賣，而另行估價或減價拍賣，如仍未拍定或由債權人承受，或債權人未於該期限內聲請另行估價或減價拍賣者，視爲撤回該不動產之執行。」是在第三次拍賣（即兩次減價拍賣）仍未拍定，債權人亦不承受時，法院將爲特別拍賣之公告，於公告之日起三個月內如有人願買，可由該人應買，如無人應買，債權人願承受亦可。反之，如三個月期限屆滿，仍無人應買，債權人亦不承受，債權人可聲請另行估價或減價拍賣，否則，視爲撤回對該不動產之執行。又此債權人聲請，並非一定須於三個月屆滿後，屆滿前亦可聲請。

書狀內容

狀別：民事聲請狀
案號：103年執字第6號
股別：山股
債　權　人　　乙　　　　　　　　　在卷
債　務　人　　甲工廠股份有限公司　　在卷
法定代理人　　A
爲聲請續行拍賣事。
　　本件經公告特別拍賣，三個月期間將屆，但仍無人應買，爲此聲請減價繼續拍賣。
　　　　　　　謹狀
臺灣高雄地方法院　公鑒
中　　華　　民　　國　　103　　年　　12　　月　　10　　日
　　　　　　具狀人　乙　　印

相關法條及裁判要旨

■辦理強制執行應行注意事項54：

(一)依本法第九十五條第一項規定，於公告之日起三個月內依原定拍賣條件應買或承受之表示時，如不動產之價格已上漲，且債權人或債務人表示反對，執行法院應不准應買或承受。

(二)本法第九十四條第二項、第三項有關債權人承受差額之補繳及再拍賣之規定，於本條第一項承買準用之。

■最高法院90年台抗字第399號裁定：

強制執行法第95條第1項規定執行法院應於第二次減價拍賣期日終結後十日內公告願買受該不動產者，得於公告之日起三個月內依原定拍賣條件為應買之表示或由債權人承受。所謂原定條件，係指前一次拍賣公告所載之各項條件，舉凡拍賣不動產之範圍、拍賣價格、買受人資格及拍賣後點交與否等，均包括在內。再抗告人指原定條件僅指前次拍賣價格云云，自無可取。

(二十八) 陳報不同意第三人應買

案例事實

在前例中，先有第三人丙具狀願以法院公告之底價1,100萬元應買，法院通知債權人及債務人表示意見後，又有丁、戊，亦具狀以1,100萬元應買，債權人乙認為目前景氣復甦，市價已恢復，既有三人各出價1,100萬元應買，賣方可以更高價出售，欲具狀不同意上開第三人應買，請求法院另行估價再賣。

撰狀說明

在特別拍賣期間內，如有第三人應買，為免損及當事人權利，強制執行法第95條第1項規定，執行法院應詢問債權人及債務人意見後，始可准許買受，是若債權人或債務人有反對意見，執行法院即應斟酌是否可准許買受，如不准，第三人即不可應買。

書狀內容

狀別：民事聲請狀
案號：103年執字第6號
股別：山股
債　權　人　　乙　　　　　　　　在卷
債　務　人　　甲工廠股份有限公司　　在卷
法定代理人　　A
為陳報不同意第三人應買事。

頃接　鈞院通知有第三人丙願以公告之底價1,100萬元應買，惟因目前景氣復甦，本件執行標的市價應為1,500萬元，此由丁、戊亦願應買可明，為此表明不同意丙應買，請再定期拍賣。
　　　　　　　　　謹狀
臺灣高雄地方法院　公鑒
中　　華　　民　　國　　103　年　　12　月　　15　日
　　　　　　　具狀人　乙　　印

(二十九) 聲請核發權利移轉證明書（強制執行法第97條）

案例事實

在上例中，如在第二次拍賣，即由丙拍定，丙已繳納價金，而執行法院遲未發給權利移轉證書。

撰狀說明

依強制執行法第91條第1項規定「拍賣之不動產無人應買或應買人所出之最高價未達拍賣最低價額，而到場之債權人於拍賣期日終結前聲明願承受者，執行法院應依該次拍賣所定之最低價額，將不動產交債權人承受，並發給權利移轉證書。其無人承受或依法不得承受者，由執行法院定期再行拍賣。」第97條規定「拍賣之不動產，買受人繳足價金後，執行法院應發給權利移轉證書及其他書據。」第98條第1項規定「拍賣之不動產，買受人自領得執行法院所發給權利移轉證書之日起，取得該不動產所有權，債權人承受債務人之不動產者亦同。」是不動產拍定或債權人承受，拍定人或承受人須取得權利移轉證書始可取得所有權。茲債權人已繳清價款，執行法院即應核發，如遲未核發，可以具狀聲請核發。

書狀內容

狀別：民事聲請狀
案號：103年執字第6號
股別：山股
拍　定　人　丙　　　　　　　　　　詳卷
為聲請核發權利移轉證書事。

拍定人已繳足價金數日，然迄今仍未收到權利移轉證書，參照辦理強制執行事件應行注意事項第56點「不動產經拍定或交債權人承受並已繳足價金後，應於五日內按拍定人或承受人之名義發給權利移轉證書。優先承買者亦同。」　鈞院應有延誤，為此聲請核發。
　　　　　　　謹狀
臺灣高雄地方法院　公鑒
中　華　民　國　103　年　5　月　10　日
　　　　　　具狀人　丙　　印

相關法條及裁判要旨

■辦理強制執行事件應行注意事項56：

(一)不動產經拍定或交債權人承受並已繳足價金後，應於五日內按拍定人或承受人之名義發給權利移轉證書。優先承買者亦同。

(二)不動產由外國人拍定或承受者，執行法院於權利移轉證書發給後，應即通知該管市縣政府。

(三)民事執行處收到出納室移來之買受人繳納價金收據後，應由收文人員填寫核發權利移轉證書管制追蹤考核表一式三份（如附件五，此表得與價金分配之管制考核併用）。一份送庭長存查，二份送研考科轉陳院長核閱後，一份送交承辦股，一份存研考科。

(四)承辦股書記官應就考核表所列應辦事項之辦畢日期，逐欄填載後退還研考科陳報院長查核。

(五)承辦股逾十五日尚未將考核表退還者，研考科應以查詢單每週一次向承辦股查詢其遲延原因，至案件終結為止，不得疏懈。

(六)承辦股書記官接到研考科查詢單後，應即將已於規定期限內核發權利移轉證書，或未能於規定期限內核發之遲延原因，詳載於查詢單，退還研考科。

(七)強制執行中拍賣之不動產，經第三人訴由法院判決確定認為應屬於該第三人所有時，原發權利移轉證書當然失其效力，執行法院應逕予註銷，並通知該管登記機關登記其事由。

(八)拍定人繳足價金後，債務人提出停止執行之裁定者，拍定人之地位不因之而受影響，執行法院不得停止權利移轉證書之發給。惟拍定人所繳價金，執行法院如未交付債權人，應依停止執行之裁定停止交付。

(九)依本法第九十八條第三項但書規定，保留不動產上之抵押權者，須於該不動產拍定後，繳納價金期限屆滿一日前，由拍定人或承受人及抵押權人共同向執行法院陳明。有此情形時，其抵押權，毋庸塗銷。

■最高法院30年上字第2203號判例：

強制執行中拍賣之不動產為第三人所有者，其拍賣為無效。所有權人於執行終結後，亦得提起回復所有權之訴請求返還，法院判令返還時，原發管業證書當然失其效力，法院自得命其繳銷，業經司法院院字第578號解釋在案。至強制執行法第98條規定拍賣之不動產，買受人自領得執行法院所發給權利移轉證書之日起，取得該不動產所有權，係指拍賣之不動產本得為強制執行之標的物者而言，若不動產屬於第三人所有，而不應為強制執行之標的物者，即應依上開解釋辦理。

(三十) 聲請點交（強制執行法第99條第1項、第2項）

案例事實

在上例中，丙獲得權利移轉證書後，因債務人未交付工廠，爲此聲請點交。

撰狀說明

不動產拍定後，不交付拍定人，拍定人無法使用，而拍定之不動產是否點交，依強制執行法第99條第1項「債務人應交出之不動產，現爲債務人占有或於查封後爲第三人占有者，執行法院應解除其占有，點交於買受人或承受人；如有拒絕交出或其他情事時，得請警察協助。」及第2項「第三人對其在查封前無權占有不爭執或其占有爲前條第二項但書之情形者，前項規定亦適用之。」爲準，一般拍賣是否點交均依此兩項規定決定，並在拍賣公告載明是否點交，是若記載點交或未記載不點交，拍定人於取得權利移轉證書後，均可聲請法院點交。

書狀內容

```
狀別：民事聲請狀
案號：103年執字第6號
股別：山股
拍 定 人　　丙　　　　　　　　　　在卷
債 務 人　　甲工廠股份有限公司　　在卷
法定代理人　　A
爲聲請點交事。
　　本件執行標的之工廠，拍定人已獲　鈞院核發之權利移轉證書，茲因拍
賣公告未載明不點交，爲此聲請　鈞院點交。
　　　　　　　　謹狀
臺灣高雄地方法院　公鑒
中　華　民　國　103　年　7　月　10　日
　　　　　　　具狀人　丙　[印]
```

相關法條及裁判要旨

■辦理強制執行事件應行注意事項57：

(一)拍賣之不動產，除有依法不能點交之情形者外，應於核發權利移轉證書後，依買受人之聲請，迅速點交。

(二)拍賣之不動產可否點交，以查封時之占有狀態為準，苟查封時不動產為債務人占有，執行法院於拍定後即應依法嚴格執行點交，不因事後債務人將不動產移轉予第三人占有而受影響。

(三)應點交之土地，如有未分離之農作物事先未併同估價拍賣者，得勸告買受人與有收穫權人協議為相當之補償，或俟有收穫權人收穫後，再行點交。

(四)不動產所有人設定抵押權後，於同一不動產上設定地上權或其他權利或出租於第三人，因而價值減少，致其抵押權所擔保之債權不能受滿足之清償者，執行法院得依聲請或依職權除去後拍賣之。

(五)拍賣債務人之不動產應有部分者，應將該債務人現實占有部分，點交於買受人或承受人。

(六)依本法第九十九條規定解除債務人或第三人對於不動產占有時，該債務人或第三人存置於不動產之動產，應取出點交與該債務人或第三人者，如無人接受點交或出面接受點交者於點交過程中逕自離開現場，致無法完成點交時，應適用本法第一百條第二項規定處理之。

(七)本法第九十九條及第一百二十四條所定債務人，包括為債務人之受僱人、學徒或與債務人共同生活而同居一家之人，或基於其他類似之關係，受債務人指示而對之有管領之力者在內。

(八)不動產或船舶經點交後，原占有人復占有該不動產或船舶，由買受人或債權人聲請再解除其占有者，其聲請應另分新案。

(九)依本法第九十九條第二項、第一百二十四條之規定，聲請續為執行，以原占有人復行占有者始得依聲請再予點交，並以本法修正施行後，經聲請執行法院點交者為限。

(十)出租人與承租人訂立租賃契約後，將租賃物交付承租人占有前，經執行法院查封者，承租人不得主張係查封前與債務人訂約承租該不動產，阻止點交。

(十一)第三人於查封後始占用拍賣之不動產，拒絕交出者，執行法院除應嚴格執行，解除其占有，將不動產點交於買受人或承受人外，如遇有竊佔執行標的物，恐嚇投標人、得標人、偽造借據、租約或涉有其他罪嫌時，應即移送該管檢察官依法偵辦。債務人受點交後復占有該不動產者，亦同。

(十二)債務人或第三人於查封後提出租賃契約，主張查封之不動產上已有租賃關係者，執行法院宜爲相當之調查，如發現其契約有冒用他人名義僞訂情事時，亦應依前款規定辦理。

(十三)第三人對其在查封前無權占有不動產不爭執，或其對該不動產之租賃權業經執行法院除去，而有第十一款規定之情事者，亦得依該款規定辦理。

(三十一) 聲請再點交 （強制執行法第99條第3項）

案例事實

在上例中，法院已點交給丙，但A不甘心，於點交後又占有工廠，丙為此聲請再點交。

撰狀說明

依強制執行法第99條第3項規定「依前二項規定點交後，原占有人復即占有該不動產者，執行法院得依聲請再解除其占有後點交之。」第4項規定「前項執行程序，應徵執行費。」是在點交後，原占有人立刻再占有，仍可聲請再點交，惟應繳納執行費。

書狀內容

狀別：民事聲請狀
案號：103年執字第6號
股別：山股
拍 定 人　　丙　　　　　　　　　在卷
債 務 人　　甲工廠股份有限公司　　在卷
法定代理人　　A
為聲請再點交事。

　　本件執行標的之工廠，經　鈞院點交拍定人後，債務人隨即再占有，為此依強制執行法第99條第3項「依前二項規定點交後，原占有人復即占有該不動產者，執行法院得依聲請再解除其占有後點交之。」聲請再點交。

　　　　　　　　謹狀
臺灣高雄地方法院　公鑒
中　　華　　民　　國　　103　　年　　8　　月　　10　　日
　　　　　　具狀人　丙　　印

(三十二) 對拍賣公告不點交聲明異議（強制執行法第99條第1項、第2項、第12條第1項）

案例事實

　　債權人乙對債務人甲之土地以有抵押權聲請強制執行，法院定拍賣公告註明為不點交，但乙認為應點交，為此聲明異議。

撰狀說明

　　不動產拍賣，是否點交影響應買人意願，從而不僅對拍賣能否順利拍定，即對拍定價金之高低，均有影響。至於點交與否，依強制執行法第99條第1項「債務人應交出之不動產，現為債務人占有或於查封後為第三人占有者，執行法院應解除其占有，點交於買受人或承受人；如有拒絕交出或其他情事時，得請警察協助。」及第2項「第三人對其在查封前無權占有不爭執或其占有為前條第二項但書之情形者，前項規定亦適用之。」決定，即凡查封時無第三人占有，應點交，反之，如有第三人占有，原則上不點交，必須第三人對其為無權占有不爭執，或其本於租賃、借貸而占有，但此租賃、借貸之關係已經執行法院除去，則例外應點交。

書狀內容

狀別：民事聲明異議狀
案號：101年度執字第8376號
股別：仁股

| 債 權 人 | 乙 | 在卷 |
| 債 務 人 | 甲 | 在卷 |

為拍賣公告不點交聲明異議事。

　　本件　鈞院定民國102年3月28日拍賣，拍賣公告以土地於查封時均由多數第三人占用中，拍定後不點交，債權人認此項不點交之執行方法有誤，特此依強制執行法第12第1項前段「當事人或利害關係人，對於執行法院強制執行之命令，或對於執行法官、書記官、執達員實施強制執行之方法，強制執行時應遵守之程序，或其他侵害利益之情事，得於強制執行程序終結前，為聲請或聲明異議。」聲明異議，請更正為點交，以利應買，俾便拍定。

　　至於應更正為點交理由如下：

一、依強制執行法第99條第1項「債務人應交出之不動產，現為債務人占有

或於查封後爲第三人占有者，執行法院應解除其占有，點交於買受人或承受人；如有拒絕交出或其他情事時，得請警察協助。」必須查封時爲第三人占有，始不點交。又依辦理強制執行事件應行注意事項第41之1點「查封之不動產，究爲債務人占有，抑爲第三人占有，如爲第三人占有，其權源如何，關係該不動產之能否點交，影響拍賣之效果，執行法官或書記官應善盡本法第77條之1規定之調查職權，詳實塡載不動產現況調查表，必要時得開啓門鎖進入不動產或訊問債務人或第三人，並得命債務人提供擔保或予以拘提、管收、限制住居，或對第三人以科罰鍰之方法行之，務期發現占有之實情。」同法第43點(二)「拍賣不動產公告記載本法第八十一條第二項第一款所列事項，如爲土地，應載明其坐落地號、地目、面積、地上物或其他使用情形。拍賣之不動產於查封前一部或全部爲第三人占有者，應載明債務人及第三人占有之實際狀況、第三人姓名、住所、占有原因，占有如有正當權源者，其權利存續期間。」(四)「拍賣之不動產，查封時爲債務人或其占有輔助人占有者，應於拍賣公告載明拍定後可以點交，如查封時爲第三人占有，依法不能點交者，則應詳載其占有之原因及依法不能點交之事由，不得記載『占有使用情形不明，拍定後不點交』之類似字樣。」如有第三人占有，亦須查明其爲何人，占用權源、期間，於拍賣公告載明。茲依 鈞院查封筆錄所示，係債權人丙水泥公司法定代理人A稱，查封之土地由第三人無權占用中，詳細占用情形補陳，其後並於民國101年1月21日具狀陳報無權占用第三人名冊。但查一方面依其陳報狀所附照片，查封土地爲雜木、雜草、石塊、野生植物、廢棄豬舍，並無人使用。另其提供照片有羅○榮等人占用種植等情，並無見及何人種植。另一方面此等第三人及債務人均未向 鈞院陳報占用情形、權源及期間，則債權人丙水泥公司之陳報是否實在，尚非無疑。尤其債務人已於民國101年4月2日向花蓮縣政府申請「土石資源堆置場放置」使用，該府已予核准， 鈞院亦批示債務人得爲從來之管理使用，再依債務人於 鈞院調查稱在民國100年1月間整地，苟此土地非債務人占用，何以如此？

二、退一步言，縱有第三人占用，依強制執行法第99條第2項「第三人對其在查封前無權占有不爭執或其占有爲前條第二項但書之情形者，前項規定亦適用之。」凡第三人爲無權占用，仍應點交，經查：

(一)本件第三人從未主張占有之權源為何,自為無權占有。

(二)債務人於 鈞院調查時稱占用人均無租約或借貸關係,足見為無權占用。

(三)在 鈞院前次就本件執行標的之99年執字第5897號執行案件,執行法官於民國99年10月22日履勘現場,查明第三人為無權占用（附件1）,拍賣公告特別註明,並載明為點交（附件2）。

是本件應點交,請惠予更正。

　　　　　　　謹狀

臺灣花蓮地方法院　公鑒

證物:

附件1:鈞院99年執字第5897執行筆錄影本1件。

附件2:99年執字第5897號拍賣公告影本1件。

中　　華　　民　　國　　102　年　　3　月　　24　日

　　　　　　具狀人　乙　　[印]

狀別:民事聲明異議狀

案號:101年度執字第3771號

股別:仁股

聲明異議人　　乙　　　　　　　在卷

即債權人

債　務　人　　甲　　　　　　　在卷

為對拍賣公告不點交聲明異議事。

　　本件 鈞院核定拍賣公告,以查封時土地多遭第三人占用中,占用關係不明,拍定後不點交,但查:

一、依 鈞院民國101年4月16日查封筆錄所示,本件執行之土地「雜草林木叢生,無任何建物及地上物」,則顯無第三人占用。雖 鈞院民國102年1月31日到場勘驗,羅○○等人主張占用種植農作物,但不僅地上並無農作物,且依民法第66條第2項規定「不動產之出產物,尚未分離者,為該不動產之部分。」及最高法院31年上字第952號判例「不動產之出產物尚未分離者,為該不動產之部分,民法第六十六條第二項有明文規定,某甲等在某乙所有地內侵權種植其出產物,當然屬於某乙所有,如果該項

出產物經某甲等割取,即不能謂某乙未因其侵權行爲而受損害。」,如地上縱有第三人種植農作物, 鈞院本應一併查封拍賣,故仍應點交,甚至依辦理強制執行事件應行注意事項第57點(三)「應點交之土地,如有未分離之農作物事先未併同估價拍賣者,得勸告買受人與有收穫人協議爲相當之補償,或俟有收穫人收穫後,再行點交。」應仍可點交。

二、本件第三人主張占用者,均無任何法律上權限,本屬無權占有,如主張有權占有, 鈞院應依強制執行法第77條之1第1項「執行法官或書記官,爲調查不動產之實際狀況、占有使用情形或其他權利關係,得開啓門鎖進入不動產或訊問債務人或占有之第三人,並得命其提出有關文書。」辦理強制執行事件應行注意事項第41之1點「查封之不動產,究爲債務人占有,抑爲第三人占有,如爲第三人占有,其權源如何,關係該不動產之能否點交,影響拍賣之效果,執行法官或書記官應善盡本法第七十七條之一規定之調查職權,詳實填載不動產現況調查表,必要時得開啓門鎖進入不動產或訊問債務人或第三人,並得命債務人提供擔保或予以拘提、管收、限制住居,或對第三人以科罰鍰之方法行之,務期發現占有之實情。」亦應請第三人陳明其權利,況聲請人既有抵押權,如第三人之使用權係在抵押權之後成立,尚可主張排除,蓋債務人甲公司係民國78年11月間取得所有權即設定抵押權,是上開占用縱有使用權,應在抵押權設定之後。

　　　　　　謹狀
臺灣花蓮地方法院　公鑒
中　　華　　民　　國　　102　年　　4　月　　25　日
　　　　　具狀人　乙　[印]

(三十三) 聲請撤銷船舶查封（強制執行法第114條之1第2項）

案例事實

甲之三十噸動力之漁船「建國號」因欠債，經債權人乙聲請強制執行，查封後，甲欲提供擔保聲請撤銷查封。

撰狀說明

依強制執行法第114條之1第2項規定「債務人或利害關係人，得以債權額及執行費用額或船舶之價額，提供擔保金額或相當物品，聲請撤銷船舶之查封。」是債務人不欲船舶被查封，可依此規定向執行法院聲請提供擔保以撤銷查封，待執行法院裁定擔保額後，即可提供裁定指定之擔保，以辦理撤銷查封，撤銷後，債權人只可對擔保執行。

書狀內容

狀別：民事聲請狀
案號：103年執字第10號
股別：山股
債　務　人　　甲　　　　　　　　　在卷
債　權　人　　乙　　　　　　　　　在卷
為聲請提供擔保撤銷查封事。

　　本件執行事件查封債務人所有之「建國號」漁船，因此漁船已完成發行準備，即將出航，為此依強制執行法第114條之1第2項「債務人或利害關係人，得以債權額及執行費用額或船舶之價額，提供擔保金額或相當物品，聲請撤銷船舶之查封。」請准予核定船舶價額，以提供擔保撤銷查封。又因本件船舶價額低於執行債權額及執行費用，請准以船舶價額為擔保，並准債務人提供彰化銀行定期存單為擔保。
　　　　　　　　　　　謹狀
臺灣高雄地方法院　公鑒
中　　華　　民　　國　　103　　年　　4　　月　　10　　日
　　　　　　　　具狀人　甲　　印

相關法條及裁判要旨

■強制執行法第114條之1第3、4、5項：

前項擔保，得由保險人或經營保證業務之銀行出具擔保書代之。擔保書應載明債務人不履行義務時，由其負責清償或併賠償一定之金額。

依前二項規定撤銷船舶之查封時，得就該項擔保續行執行。如擔保人不履行義務時，執行法院得因債權人之聲請，逕向擔保人爲強制執行。

第二項、第三項係就債權額及執行費用額提供擔保者，於擔保提出後，他債權人對該擔保不得再聲明參與分配。

■辦理強制執行事件應行注意事項61(六)：

本法第一百十四條之一第二項之債權額，包括參與分配之債權額。又依本項因查封所提供之擔保物品，依序爲：現金、有價證券，或債務人與金融機構所締結之支付保證證明文書，該證明文書須載明金融機構應隨時依執行法院之通知，爲債務人繳納一定金額。

(三十四) 聲請換價命令（強制執行法第115條第2項）

案例事實

　　乙因積欠甲貨款，經法院判決乙應給付甲500萬元確定。因乙承包臺北市政府工程，有500萬元工程款債權，甲乃向法院聲請執行乙對臺北市政府之工程款債權，經法院發扣押命令禁止乙收取，並禁止臺北市政府向乙清償，甲恐他人參與分配具狀請求執行法院發移轉命令以為換價。

撰狀說明

　　法院依強制執行法第115條第1項「就債務人對於第三人之金錢債權為執行時，執行法院應發扣押命令禁止債務人收取或為其他處分，並禁止第三人向債務人清償。」發扣押命令後，需進一步發換價命令，以實現債權。而此換價命令有四種，分別為收取命令、移轉命令、支付移轉命令、拍賣或變賣。收取命令，係債權人可向第三人收取，如收取不著，仍可執行債務人其他財產，但在未實際向第三人收取之前，債務人之其他債權人可參與分配。移轉命令，係將債務人對第三人之債權讓與債權人，是發移轉命令即生債權讓與之結果，債務人之其他債權人不可參與分配，但如因第三人無資力，無法獲償，債權人因移轉命令已生抵債結果，即不可再對債務人執行其財產。但依第115條之1第2項「前項債務人於扣押後應受及增加之給付，執行法院得以命令移轉於債權人。但債務人喪失其權利或第三人喪失支付能力時，債權人債權未受清償部分，移轉命令失其效力，得聲請繼續執行。並免徵執行費。」就薪資等繼續性給付之債權有例外規定。支付移轉命令，係命令第三人將金錢交執行法院，由執行法院再分配給各債權人，是支付移轉命令係因有債權人參與分配，始以此方法換價。拍賣或變賣，依強制執行法第115條第3項「金錢債權因附條件、期限、對待給付或其他事由，致難依前項之規定辦理者，執行法院得依聲請，準用對於動產執行之規定拍賣或變賣之。」係因債務人對第三人之金錢債權，無法依上開方法換價，始以拍賣或變賣方式處理，由於收取命令、移轉命令、支付移轉命令，影響債權人利益，故同條第2項規定「前項情形，執行法院得詢問債權人意見，以命令許債權人收取，或將該債權移轉於債權人。如認為適當時，得命第三人向執行法院支付轉給債權人。」法院可徵詢債權人意見以決定，如法院未徵詢，債權人亦可具狀表示意見。

書狀內容

狀別：民事聲請狀
案號：103年執字第21號
股別：忠股
聲　請　人　甲　　　　　　在卷
即債權人
相　對　人　乙　　　　　　在卷
即債務人
第　三　人　臺北市政府　　在卷
法定代理人　　A
為聲請核發移轉命令事。
　　　本件債務人對第三人之債權，業經　鈞院核發扣押命令在案，因無他人
參與分配，請核發移轉命令以為換價。
　　　　　　　　　　　謹狀
臺灣新北地方法院　公鑒
中　　華　　民　　國　　103　　年　　7　　月　　8　　日
　　　　　　　　　　具狀人　甲　　印

相關法條及裁判要旨

■辦理強制執行事件應行注意事項62：
(一)依當事人之特約，不得讓與之金錢債權，執行法院仍得發移轉命令。
(二)本法第一百十五條第二項規定之收取、移轉或支付轉給命令，以發何種命令
　　對債權人最為有利，宜詢問債權人之意見。
(三)扣押命令之效力，當然及於從屬之擔保物權。擔保物為動產者，債務人不得
　　處分之；擔保物為不動產者，執行法院應通知該不動產之登記機關登記其事
　　由。
■最高法院58年台抗字第436號判例：
禁止命令及轉付命令，係執行法院就債務人對於第三人之權利之執行方法，如
應發而不發或不應發而發者，當事人或利害關係人祇得依強制執行法第12條規
定，為聲請或聲明異議，不得逕行提起抗告。

(三十五) 第三人對扣押命令聲明異議（強制執行法第119條第1項）

案例事實

　　乙對甲取得甲應給付乙100萬元之確定勝訴判決，因甲在第三人丙銀行有存款，遂聲請執行法院以上開債權就該存款強制執行，法院依強制執行法第115條第1項「就債務人對於第三人之金錢債權為執行時，執行法院應發扣押命令禁止債務人收取或為其他處分，並禁止第三人向債務人清償。」發扣押命令，丙銀行接到扣押命令，以目前甲之存款只有1萬元，不足100萬元，為此依強制執行法第119條第1項「第三人不承認債務人之債權或其他財產權之存在，或於數額有爭議或有其他得對抗債務人請求之事由時，應於接受執行法院命令後十日內，提出書狀，向執行法院聲明異議。」聲明異議。

撰狀說明

　　就債務人對第三人之金錢債權強制執行時，執行法院應先依第115條第1項就執行債權發扣押命令，債務人收到後，不可向第三人收取，亦不可為讓與之處分，第三人收到扣押命令，固應依該命令不得向債務人清償，但若第三人否認對債務人有債務或雖有債務，但不足扣押命令所示之扣押金額，應依強制執行法第119條第1項聲明異議，執行法院收到異議狀，將轉知債權人，如債權人無意見，則執行法院只須就第三人承認之數額發換價命令，如債權人否認此異議，則應依強制執行法第120條第2項「債權人對於第三人之聲明異議認為不實時，得於收受前項通知後十日內向管轄法院提起訴訟，並應向執行法院為起訴之證明及將訴訟告知債務人。」處理。

書狀內容

狀別：民事聲明異議狀		
案號：102年度執字第17060號		
股別：黃股		
第　三　人	丙商業銀行股份有限公司中正分公司	在卷
法定代理人	A	住同上
債　權　人	乙	在卷
法定代理人	B	住同上
債　務　人	甲	詳卷

為強制執行事件聲明異議事。

　　按第三人不承認債務人之債權或其他財產權之存在，或於數額有爭議或有其他得對抗債務人請求之事由時，應於接受執行法院命令後十日內，提出書狀，向執行法院聲明異議，強制執行法第119條第1項定有明文。

　　鈞院執行命令扣押債務人在第三人之存款，因債務人對第三人並無執行命令所示數額之債權，目前僅存款10,000元，為此依上開規定聲明異議。

　　　　　　　　謹狀
臺灣桃園地方法院　公鑒
中　華　民　國　102　年　5　月　1　日
　　　　　　具狀人　丙商業銀行股份有限公司中正分公司　[印]
　　　　　　法定代理人　A　[印]

相關法條及裁判要旨

■強制執行法第119條：

第三人不承認債務人之債權或其他財產權之存在，或於數額有爭議或有其他得對抗債務人請求之事由時，應於接受執行法院命令後十日內，提出書狀，向執行法院聲明異議。

第三人不於前項期間內聲明異議，亦未依執行法院命令，將金錢支付債權人，或將金錢、動產或不動產支付或交付執行法院時，執行法院得因債權人之聲請，逕向該第三人為強制執行。

對於前項執行，第三人得以第一項規定之事由，提起異議之訴。

第十八條第二項之規定，於前項訴訟準用之。

■強制執行法第120條：

第三人依前條第一項規定聲明異議者，執行法院應通知債權人。

債權人對於第三人之聲明異議認為不實時，得於收受前項通知後十日內向管轄法院提起訴訟，並應向執行法院為起訴之證明及將訴訟告知債務人。

債權人未於前項規定期間內為起訴之證明者，執行法院得依第三人之聲請，撤銷所發執行命令。

■辦理強制執行事件應行注意事項64：

(一)本法第一百十九條第一項之「法院命令」，包括執行法院依第一百十五條第一項、第二項、第一百十六條第一項及第一百十七條規定對第三人所發之命

令在內，此項命令應附記第一百十九條第一項及第二項之意旨；如第三人對
之聲明異議，而債權人認該第三人之聲明為不實時，得依本法第一百二十條
規定提起訴訟，非得有確定勝訴之判決，不得逕向第三人為強制執行。

(二)本法第一百十九條第二項所謂「執行法院命令」，係指同項所稱「將金錢支
付債權人，或將金錢、動產不動產支付或交付執行法院」之命令而言，不包
括移轉命令在內。

(三)依本法第一百十九條第二項規定逕向第三人為強制執行者，應另行分案辦
理。

■最高法院55年台上字第281號判例：

強制執行法第115條所稱金錢債權，並不以民法上發生之債權為限，即公法關
係所生之請求權，如公務員之俸給請求權等，亦包括在內。議會議員按月領取
之研究費，在法律上既無設有如公務員退休法第14條，及公務員撫卹法第16條
（舊）不得扣押或讓與之規定，自非不得以之為強制執行標的。

(三十六) 聲請對第三人強制執行（強制執行法第119條第2項）

案例事實

在前例中，如丙未聲明異議，執行法院核發收取命令，丙收到收取命令仍未聲明異議，對乙持收取命令請求給付100萬元，置之不理，乙欲對丙強制執行。

撰狀說明

依強制執行法第119條第2項「第三人不於前項期間內聲明異議，亦未依執行法院命令，將金錢支付債權人，或將金錢、動產或不動產支付或交付執行法院時，執行法院得因債權人之聲請，逕向該第三人為強制執行。」是在上例，因債務人在丙之存款為1萬元，不足100萬元，丙應聲明異議而未聲明異議，執行法院即認無問題，將核發收取命令等換價命令，第三人收到換價命令，仍未聲明異議，亦不給付，依上開規定，債權人可請求執行法院對第三人強制執行。

書狀內容

狀別：民事聲請狀
案號：102年執字第17060號
股別：地股

債　權　人	乙	在卷
債　務　人	甲	在卷
第　三　人	丙商業銀行股份有限公司	在卷
	中正分公司	
法定代理人	A	

為清償債務對第三人強制執行事。

本件經　鈞院核發扣押命令，扣押債務人對第三人之存款100萬元，扣押命令送達後，第三人未曾聲明異議，嗣經核發收取命令，第三人亦未聲明異議，但債權人向第三人收取時，第三人以只有存款1萬元為由，拒絕給付，為此依強制執行法第119條第2項「第三人不於前項期間內聲明異議，亦未依執行法院命令，將金錢支付債權人，或將金錢、動產或不動產支付或交付執行法院時，執行法院得因債權人之聲請，逕向該第三人為強制執行。」聲請　鈞院對第三人強制執行。

　　　　　　　　謹狀
臺灣桃園地方法院　公鑒
中　　華　　民　　國　　102　年　　8　月　　10　日
　　　　　　　　具狀人　乙　　印

(三十七) 假扣押聲請拍賣（強制執行法第134條）

案例事實

甲因向乙借貸100萬元未還，乙在未起訴前，先對甲聲請假扣押，法院准許後，乙遂聲請對甲之財產強制執行，扣押甲生產之農產品一批，因此農產品不能久放，乙聲請拍賣。

撰狀說明

按假扣押係恐債務人脫產，為保全將來之強制執行而設，故假扣押執行，只能查封，但如假扣押執行之動產不宜久放，強制執行法第134條規定「假扣押之動產，如有價格減少之虞或保管需費過多時，執行法院得因債權人或債務人之聲請或依職權，定期拍賣，提存其賣得金。」此時可請求拍賣而提存價金。

書狀內容

狀別：民事聲請狀
案號：102年執全字第21號
股別：日股
債 權 人　　乙　　　　　　　在卷
債 務 人　　甲　　　　　　　在卷
為聲請拍賣事。

　　本件假扣押執行之雪梨，因不宜久放，如欲久放必須設冷凍櫃，不僅保管費用甚多，且此冷凍時間至多一年，仍將腐壞。但本案訴訟，自起訴到判決確定，至少一年以上，屆時再拍賣本件查封之雪梨，均已腐壞而無價值。為此依強制執行法第134條「假扣押之動產，如有價格減少之虞或保管需費過多時，執行法院得因債權人或債務人之聲請或依職權，定期拍賣，提存其賣得金。」聲請拍賣，提存其價金。
　　　　　　　　　　謹狀
臺灣桃園地方法院　公鑒
中　　華　　民　　國　　102　　年　　5　　月　　5　　日
　　　　　　　　具狀人　甲　　印

相關法條及裁判要旨

■強制執行法第133條：

因執行假扣押收取之金錢，及依分配程序應分配於假扣押債權人之金額，應提存之。

■強制執行法第135條：

對於債權或其他財產權執行假扣押者，執行法院應分別發禁止處分清償之命令，並準用對於其他財產權執行之規定。

■強制執行法第136條：

假扣押之執行，除本章有規定外，準用關於動產、不動產、船舶及航空器執行之規定。

■辦理強制執行事件應行注意事項70：

在假扣押或假處分中之財產，如經政府機關依法強制採購或徵收者，執行法院應將其價金或補償金額提存之。

(三十八) 違背假處分命令聲請強制執行（強制執行法第138條）

案例事實

　　甲之土地為袋地，需通行乙之土地始可與道路相通，但乙拒絕甲通行，甲在提起袋地通行權訴訟前，先對乙聲請定暫時狀態之假處分，准其通行，經法院裁定准許，在准許後，法院應依強制執行法第138條「假處分裁定，係命令或禁止債務人為一定行為者，執行法院應將該裁定送達於債務人。」執行，但法院竟以查封方式，查封該土地，乙認執行方法有誤，聲明異議。

撰狀說明

　　假處分之執行，需視假處分之內容而定，故假處分係禁止他人為一定行為，依強制執行法第138條「假處分裁定，係命令或禁止債務人為一定行為者，執行法院應將該裁定送達於債務人。」只需將假處分裁定送債務人即為執行，如本題之通行權執行，即應依該條規定辦理，是執行法院以查封方式，禁止債務人移轉，應有錯誤。

書狀內容

狀別：民事聲明異議狀
案號：103年度司執全字第698號
股別：清股
聲明異議人　　乙　　　　　　　　在卷
即債務人
相　對　人　　甲　　　　　　　　在卷
即債權人
為假處分強制執行事件聲明異議事。

　　按假處分裁定，係命令或禁止債務人為一定行為者，執行法院應將該裁定送達於債務人，強制執行法第138條定有明文，是關於債務人應容忍為一定行為之執行方法為送達該假處分裁定。本件執行名義之假處分係命聲明異議人應容忍相對人為必要之通行及使用等，此為不行為請求權執行，自應依上開第138條執行，詎執行法院竟依強制執行法第76條第3項查封不動產執行，造成聲明異議人之土地不得處分，是此執行方法有誤，損及聲明異議人權利，為此依強制執行法第12條第1項聲明異議，請撤銷上開查封。

　　　　　謹狀

臺灣臺中地方法院　公鑒

中　華　民　國　103　年　9　月　1　日

　　　　　　具狀人　乙　　印

相關法條及裁判要旨

■強制執行法第137條：

假處分裁定，應選任管理人管理系爭物者，於執行時，執行法院應使管理人占有其物。

■強制執行法第139條：

假處分裁定，係禁止債務人設定、移轉或變更不動產上之權利者，執行法院應將該裁定揭示。

■強制執行法第140條：

假處分之執行，除前三條規定外，準用關於假扣押、金錢請求權及行為、不行為請求權執行之規定。

■辦理強制執行事件應行注意事項72：

假處分之裁定，係禁止債務人設定、移轉或變更船舶上之權利者，執行法院應將裁定揭示於船舶所在地，如該船係我國國籍船舶，應將裁定揭示於船籍港所在地，並通知船籍港航政主管機關登記其事由。

■辦理強制執行事件應行注意事項72之1：

定法律關係暫時狀態之假處分裁定，命債務人即為金錢給付者，準用關於金錢請求權之執行程序辦理。

■最高法院94年台上字第404號判決：

「假處分裁定係命令或禁止債務人為一定行為者，法院應將該裁定送達於債務人」，強制執行法第138條定有明文。其目的乃在使債務人知悉裁定之內容，而能自動履行其義務。故該假處分之效力，始於債務人收受裁定之時。且此假處分裁定一旦發生效力，立即發生命令或禁止之形成效果，自無強制執行之問題。

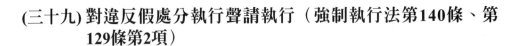

(三十九) 對違反假處分執行聲請執行（強制執行法第140條、第129條第2項）

案例事實

在前例中，如乙有收到假處分裁定，為達到阻止甲通行之目的，竟在地上樹立石樁，妨礙甲車輛之進出，甲欲拆除。

撰狀說明

假處分係禁止債務人為一定行為或容忍他人者，即以本件案例而言，假處分係禁止乙妨礙甲之通行，對此乙之妨礙行為，依強制執行法第140條準用第129條第2項「前項情形，於必要時，並得因債權人之聲請，以債務人之費用，除去其行為之結果。」可以聲請法院拆除。

書狀內容

```
狀別：民事聲請狀
案號：102年司執全字第698號
股別：清股
債 權 人　甲　　　　　　　　　在卷
債 務 人　乙　　　　　　　　　在卷
為聲請強制執行拆除事。
　　　本件假處分執行係禁止債務人為妨礙債權人通行，茲在乙收到假處分裁
　　定後，竟在該地上樹立石樁，妨礙甲通行，為此依強制執行法第140條「假處
　　分之執行，除前三條規定外，準用關於假扣押、金錢請求權及行為、不行為
　　請求權執行之規定。」準用第129條第2項「前項情形，於必要時，並得因債
　　權人之聲請，以債務人之費用，除去其行為之結果。」聲請拆除該石樁。
　　　　　　　　　謹狀
臺灣臺中地方法院　公鑒
中　　華　　民　　國　　102　年　　12　月　　1　日
　　　　　　　　　具狀人　甲　印
```

相關法條及裁判要旨

■最高法院63年台抗字第429號判例：

強制執行法第七章，係規定保全程序強制執行之方法，假處分裁定為執行名義之一種，若執行債務人違反假處分時執行法院自非不得依強制執行法第129條予以處理。

(四十) 非執行債務人之救濟

1.拋棄繼承

案例事實

甲、乙移居美國，民國97年間某日接到臺灣臺中地方法院通知，始知其在臺灣之胞弟丙於民國90年間死亡，因丙無繼承人，甲、乙為繼承人，丙生前以房屋土地設定抵押權給丁銀行，現該銀行以甲、乙二人為債務人，聲請強制執行上開抵押物，因甲、乙恐拍賣不足，丁銀行會繼續就其在臺灣之財產強制執行，遂請求救濟。

撰狀說明

本案發生在民國98年民法繼承編修正之前，繼承人如未拋棄繼承，即繼承被繼承人之財產及債務，本件雖丙早已在民國90年死亡，但甲、乙不知悉，為此仍可在知悉後之三個月內拋棄繼承，待法院核備後，再向執行法院聲明異議。

書狀內容

狀別：民事聲明拋棄繼承狀
拋 棄 人　　甲　　　　籍設臺北市松山區○○街○○號
　　　　　　　　　　　　住○○○ CAUSA（美國加州○○街○○號）
拋 務 人　　乙　　　　籍設臺北市文山區○○路○○號
　　　　　　　　　　　　住○○○ CAUSA（美國加州○○街○○號）
被繼承人　　丙　　　　臺中市大肚區○○路○○號
為聲明拋棄繼承事。
　　　　　聲明事項
　拋棄對被繼承人丙之繼承權。
　　　　　事實及理由
　　緣被繼承人丙住臺中市大肚區○○路○○號，甲與乙為其兄姐，因已移居美國，與丙無連絡，不知其死亡時間，近日接到　鈞院民事執行處通知（證1），始知丙死亡，因丙未婚，父母已死亡，依法由甲、乙為繼承人，二人願無條件拋棄繼承權（證2），請准予備查。
　　　　　謹狀
臺灣臺中地方法院　公鑒

證物：
證1：臺灣臺中地方法院民事執行處通知影本1件。
證2：拋棄繼承權聲明書正本2件。

中　華　民　國　98　年　1　月　5　日

　　　　　　　具狀人　甲　[印]

　　　　　　　　　　　乙　[印]

狀別：民事補正狀

拋　棄　人　甲　　　　　　在卷

拋　務　人　乙　　　　　　在卷

共同代理人　　○○律師

被　繼　承　人　丙　　　　　　在卷

為聲明拋棄繼承事，提出補正狀。

　　茲提出丙之戶籍謄本（證3），依上記載，丙係民國90年7月29日死亡。另提出在執行卷內債權人製作之繼承系統表（證4），該表無誤。

　　按聲請人二人雖在臺灣設有戶籍，但實未居住，此有甲之戶籍資料記載民國93年3月27日出境，民國95年4月27日遷出登記（按：係依戶籍法第20條第2項戶政機關逕為辦理），乙之戶籍雖記錄民國91年9月4日入境（證5），但實已出境，此由經認證之拋棄繼承聲明書在美國認證，並載明美國住址可明。再參照債權人陳報狀（證6），益證聲請人均在美國，是聲請人不知丙死亡時間，洵無疑問。茲在　鈞院執行處通知代位辦理繼承登記始知悉，則現拋棄應未逾民法第1174條第2項「前項拋棄，應於知悉其得繼承之時起三個月內，以書面向法院為之。」以知悉得繼承時起算之三個月。

　　又依該執行卷內之資料，債權人之債權為114,940元，但執行標的物鑑價為487,000元，聲請人並非為逃避債務而拋棄繼承，實因在國外無法處理。

　　如有必要，可訊問代理人。

　　　　　　謹狀

臺灣臺中地方法院　公鑒

證物：

證3：丙戶籍謄本影本1件。

證4：繼承系統表影本1件。

證5：甲、乙戶籍謄本影本各1件。

證6：陳報狀影本1件。

中　華　民　國　98　年　1　月　12　日

具狀人　甲

乙

共同代理人　○○律師　[印]

狀別：民事補正狀

案號：98年繼字第114號

股別：家股

拋　棄　人　　甲　　　　　　　在卷

拋　務　人　　乙　　　　　　　在卷

共同代理人　　○○律師

被　繼　承　人　　丙　　　　　　　在卷

為聲明拋棄繼承事補正事。

　　鈞院通知補正事項說明如下：

一、繼承系統表、被繼承人除戶戶籍謄本、聲請人之戶籍謄本均已於民國98年1月12日補正狀補送。

二、聲請人在美國，目前持有美國護照（證7），其拋棄繼承權聲明書已有我國駐美代表處認證，證明為聲請人本人親筆簽者無訛，應為真正，毋庸印鑑證明。至於該聲明書正本在　鈞院97年執字第62036號（卯股），可調卷核對。

三、丙之父母及祖父母均已死亡（證8），聲請人為其兄弟姐妹，已無他人可繼承，依民法第1174條第3項「拋棄繼承後，應以書面通知因其拋棄而應為繼承之人。但不能通知者，不在此限。」均毋庸為書面通知。

四、聲請人甲係民國54年3月20日遷出美國（證9），聲請人乙係民國57年2月25日遷出美國（證10），因聲請人之母死亡時，丙在台處理財產私自開啟保管箱，與聲請人發生衝突，故雙方即無來往，而丙在台單身未婚，其死亡時無人通知聲請人，聲請人直到本件因土地銀行強制執行丙之遺產而經　鈞院通知代位繼承登記，經輾轉聲請人始知悉丙死亡，故聲請人聲請拋棄繼承，應未逾期。又本件係因土地銀行強制執行丙之遺產而引起，故無稅捐機關通知。

五、乙雖然在民國91年9月4日入境，但於同年月17日即持美國護照出境，故
　　戶籍資料未登載。
　　　　　　　　　　　謹狀
臺灣臺中地方法院　公鑒
證物：
證7：護照影本2件。
證8：戶籍謄本影本2件。
證9：戶籍謄本影本1件。
證10：戶籍謄本影本1件。
中　　華　　民　　國　　102　　年　　1　　月　　16　　日
　　　　　　　　　　　具狀人　甲
　　　　　　　　　　　　　　　乙
　　　　　　　　　　　共同代理人　○○律師　　印

2.聲明異議狀（即在辦妥拋棄繼承後具狀）

狀別：民事聲明異議狀
案號：97年執卯字第62036號
股別：卯股
拋　棄　人　甲　　　　　　　　　在卷
拋　務　人　乙　　　　　　　　　在卷
債　權　人　丁銀行股份有限公司　　在卷
法定代理人　A
為強制執行事件聲明異議事。
　　　　檢呈　鈞院核定准予聲請人拋棄繼承函各一件。是聲請人已非債務人，
為此對　鈞院強制執行事件聲明異議，爾後請勿列聲請人為債務人。
　　　　　　　　　　　謹狀
臺灣臺中地方法院民事執行處　公鑒
證物：鈞院家事法庭函影本1件。
中　　華　　民　　國　　98　　年　　3　　月　　3　　日
　　　　　　　　　　　具狀人　甲　　印
　　　　　　　　　　　　　　　乙　　印

十九、聲請和解（破產法第7條）

案例事實

　　甲因積欠乙、丙、丁借款各500萬元，又因倒會，積欠戊等二十人會款各10萬元，共有1,700萬元債務，但其目前之財產僅500萬元，不能清償，因甲欲繼續經營其目前之超級市場，不能破產，希望與債權人和解。

撰狀說明

　　破產法就債務人不能清償多數債權人之債務，設有和解及破產兩種制度，和解係一重建型、更生型之制度，即由債務人與債權人間達成協議，以一定方式即打折、延期，又打折又延期方式處理，避免破產。

書狀內容

狀別：民事聲請狀
聲　請　人　　甲　　　　　　　　住臺北市○○路○○號
即債務人
為聲請和解事。

　　債務人因積欠乙、丙、丁借款各500萬元，又因倒會，積欠戊等二十人會款，每人各10萬元，總債務為1,700萬元，目前債務人經營超市，財產為500萬元，但因此超市前景看好，有營運價值，為免破產，請准依破產法第6條第1項「債務人不能清償債務者，在有破產聲請前，得向法院聲請和解。」許可和解。

　　茲提出附件1之財產狀況說明書及附件2之債權人清冊，至於和解方案為延期三年全數清償。又債務人之父願提供土地為擔保。

　　　　　　　　　　謹狀
臺灣臺北地方法院　公鑒
證物：
附件1：財產狀況說明書1件。
附件2：債權人清冊1件。
中　　華　　民　　國　　102　　年　　10　　月　　1　　日
　　　　　　　　　　具狀人　甲　　印

相關法條及裁判要旨

■破產法第7條：

債務人聲請和解時，應提出財產狀況說明書及其債權人、債務人清冊，並附具所擬與債權人和解之方案，及提供履行其所擬清償辦法之擔保。

二十、聲請破產（破產法第57條）

(一) 債務人聲請（破產法第58條第1項）

案例事實

　　債務人甲公司因積欠債務，無力清償，欲聲請破產。

撰狀說明

　　依破產法第1條「債務人不能清償債務者，依本法所規定和解或破產程序，清理其債務。債務人停止支付者，推定其為不能清償。」及第57條「破產，對債務人不能清償債務者宣告之。」是債務人不能清償債務，可宣告破產，依同法第58條第1項「破產，除另有規定外，得因債權人或債務人之聲請宣告之。」債務人可聲請法院宣告破產。

書狀內容

狀別：民事聲請狀

聲　請　人　甲有限公司　　　設臺中市西區臺中港路○○號

法定代理人　　A　　　　　　住同上

為聲請破產事。

　　按破產對債務人不能清償債務者，宣告之，破產法第57條定有明文，又破產，除另有規定外，得因債權人或債務人之聲請宣告之，破產法第58條第1項亦定有明文。

　　聲請人係經營球拍、球網、運動袋等體育用品之製造買賣及其進出口貿易等業務，因經營不善，積欠有龐大債務，如附表一，負債超過資產，已無法繼續經營，聲請人之財產如附表二，為能處理上開財產，以清償債務，爰依上開規定聲請宣告破產。

　　　　　　　　　謹狀

臺灣臺中地方法院　公鑒

中　　華　　民　　國　　102　　年　　9　　月　　12　　日

　　　　　　　　具狀人　甲有限公司

　　　　　　　　法定代理人　　A　　印

附表1：債權人名冊

姓　名	住　所	債權金額（新臺幣）	備　註
財政部臺灣省中區國稅局	臺中市西區民生路168號	15,154,457元	營利事業所得稅
財政部臺灣省中區國稅局	臺中市西區民生路168號	7,563,000元	罰鍰
乙	臺中市西區臺中港路一段○○號	144,000元	租金
○○會計師事務所	臺中市西區臺中港路1段○○號	5,000元	記帳費

附表2：財產狀況明細表

財產種類	價值（新臺幣）	備　註
存貨	4,313,674元	
債權	3,466,900元及自起訴狀繕本送達翌日起至清償日止按年息百分之五計算之利息	目前在臺灣高等法院臺中分院96年附民更字第134號訴訟中

相關法條及裁判要旨

■破產法第57條：

破產，對債務人不能清償債務者宣告之。

■破產法第58條：

破產，除另有規定外，得因債權人或債務人之聲請宣告之。

前項聲請，縱在和解程序中，亦得為之，但法院認為有和解之可能者，得駁回之。

(二) 債權人聲請 (破產法第58條第1項、第59條)

案例事實

乙生前積欠甲等人之債務,不能清償,現乙死亡,甲欲對乙之遺產聲請宣告破產。

撰狀說明

依破產法第59條「遺產不敷清償被繼承人債務,而有左列情形之一者,亦得宣告破產:一、無繼承人時。二、繼承人為限定繼承或繼承人全體拋棄繼承時。三、未拋棄繼承之繼承人全體有破產之原因時。前項破產聲請,繼承人、遺產管理人及遺囑執行人亦得為之。」就遺產亦可宣告破產。

書狀內容

狀別:民事聲請狀

聲　請　人　　甲　　　　　　住臺中市大雅區○○路○○號

相　對　人　　乙之遺產

為聲請破產事。

　　按破產,對債務人不能清償債務者宣告之,破產法第57條定有明文。又依該法第58條第7項「破產,除另有規定外,得因債權人或債務人之聲請宣告之。」及第59條第1項「遺產不敷清償被繼承人債務,而有左列情形之一者,亦得宣告破產:一、無繼承人時。二、繼承人為限定繼承或繼承人全體拋棄繼承時。三、未拋棄繼承之繼承人全體有破產之原因時。」是債權人得對債務人之遺產聲請宣告破產。

　　聲請人係乙之債權人(聲證1),乙生前獨資經營○○行,現已死亡(聲證2),其繼承人全體均已拋棄繼承(聲證3),此可調閱乙繼承人在　鈞院拋棄繼承卷(93年度繼字第696號、725號、953號、954號、960號),因乙遺留財產詳如附表一,而乙積欠債務詳如附表二,為能處理上開財產,以清償債務,爰依上開規定聲請宣告破產。

　　　　　　　　　　謹狀

臺灣臺中地方法院　公鑒

證物:

聲證1:債權證明文件影本1件。

聲證2:戶籍謄本1件及契約事業登記影本影本1件。

聲證3：繼承系統表影本1件及案件資料影本1件。

聲證4：支票影本9紙。

聲證5：土地登記謄本1件。

聲證6：房屋稅繳款書影本1件。

聲證7：行車執照及照片各1件。

聲證8：照片7張。

聲證9：存摺影本5件。

聲證10：調解書影本1件、本票裁定影本2件，讓渡表及切結書影本各1件。

聲證11：支付命令影本1件。

中　華　民　國　93　年　11　月　24　日

具狀人　甲　印

附表1：財產狀況說明書

一、應收票款共四十六萬四千九百九十四元（聲證4）

二、坐落臺中縣東勢鎮中山段○○號土地（已設定最高限額抵押權臺中商業銀行三百六十萬元）（聲證5）

三、坐落花蓮縣鳳林鎮萬森路○○號房屋（聲證6）

四、HONDA 3PB-0802汽車一輛（聲證7）

五、紅木辦公桌一張（聲證8）

六、茄苳木辦公椅一張（聲證8）

七、花梨木長型矮櫃一個（聲證8）

八、直立式櫃子一個（聲證8）

九、雕刻品彌勒佛一尊（聲證8）

十、電鋸二個（聲證8）

十一、活動之鐵皮屋一棟（坐落神岡鄉溪州路五二○號）

十二、冷氣一台

十三、天車一台（聲證8）

十四、存款（聲證9）

戶名	銀行	餘額
乙	第一商業銀行	三百二十九元
乙	第一商業銀行	六十二元

戶名	銀行	餘額
乙	臺中商業銀行	十六元
乙	華僑銀行	五十四元
乙	中國國際商業銀行	一千元
乙	豐原水源郵局(700)	五百四十五元

附表2：債權人名冊

姓名	住所	債權金額 （新臺幣）	債權證明文件
丙	臺中縣豐原市中正路○○號	不詳	調解書、本票裁定、讓渡書、切結書（聲證10）（註一）
丁商業銀行	臺中市中區民族路○○號	不詳	
戊	臺中縣豐原市中正路○○號	三百二十萬五千元	支付命令影本一件（聲證11）
己	豐原市豐勢路二段○○號	九萬四千二百五十元	
庚	神岡鄉社南村民族路○○號	五萬九千一百五十元	
辛	豐原市中陽里十二鄰同安街○○號	四萬零八百元	
A	豐原市北陽里北陽路○○號	三萬六千元	
B	神岡鄉中興路○○號	二萬六千四百五十元	
C	潭子鄉潭陽村光陽路○○號	十萬一千九百二十元	
D	潭子鄉雅潭路二段○○號	四萬八千二百八十五元	

相關法條及裁判要旨

■破產法第59條：

遺產不敷清償被繼承人債務，而有左列情形之一者，亦得宣告破產：

一、無繼承人時。

二、繼承人爲限定繼承或繼承人全體拋棄繼承時。

三、未拋棄繼承之繼承人全體有破產之原因時。

前項破產聲請，繼承人、遺產管理人及遺囑執行人亦得爲之。

二十一、聲請清算與更生

民國96年7月11日公布之消費者債務清理條例，就消費者不能清償債務，設有清算與更生兩種處理機制，為便於聲請，司法院有空白表格以書狀，以便填寫申請，其狀如下：

書狀內容

消費者債務清理（更生／清算）聲請狀

一、聲請人：

稱 謂	姓 名	身 分 辨 別 資 料
聲請人 即債務人		國民身分證統一編號： 前曾變更過姓名者，歷次變更之時間及原姓名： 性別：（男／女）　　　　職業： 生日：　　年　　月　　日生 市內聯絡電話（務必填載以便聯絡）： 行動電話： 住所地： 住所地與戶籍地不一致之理由： 送達代收人： 送達代收地址：
法定代理人（父）		性別：男　　　　職業： 市內聯絡電話（務必填載以便聯絡）： 行動電話： 通訊地址：
法定代理人（母）		性別：女　　　　職業： 市內聯絡電話（務必填載以便聯絡）： 行動電話： 通訊地址：
代理人		國民身分證統一編號： 市內聯絡電話（務必填載以便聯絡）： 行動電話： 通訊地址：

二、聲請之事項（請勾選其一）：
　　□更生程序　　　　　　□清算程序
三、資產總價值及債務總金額：
　　□資產總價值：新臺幣
　　□債務總金額：新臺幣
四、應聲明之事項、預納之費用及提出之文書（請勾選）：
1.共通事項（聲請更生或清算者均應填載）：
　□繳納聲請費新臺幣1,000元。
　□聲請人（五年內未從事營業活動／從事營業額平均每月20萬元以下之營業活動）（請擇一）。
　□有不能清償債務之情事。或□有不能清償債務之虞（請擇一）。
　□提出財產及收入狀況說明書。
　□提出債權人清冊。
　□提出債務人清冊。
　□因消費借貸、自用住宅借款、信用卡或現金卡契約，對金融機構負債務。
　□如有前項債務，曾以書面向最大債權金融機構請求共同協商債務清償方案而不成立。
2.有無聲請更生／清算／破產和解／破產事件，現正繫屬法院之中：
　□無
　□有。繫屬之法院與案號：
3.聲請更生程序特別事項（聲請清算者免填）：
　□聲請人未經法院裁定開始清算程序或宣告破產。
　□無擔保或無優先權之債務總額（含利息、違約金在內須未逾新臺幣1,200萬元）。
4.聲請清算程序特別事項（聲請更生者免填）：
　□聲請人未經法院裁定開始更生程序或許可和解或宣告破產。
5.曾經債務協商之情形（請擇一）：
　□消費者債務清理條例施行前，曾依照中華民國銀行公會會員辦理消費金融案件無擔保債務協商機制與金融機構成立協商。
　　□協商成立之金融機構名稱：

　　□協商成立之文號：

　　□協商時確定之財產總價值：

　　□協商時確定之債務總金額：

　　□有不可歸責於己致履行顯有重大困難之事由與證據：

　□消費者債務清理條例施行後，曾以書面向最大債權金融機構請求共同協商債務清償方案經協商成立。

　　□協商成立之金融機構名稱：

　　□協商成立之文號：

　　□協商時確定之財產總價值：

　　□協商時確定之債務總金額：

　　□有不可歸責於己致履行顯有重大困難之事由與證據：

　□消費者債務清理條例施行後，曾以書面向最大債權金融機構請求共同協商債務清償方案而不成立。

　　□請求協商之金融機構名稱：

　　□協商不成立之證據：

　　□協商時確定之財產總價值：

　　□協商時確定之債務總金額：

　　□未能達成協商之差距：

6. 有無強制執行／訴訟案件，現正繫屬法院之中：

　□無

　□有。繫屬之法院與案號：

7. 聲請前二年內有無任何無償行為，有害及債權人之權利：

　□無

　□有。該無償行為之時間、對象與具體內容：

8. 聲請前二年內有無任何有償行為，於行為時明知係有害及債權人之權利，且受益人於受益時亦知其情事：

　□無

　□有。該有償行為之時間、對象與具體內容：

9. 有無雙務契約尚未履行完畢：

　□無

　□有。該契約成立生效之時間、相對人、履行期與契約內容：

```
　　此　　致
臺灣○○地方法院
以上所填內容俱爲眞實，如有不實，願接受法院依消費者債務清理條例第63
條、第76條、第90條、第134條、第139條、第146條或其他法律規定之處分或
制裁。
　　　　　　　　　　具狀人　　　　　　　　　　（蓋章）
　　　　　　　　　　撰狀人　　　　　　　　　　（蓋章）
中　華　民　國　　　　年　　　　月　　　　日
```

相關法條及裁判要旨

■消費者債務清理條例第63條第1項第9款：

有下列情形之一者，法院應不認可更生方案：

九、債務人有虛報債務、隱匿財產，或對於債權人中之一人或數人允許額外利
　　益，情節重大。

■消費者債務清理條例第76條第1項：

自法院認可更生方案之翌日起一年內，發見債務人有虛報債務、隱匿財產，或
對於債權人中之一人或數人允許額外利益之情事者，法院得依債權人之聲請裁
定撤銷更生，並應同時裁定開始清算程序。

■消費者債務清理條例第90條第3款：

債務人有下列情形之一者，法院得拘提之。但以有強制其到場之必要者爲限。

三、顯有隱匿、毀棄或處分屬於清算財團財產之虞。

■消費者債務清理條例第134條第2、3、8款：

債務人有下列各款情形之一者，法院應爲不免責之裁定。但債務人證明經普通
債權人全體同意者，不在此限：

二、隱匿、毀損應屬清算財團之財產，或爲其他不利於債權人之處分。

三、捏造債務或承認不眞實之債務。

八、故意於財產及收入狀況說明書爲不實之記載，或有其他故意違反本條例所
　　定義務之行爲。

■消費者債務清理條例第139條：

自法院爲免責裁定確定之翌日起一年內，發見債務人有虛報債務、隱匿財產或
以不正當方法受免責者，法院得依債權人之聲請或依職權裁定撤銷免責。但有

第135條得為免責之情形者，不在此限。

■消費者債務清理條例第146條第1、2款：

債務人在法院裁定開始清算程序前一年內，或在清算程序中，以損害債權為目的，而有下列各款行為之一者，處三年以下有期徒刑：

一、隱匿或毀棄其財產或為其他不利於債權人之處分。

二、捏造債務或承認不真實之債務。

(一) 聲請更生（消費者債務清理條例第42條第1項）

案例事實

　　甲為某公司職員，目前財產不足清償債務，為能解決，依消費者債務清理條例聲請更生。

撰狀說明

　　依消費者債務清理條例第3條「債務人不能清償債務或有不能清償之虞者，得依本條例所定更生或清算程序，清理其債務。」是在債務人屬該條例第2條之消費者，於不能清償債務時，除破產法規定之程序外，另可選擇以更生或清算方式處理債務，其中更生為重建型，類似破產法之和解，由債務人與債權人為協議，以處理債務，避免破產，即依該條例第42條第1項「債務人無擔保或無優先權之債務總額未逾新臺幣一千二百萬元者，於法院裁定開始清算程序或宣告破產前，得向法院聲請更生。」聲請。

書狀內容

消費者債務清理更生聲請狀

一、聲請人：

稱　謂	姓　名	身　分　辨　別　資　料
聲請人 即債務人	甲	國民身分證統一編號：H123456789 前曾變更過姓名者，歷次變更之時間及原姓名： 性別：(男/女)。　　　　　職業：公司職員 生日：60年〇〇月〇〇日生 市內聯絡電話（務必填載以便聯絡）： 行動電話：〇〇〇〇〇〇〇〇 住所地：臺中市北屯區中清路〇〇號 住所地與戶籍地不一致之理由： 送達代收人： 送達代收地址：

稱　謂	姓　名	身　分　辨　別　資　料
法定代理人（父）		性別：男　　　　　　職業： 市內聯絡電話（務必填載以便聯絡）： 行動電話： 通訊地址：
法定代理人（母）		性別：女　　　　　　職業： 市內聯絡電話（務必填載以便聯絡）： 行動電話： 通訊地址：

二、聲請之事項（請勾選其一）：

　　■更生程序　　　　　　　　□清算程序

三、資產總價值及債務總金額：

　　■資產總價值：新臺幣2,090元（股票209股）

　　■債務總金額：新臺幣 3,369,203元

四、應聲明之事項、預納之費用及提出之文書（請勾選）：

1. 共通事項（聲請更生或清算者均應填載）：

　　■繳納聲請費新臺幣1,000元。

　　■聲請人（五年內未從事營業活動／從事營業額平均每月20萬元以下之營業活動）（請擇一）。

　　■有不能清償債務之情事。或□有不能清償債務之虞（請擇一）。

　　■提出財產及收入狀況說明書。

　　■提出債權人清冊。

　　□提出債務人清冊。

　　■因消費借貸、自用住宅借款、信用卡或現金卡契約，對金融機構負債務。

　　□如有前項債務，曾以書面向最大債權金融機構請求共同協商債務清償方案而不成立。

2. 有無聲請更生／清算／破產和解／破產事件，現正繫屬法院之中：

　　■無

　　□有。繫屬之法院與案號：

3. 聲請更生程序特別事項（聲請清算者免填）：

　■聲請人未經法院裁定開始清算程序或宣告破產。

　■無擔保或無優先權之債務總額（含利息、違約金在內須未逾新臺幣1,200萬元）：

4. 聲請清算程序特別事項（聲請更生者免填）：

　□聲請人未經法院裁定開始更生程序或許可和解或宣告破產。

5. 曾經債務協商之情形（請擇一）：

　■消費者債務清理條例施行前，曾依照中華民國銀行公會會員辦理消費金融案件無擔保債務協商機制與金融機構成立協商。

　■協商成立之金融機構名稱：臺北富邦、國泰世華、花旗、臺北國際（目前改為永豐）、新光、聯邦、大眾、安泰等商業銀行

　■協商成立之文號：無文號之通知

　■協商時確定之財產總價值：2,090元（股票209股）

　■協商時確定之債務總金額：4,324,115元

　■有不可歸責於己致履行顯有重大困難之事由與證據：

　聲請人平均每月收入約新臺幣5萬餘元，於95年3月20日與債權銀行協商成立後，每月須還新臺幣39,788元，惟嗣後因聲請人於95年8月9日與大陸籍女子曾○蔓結婚，除須扶養自己之母親、配偶曾○蔓外，尚須每年給付在中國大陸之岳父母扶養費每年新臺幣9萬元，聲請人之配偶曾○蔓無工作，目前已懷孕二十一週，預產期為97年8月17日，聲請人之家庭費用開銷增多，而聲請人之父親原同意每月支援之金額，因父親工作不順，收入減少，其能支援之金額大幅縮水，聲請人雖已履行二十四期（每月一期），但目前有不可歸責於己之事由，致履行與銀行原協商之條件，有重大困難。

　□消費者債務清理條例施行後，曾以書面向最大債權金融機構請求共同協商債務清償方案經協商成立。

　　□協商成立之金融機構名稱：

　　□協商成立之文號：

　　□協商時確定之財產總價值：

　　□協商時確定之債務總金額：

　　□有不可歸責於己致履行顯有重大困難之事由與證據：

☐消費者債務清理條例施行後，曾以書面向最大債權金融機構請求共同協商債務清償方案而不成立。
　　☐請求協商之金融機構名稱：
　　☐協商不成立之證據：
　　☐協商時確定之財產總價值：
　　☐協商時確定之債務總金額：
　　☐未能達成協商之差距：

6.有無強制執行／訴訟案件，現正繫屬法院之中：
■無
☐有。繫屬之法院與案號：

7.聲請前二年內有無任何無償行為，有害及債權人之權利：
■無
☐有。該無償行為之時間、對象與具體內容：

8.聲請前二年內有無任何有償行為，於行為時明知係有害及債權人之權利，且受益人於受益時亦知其情事：
■無
☐有。該有償行為之時間、對象與具體內容：

9.有無雙務契約尚未履行完畢：
■無
☐有。該契約成立生效之時間、相對人、履行期與契約內容：

此致
臺灣臺中地方法院
以上所填內容俱為真實，如有不實，願接受法院依消費者債務清理條例第63條、第76條、第90條、第134條、第139條、第146條或其他法律規定之處分或制裁。
證物：
證1：民國95年度、96年度綜合所得稅各類所得資料清單正本2件、財產歸屬資料清單正本1件。
證2：郵政存簿儲金簿影本1件（證明97年1月至5月份之收入）。
證3：戶籍謄本3件。
證4：診斷證明書影本1件。

證5：內政部公告之最低生活費標準乙件。

　　　　　　　　　　具狀人　　甲　[印]　（蓋章）

　　　　　　　　　　撰狀人　　　　　　　（蓋章）

中　華　民　國　98　年　11　月　1　日

附件1：財產及收入狀況說明書

一、財產目錄（按每一地號、建號、股票名稱、存款帳戶、動產物品……等分
　　別填寫一欄位）

編號	財產名稱、性質、特徵	數量	所在地	有無經另案查封或扣押
01	股票（欣中天然氣股份有限公司）	209股	未上市公司之股票，目前置放臺中市中清路○○號	無

二、小規模營業活動（例如計程車司機、小商販……等）及其營業額

聲請日前五年內是否從事營業活動（請勾選）：□是，■否。

有從事營業活動者，請繼續依所從事營業活動之期間填載下列事項：

1.自民國　年　月　日起至民國　年　月　日止：

　所從事營業活動名稱：

　所營事業之營業統一編號：

　平均每月營業額為：新臺幣

2.自民國　年　月　日起至民國　年　月　日止：

　所從事營業活動名稱：

　所營事業之營業統一編號：

　平均每月營業額為：新臺幣

3.自民國　年　月　日起至民國　年　月　日止：

　所從事營業活動名稱：

　所營事業之營業統一編號：

　平均每月營業額為：新臺幣

4. 自民國　年　月　日起至民國　年　月　日止：

　所從事營業活動名稱：

　所營事業之營業統一編號：

　平均每月營業額為：新臺幣

5. 自民國　年　月　日起至民國　年　月　日止：

　所從事營業活動名稱：

　所營事業之營業統一編號：

　平均每月營業額為：新臺幣

三、聲請前兩年內收入（例如：薪資、佣金、獎金、政府補助金、贍養費……等）之數額、原因及種類　　　　　　　　總計：＿＿＿＿＿新臺幣

編號	種類	來源	期間	數額（新臺幣）
01	民國95年薪資所得	任職欣中天然氣公司，平均每月可得薪資53,143元	自民國95年1月1日至民國95年12月31日	637,710元
02	民國96年薪資所得	任職欣中天然氣公司，平均每月可得薪資50,841元	自民國96年1月1日至民國96年12月31日	610,097元
03	民國95年股利	欣中天然氣公司之股票	自民國95年1月1日至民國95年12月31日	500元
04	民國96年股利	欣中天然氣公司之股票	自民國96年1月1日至民國96年12月31日	533元
05	民國95年福利金	欣中天然公司職工福利金	自民國95年1月1日起至95年12月31日	12,352元
06	民國96年福利金	欣中天然公司職工福利金	自民國96年1月1日起至96年12月31日	14,830元

四、聲請前兩年內必要支出（例如：膳食、教育、交通、醫療、稅賦、扶養支
　　出……等）之數額、原因及種類　　　　　　總計：＿＿＿＿＿新臺幣

編號	種類	原因	數額（新臺幣）
01	95年生活支出	包含膳食、交通、稅賦	110,520元
02	96年生活支出	包含膳食、交通、稅賦	114,108元
03	95年扶養費支出	扶養母親、配偶	147,360元
04	96年扶養費支出	扶養母親、配偶、岳父母	318,216元

五、依法受債務人扶養之人

編號	受扶養人姓名	扶養義務人之人數	與債務人之關係	債務人每月實際支出之扶養費
01	B	三人（二女一男）二女已嫁人、實際由聲請人扶養	為債務人之母	9,829元
02	曾○蔓	一人	為債務人之妻	9,829元
03	曾○興	一人	為債務人之岳父	3,750元
04	黃○連	一人	為債務人之岳母	3,750元

附件2：

一、自95年、96年迄至目前為止之財產清單。

二、自95年、96年迄今為止之收入清單。

　　95年度收入：650,562元

　　96年度收入：625,460元

　　97年度1月至5月份收入：273,350元

三、95年、96年迄至目前為止之每月支出費用。

　　以內政部頒訂「最低生活費用」計算：

　　95年度個人每月支出費用（包括扶養母親、配偶在內）約21,490元。

　　96年度個人每月支出費用（包括扶養母親、配偶及岳父母在內）約36,027
　　元。

　　97年1月至5月份個人每月支出費用（包括扶養母親、配偶在內）約29,487

元。

四、聲請人曾於民國95年間與臺北富邦、國泰世華、花旗、臺北國際（目前改
　　為永豐銀行）、新光、聯邦、大眾、安泰等商業銀行於95年3月20日協商
　　成立。每月須還款39,788元，但惟嗣後因聲請人於95年8月9日與大陸籍女
　　子曾○蔓結婚，除須扶養自己之母親彭李○嬌（母親罹患有糖尿病、高血
　　壓性心臟病，須長期以藥物治療）、配偶曾○蔓外，尚須每年給付在中國
　　大陸之岳父母扶養費每年新臺幣9萬元，而聲請人又罹患有原發性隅角開
　　放性青光眼，右眼視神經盤凹陷達百分之八十，左眼視神經盤凹陷達百
　　分之九十，且視野檢查左眼呈現明顯視野缺損，須長期看診、用藥水控制
　　（如附件），聲請人之配偶曾○蔓為大陸籍，無工作證，無法工作，沒有
　　收入，目前已懷孕，預產期為97年8月17日，聲請人之家庭費用開銷增多，
　　而聲請人之父親二年前原同意每月支援之金額，因父親年事已高（69歲）
　　工作不順，收入減少，沒有能力再支援聲請人，聲請人雖已履行二十四期
　　（每月一期），但目前有不可歸責於己之事由，致履行與銀行原協商之條
　　件，有重大困難。

五、擬訂更生計畫
　　依聲請人95年、96年兩年收入之平均，每月之收入約53,167元（含薪資、
　　股利、福利金），但每月支出費用約36,000元（含個人支出、扶養母親、
　　配偶、大陸之岳父母及小孩預計97年8月份出生須扶養），僅剩餘17,167
　　元，如果留存3,000元作為零用金，以備緊急的使用，聲請人每月僅有能力
　　償還15,000元，三月為一期，每期還款45,000元，還款期限為二十四期（六
　　年）

附件3：
一、資產負債表

資　　産		負　　債
動　産	不動産	3,542,167.60元
209股股票（欣中天然氣股份有限公司，未上市）	無	

二、現金流量表

95年度	
收　入	支　出
薪資637,710元 股利500元 福利金12,352元 合計650,560元	生活支出110,520元 扶養費支出147,360元 合計257,080元

96年度	
收　入	支　出
薪資610,097元 股利533元 福利金14,830元 合計625,460元	生活支出114,108元 扶養費支出318,216元 合計432,324元

97年1月至5月	
收　入	支　出
273,350元	個人生活費支出147,435元 （含扶養費用）

三、擬訂更生計畫

　　聲請人願將每月償債金額提高至2萬元，一期三個月，一期還6萬元，償還期限二十四期（六年）。

四、各家銀行之償還比例

債權銀行	債權額	分配比例
臺北富邦商業銀行	569,799.92元	16.09%
國泰世華商業銀行	993,020.64元	28.05%
花旗銀行	278,146.72元	7.85%
臺北國際商業銀行	324,101.36元	9.15%
臺灣新光商業銀行	558,442.16元	15.76%

3000

債權銀行	債權額	分配比例
聯邦商業銀行	244,927.84元	6.91%
大眾商業銀行	204,786.48元	5.78%
安泰商業銀行	368,942.48元	10.41%

聲請人之債權人清冊

債權總金額：新臺幣3,369,203元

債權人姓名（或名稱）、地址及是否為自用住宅借款	債權數額（新臺幣）是否有擔保或優先權	債權之種類、原因
姓名（或名稱）： 臺北富邦商業銀行 地址：臺北市中山北路二段50號 （以下為聲請更生填載） 是否為自用住宅借款債務：□是，■否。 是否定自用住宅借款特別條款：□是，■否。	現存實際債權數額：541,975元 是否有擔保或優先權：□是，■否。 有前項權利者，其前項權利行使後不能受滿足清償之債權數額： 擔保標的物之價值：	債權之種類： 信用卡、現金卡、信貸 債權之發生原因： 投資失利
姓名（或名稱）： 國泰世華商業銀行 地址：臺北市信義區松仁路7號	現存實際債權數額：944,526元 是否有擔保或優先權：□是，■否。 有前項權利者，其前項權利行使後不能受滿足清償之債權數額： 擔保標的物之價值：	債權之種類： 信用卡、信貸 債權之發生原因： 投資失利

債權人姓名（或名稱）、地址及是否為自用住宅借款	債權數額（新臺幣）是否有擔保或優先權	債權之種類、原因
姓名（或名稱）： 花旗銀行 地址：臺北市民生東路三段117-1號	現存實際債權數額： 264,566元 是否有擔保或優先權： □是，■否。 有前項權利者，其前項權利行使後不能受滿足清償之債權數額： 擔保標的物之價值：	債權之種類： 信用卡、現金卡 債權之發生原因： 投資失利
姓名（或名稱）： 永豐銀行（原臺北國際商業銀行） 地址：臺北市中正區漢口街一段45號	現存實際債權數額： 308,275元 是否有擔保或優先權： □是，■否。 有前項權利者，其前項權利行使後不能受滿足清償之債權數額： 擔保標的物之價值：	債權之種類： 信貸 債權之發生原因： 投資失利
姓名（或名稱）： 臺灣新光商業銀行 地址：臺北市忠孝西路一段66號26樓	現存實際債權數額： 531,175元 是否有擔保或優先權： □是，■否。 有前項權利者，其前項權利行使後不能受滿足清償之債權數額： 擔保標的物之價值：	債權之種類： 信貸 債權之發生原因： 投資失利

債權人姓名（或名稱）、地址及是否為自用住宅借款	債權數額（新臺幣）是否有擔保或優先權	債權之種類、原因
姓名（或名稱）： 聯邦商業銀行 地址：臺北市承德路一段105號	現存實際債權數額：232,970元 是否有擔保或優先權：□是，■否。 有前項權利者，其前項權利行使後不能受滿足清償之債權數額： 擔保標的物之價值：	債權之種類：信用卡 債權之發生原因：投資失利
姓名（或名稱）： 大眾商業銀行 地址：臺北市內湖區瑞光路583巷21號7樓	現存實際債權數額：194,787元 是否有擔保或優先權：□是，■否。 有前項權利者，其前項權利行使後不能受滿足清償之債權數額： 擔保標的物之價值：	債權之種類：信用卡 債權之發生原因：投資失利
姓名（或名稱）： 安泰商業銀行 地址：臺北市民生東路三段158號	現存實際債權數額：350,929元 是否有擔保或優先權：□是，■否。 有前項權利者，其前項權利行使後不能受滿足清償之債權數額： 擔保標的物之價值：	債權之種類：信貸 債權之發生原因：投資失利

(二) 聲請清算（消費者債務清理條例第80條）

案例事實

　　同前。

撰狀說明

　　同前。

消費者債務清理更生聲請狀

一、聲請人：

稱　謂	姓　名	身　分　辨　別　資　料
聲請人 即債務人	甲	國民身分證統一編號：X○○○○○ 前曾變更過姓名者，歷次變更之時間及原姓名： 性別：男。　　　　　職業：工 生日：61年6月9日生 市內聯絡電話（務必填載以便聯絡）：04-○○○○ 行動電話：0918979225 住所地：臺中縣大里市○○路○○號 住所地與戶籍地不一致之理由： 送達代收人： 送達代收地址：
法定代理 人（父）		性別：男　　　　　職業： 市內聯絡電話（務必填載以便聯絡）： 行動電話： 通訊地址：
法定代理 人（母）		性別：女　　　　　職業： 市內聯絡電話（務必填載以便聯絡）： 行動電話： 通訊地址：

二、聲請之事項（請勾選其一）：

　　■更生程序　　　　　　　　　□清算程序

三、資產總價值及債務總金額：

　　■資產總價值：新臺幣0元

■債務總金額：新臺幣1,037,823元

四、應聲明之事項、預納之費用及提出之文書（請勾選）：

1.共通事項（聲請更生或清算者均應填載）：

　　■繳納聲請費新臺幣1,000元。

　　■聲請人（五年內未從事營業活動／從事營業額平均每月20萬元以下之營業活動）（請擇一）。

　　■有不能清償債務之情事。或□有不能清償債務之虞（請擇一）。

　　■提出財產及收入狀況說明書。

　　■提出債權人清冊。

　　□提出債務人清冊。

　　■因消費借貸、自用住宅借款、信用卡或現金卡契約，對金融機構負債務。

　　□如有前項債務，曾以書面向最大債權金融機構請求共同協商債務清償方案而不成立。

2.有無聲請更生／清算／破產和解／破產事件，現正繫屬法院之中：

　　■無

　　□有。繫屬之法院與案號：

3.聲請更生程序特別事項（聲請清算者免填）：

　　■聲請人未經法院裁定開始清算程序或宣告破產。

　　□無擔保或無優先權之債務總額（含利息、違約金在內須未逾新臺幣1,200萬元）：

4.聲請清算程序特別事項（聲請更生者免填）：

　　■聲請人未經法院裁定開始更生程序或許可和解或宣告破產。

5.曾經債務協商之情形（請擇一）：

　　■消費者債務清理條例施行前，曾依照中華民國銀行公會會員辦理消費金融案件無擔保債務協商機制與金融機構成立協商。

　　　　□協商成立之金融機構名稱：

　　　　□協商成立之文號：

　　　　□協商時確定之財產總價值：

　　　　■協商時確定之債務總金額：1,158,767元

　　　　■有不可歸責於己致履行顯有重大困難之事由與證據：

　　　　以前與債權銀行協商過，每月須還款15,600元，因每月收入（連同政府

補助金）共計34,000元，須扶養身心障礙之小孩，一家五口家庭開銷每月29,000元，且以前因賴母親支援，及向太太娘家借錢，始能每月償還15,600元，目前因母親無業，無法再支援，且也無法再向太太娘家借錢，生活困難，故無法履行每月15,600元之還款。

☐消費者債務清理條例施行後，曾以書面向最大債權金融機構請求共同協商債務清償方案經協商成立。

　☐協商成立之金融機構名稱：

　☐協商成立之文號：

　☐協商時確定之財產總價值：

　☐協商時確定之債務總金額：

　☐有不可歸責於己致履行顯有重大困難之事由與證據：

☐消費者債務清理條例施行後，曾以書面向最大債權金融機構請求共同協商債務清償方案而不成立。

　☐請求協商之金融機構名稱：

　☐協商不成立之證據：

　☐協商時確定之財產總價值：

　☐協商時確定之債務總金額：

　☐未能達成協商之差距：

6. 有無強制執行／訴訟案件，現正繫屬法院之中：

　☐無

　■有。繫屬之法院與案號：法務部行政執行署臺中行政執行處96年牌稅執字第00041582號

7. 聲請前二年內有無任何無償行為，有害及債權人之權利：

　■無

　☐有。該無償行為之時間、對象與具體內容：

8. 聲請前二年內有無任何有償行為，於行為時明知係有害及債權人之權利，且受益人於受益時亦知其情事：

　■無

　☐有。該有償行為之時間、對象與具體內容：

9. 有無雙務契約尚未履行完畢：

　■無

　☐有。該契約成立生效之時間、相對人、履行期與契約內容：

此致

臺灣臺中地方法院

以上所填內容俱爲眞實，如有不實，願接受法院依消費者債務清理條例第63
條、第76條、第90條、第134條、第139條、第146條或其他法律規定之處分或
制裁。

　　　　　　　　　　　具狀人　　甲　　［印］　　（蓋章）
　　　　　　　　　　　撰狀人　　　　　　　　　（蓋章）
中　　華　　民　　國　　97　　年　　12　　月　　29　　日

償還計畫表

單位：新臺幣元　　　　　　　　　　　合計債權金額　　1,166,604

編號	債權人	債權金額	債權比例	每期可分配之金額	可分配之總金額
1	台新國際商業銀行	103,180	0.09	1,350	32,400
2	香港上海匯豐銀行	73,691	0.06	900	21,600
3	中國信託商業銀行	343,326	0.29	4,350	104,400
4	日盛國際商業銀行	43,634	0.04	600	14,400
5	新加坡商星展銀行	267,225	0.23	3,450	82,800
6	遠東國際商業銀行	39,824	0.03	450	10,800
7	大眾商業銀行	43,425	0.04	600	14,400
8	渣打國際商業銀行	252,299	0.22	3,300	79,200
合計		1,166,604	1	15,000	360,000

債務人願自法院裁定認可更生方案之翌日起，每三個月爲一期，每期清償新
臺幣15,000元，共分二十四期，六年清償完畢。於每期開始之第十一日清償。

聲請人之債權人清冊

（每一筆債權填載一欄位，並應檢附財產價值、債權金額之相關證明文件）

債權總金額：＿＿＿＿＿＿新臺幣

債權人姓名（或名稱）、地址及是否為自用住宅借款	債權數額（新臺幣）是否有擔保或優先權	債權之種類、原因
姓名（或名稱）： 渣打國際商業銀行 地址：臺北郵政112-826號信箱 （以下為聲請更生填載） 是否為自用住宅借款債務： □是，□否。 是否定自用住宅借款特別條款：□是，□否。	現存實際債權數額： 262,002元 是否有擔保或優先權： □是，□否。 有前項權利者，其前項權利行使後不能受滿足清償之債權數額： 擔保標的物之價值：	債權之種類： 信用卡 債權之發生原因：
姓名（或名稱）： 香港上海匯豐銀行（原中華商銀） 地址：臺北市中山區林森北路372號2樓	現存實際債權數額： 64,000元 是否有擔保或優先權： □是，□否。 有前項權利者，其前項權利行使後不能受滿足清償之債權數額： 擔保標的物之價值：	債權之種類： 現金卡 債權之發生原因：

債權人姓名（或名稱）、地址及是否為自用住宅借款	債權數額（新臺幣）是否有擔保或優先權	債權之種類、原因
姓名（或名稱）： 遠東國際商業銀行 地址：板橋郵政6-106號信箱	現存實際債權數額： 28,987元 是否有擔保或優先權： □是，□否。 有前項權利者，其前項權利行使後不能受滿足清償之債權數額： 擔保標的物之價值：	債權之種類： 信用卡 債權之發生原因：
姓名（或名稱）： 新加坡商星展銀行（原寶華銀行） 地址：臺北市大安區羅斯福路二段95號2樓	現存實際債權數額： 228,000元 是否有擔保或優先權： □是，□否。 有前項權利者，其前項權利行使後不能受滿足清償之債權數額： 擔保標的物之價值：	債權之種類： 現金卡 債權之發生原因：

債權人姓名（或名稱）、地址及是否為自用住宅借款	債權數額（新臺幣）是否有擔保或優先權	債權之種類、原因
姓名（或名稱）： 台新國際商業銀行 地址：臺北市內湖區舊宗路二段207號1樓	現存實際債權數額： 93,408元 是否有擔保或優先權： □是，□否。 有前項權利者，其前項權利行使後不能受滿足清償之債權數額： 擔保標的物之價值：	債權之種類： 信用卡 債權之發生原因：
姓名（或名稱）： 大眾商業銀行 地址：高雄市前鎮區中山二路2號13樓之5	現存實際債權數額： 38,000元 是否有擔保或優先權： □是，□否。 有前項權利者，其前項權利行使後不能受滿足清償之債權數額： 擔保標的物之價值：	債權之種類： 現金卡 債權之發生原因：

債權人姓名（或名稱）、地址及是否爲自用住宅借款	債權數額（新臺幣）是否有擔保或優先權	債權之種類、原因
姓名（或名稱）： 日盛國際商業銀行 地址：臺北市松山區民生東路四段133號2樓	現存實際債權數額： 37,000元 是否有擔保或優先權： □是，□否。 有前項權利者，其前項權利行使後不能受滿足清償之債權數額： 擔保標的物之價值：	債權之種類： 信用卡 債權之發生原因：
姓名（或名稱）： 中國信託商業銀行 地址：臺北市中正區衡陽路51號9樓	現存實際債權數額： 286,426元 是否有擔保或優先權： □是，□否。 有前項權利者，其前項權利行使後不能受滿足清償之債權數額： 擔保標的物之價值：	債權之種類： 信用卡、信貸 債權之發生原因：

證物清單：

一、民國95年與銀行一致性協商之協議書影本乙件。

二、國民身分證正反面影本乙件、戶籍謄本正本乙件。

三、95、96年度綜合所得稅各類所得資料清單各乙件、財產歸屬資料清單1件。

四、財團法人金融聯合徵信中心之債務清理條例前置協商專用債權人清冊1件。

五、服務證明書1件。

六、勞工保險卡正本乙件。

七、繳學費收據影本5件、在學證明1件。

八、中華民國身心障礙手冊影本1件、大里市公所「中低收入戶身心障礙生活補助」證明書影本1件。

九、法務部行政執行署臺中行政執行處97年6月11日96年牌稅執字第00041582號執行命令影本1件。

單位：新臺幣

95年 月 日
97年 月 日 至（合計兩年）

聲請人：曾國員
日　期：

債務人財產清單

編號	財產目錄	所在地（說明，敘述時間）	自估價值	95年以前取得	95年購入或賣出	96年購入或賣出	97年購入或賣出	有無另案查封或扣押	有無證明文件	附註
1	土地		$	$	$	$	$			
2	建築物									
3	銀行存款									
4	股票									
5	保單									
6	投資事業									
7	汽車									
8	其他									
9										
10										
11										
12										
13										
合計			$	$	$	$	$			

單位：新臺幣

95年　月　日
97年　月　日　至（合計兩年）

聲請人：曾國貞
日　期：

債務人配偶財產清單

編號	財產目錄	所在地（說明，敘述時間）	自估價值	95年以前取得	95年購入或賣出	96年購入或賣出	97年購入或賣出	有無另案查封或扣押	有無證明文件	附註
1	土地		$	$	$	$	$			
2	建築物									
3	銀行存款									
4	股票									
5	保單									
6	投資事業									
7	汽車		30,000				購入			
8	其他									
9										
10										
11										
12										
13										
合計			$30,000	$	$	$	$			

單位：新臺幣

95年　月　日
97年　月　日　至（合計兩年）

所得及收入清單

聲請人：曾國員
日　期：

編號	收入目錄	來源（說明，敘述時間）	95年收入①	96年收入②	97年收入③	兩年內總收入(①+②+③)÷24個月＝平均月收入【如實際工作月數未達24個月，請除以實際月數】	有無證明文件（有，請簡述內容）	附註
1	基本薪資		$60,000	$360,000	$300,000	$30,000		
2	佣金							
3	獎金							
4	津貼							
5	年金							
6	股票							
7	利息							
8	租金							
9	保險給付							
10	標會							
11	退休金							
12	政府補助金		$6,000	$36,000	$30,000	$3,000		
13	瞻養費							
14	處分財產所得							
15	繼承所得							
16	其他							
	合　計		$66,000	$396,000	$330,000	$33,000		

單位：新臺幣

95年11月1日 至 97年10月31日（合計兩年）

聲請人：曾國貞
日　期：

生活必要支出清單（應扣除配偶負擔額）

編號	支出目錄	原因（說明，敘述時間）	95年支出①	96年支出②	97年支出③	(①+②+③)÷24個月 =平均月支出	有無證明文件（有，請簡述內容）	附註
1	房屋租賃	房租每月4,000元	$8,000	$48,000	$40,000	$4,000		
2	保險費（僅限公保、勞保、健保、強制汽車責任險）	勞健保每月1,033元	$2,066	$12,396	$10,330	$1,033		
3	水電費		$3,000	$18,000	$15,000	$1,500		
4	交通費		$1,600	$9,600	$8,800	$800		
5	餐費		$30,000	$180,000	$150,000	$15,000		生活飲食
6	稅賦							
7	醫療		$6,000	$36,000	$30,000	$3,000		
8	教育		$8,000	$48,000	$40,000	$4,000		子女學費
9	其他							
10	瓦斯費		$3,200	$19,200	$16,000	$1,600		
11	行政執行	每月分期繳納2,000元			$6,000	$2,000		
12								
13								
14								
15								
16								
合計			$61,866	$371,196	$316,130	$32,933		

單位：新臺幣

依法受債務人扶養之人

申請人：曾國員

日　期：

編號	受扶養人姓名	與債務人關係	共同負責扶養之人	受扶養者不能維持生活而無謀生能力之釋明	債務人每月實際支出之扶養費	證明文件	附註
1	賴瑞如	配偶		無業			
2	曾○慈	女兒		國中在學			
3	曾○瑄	女兒		國小在學			
4	曾○心	女兒		愛心家園就學			
5							
合計					$20,000		

民法第1117條第1項：「受扶養權利者，以不能維持生活而無謀生能力者為限。」

民法第1118條：「因負擔扶養義務而不能維持自己生活者，免除其義務。但受扶養權利者為直系血親尊親屬或配偶時，減輕其義務。」

民法第1119條：「扶養之程度，應按受扶養權利者之需要，與負扶養義務者之經濟能力及身分定之。」

95年　月　日
　　　　　　　　至　　　財產增減變動表
97年　月　日

聲請人：曾國貞
日　期：

一、財產清單（單位：新臺幣）

編號	目錄	95年現值	96年現值	97年現值	增減變動原因
範例	土地	$	$	$	××年×月××日時，出售土地償還負債。
1					
2					
3					
4					
合　計		$	$	$	

二、收入清單（單位：新臺幣）

編號	目錄	95年現值	96年現值	97年現值	增減變動原因
範例	薪資	$	$	$	96年非自願性失業，所以無收入來源。
1					
2					
3					
4					
合　計		$	$	$	

三、支出清單（單位：新臺幣）

編號	目錄	95年現值	96年現值	97年現值	增減變動原因
範例	教育	$	$	$	小明因為每年學業需要增加額外教育費用。
1					
2					
3					
4					
合　計		$	$	$	

更生償還計畫草案
（下列欄位如有不足，可自行影印黏貼增列）

一、債務人目前現況：

債務人之平均每月收入　$　34,000　元

減：債務人之平均每月支出　$　29,000　元

合計　$　5,000　元

※訂出合理的還款金額　$　5,000　元

二、1. 財產總價值：$　　0

　　2. 負債總金額：$　1,037,823

三、更生方案最低標準方案：

1. 債務人自法院裁定認可更生方案之翌日起，每　3　個月爲一期，每期清償新臺幣　15,000　元，共分　24　期，　6　年清償，清償之 總金額 約佔原債務總金額之　3.4　成。

（每期不能超過三個月）

2. 更生方案之清償總金額高於債務人聲請更生前二年可處分所得扣除自己及依法應受扶養人所必要生活之數額。

$　360,000　　＞$　42,808

（更生清償總金額）　　（二年內可處分所得－二年內必要支出）

3. 更生方案之清償總金額高於依清算程序清償總金額。（參債務人財產清單）

$　360,000　　＞$　0

（更生清償總金額）　　（依清算程序可清償之總金額）

四、注意事項

1. 所有債務應詳實記載於償還計畫表內，切勿遺漏。

2. 有擔保或有優先權之債權，權利行使後未足額受償之金額，應列入無擔保或無優先債權。

附表一

償還計畫表

單位：新臺幣元　　　　　　　　　　　　合計債權金額　　1,037,823

編號	債權人	債權金額	債權比例	每期可分配之金額	可分配之總金額
1	渣打國際商業銀行	262,002	0.25	3,750	9,000
2	匯豐銀行（原中華）	64,000	0.06	900	21,600
3	遠東銀行	28,987	0.03	450	10,800
4	星展銀行（原寶華）	228,000	0.22	3,300	79,200
5	台新銀行	93,408	0.09	1,350	32,400
6	大眾銀行	38,000	0.04	600	14,400
7	日盛銀行	37,000	0.04	600	14,400
8	中國信託銀行	286,426	0.27	4,050	97,200
9					
10					
11					
12					
13					
14					
15					
16					
17					
18					
19					
合計		1,037,823	1	15,000	360,000

注意事項：債務人提出之更生方案分配方式：（參照附表一）

(1) 債權金額 填寫方式：根據所有債權人之無優先以及無擔保債務，計算加總金額。（含開始更生前之利息違約金）

(2) 合計債權金額 填寫方式：根據所有債權金額之加總。

(3) 債權比例 填寫方式：根據所有債權人之債權金額加總金額比例計算。如下：
　　債權小計÷債權人之債權總金額＝ 債權比例

(4) 可分配之總金額 填寫方式：根據債務人可償還之金額計算。如下：
　　更生清償總金額×債權比例＝可分配之總金額

(5) 每期可分配之金額 填寫方式：根據債務人可償還之金額計算。如下：
　　可分配之總金額÷清償總期數＝每期可分配之金額

　　　　　　此致

臺灣臺中地方法院

　　　　　　　　　　　　　　具狀人：　　甲　　印　簽章
　　　　　　　　　　　　　　撰狀人：　　　　　　　簽章

中　華　民　國　97　年　12　月　29　日

小規模營業聲請人之簡單損益表

單位：新臺幣

小額營業人名稱：				
簡單損益表				
民國＿＿＿年度				
種類	項目	小計	整年合計	整年合計／實際經營月數
收入項目	營業收入	$	$	$
	其他收入			

費用項目	進貨費用	$	$	$
	水電費用			
	租賃支出			
	郵電費用			
	銷貨費用			
	管理費用			
	合計	$	$	$

平均月營業淨利：$＿＿＿＿＿＿

小規模營業聲請人：＿＿＿＿＿＿＿＿＿＿。

1. 聲請人之陳述應實申報實際收入、實際支出金額，並提出收入、支出方面相關憑證及證明。

2. 收入項目之（整年合計／實際經營月數）－費用項目之（整年合計／實際經營月數）＝可支配使用之平均月營業淨利

財產、收入與支出總額彙總表

單位：新臺幣

項目　　　年度金額	95年度總金額	96年度總金額	97年度總金額
①財產總值	$0	$0	$0
②收入總額	$66,000	$396,000	$330,000
③支出總額	$61,866	$371,196	$316,130
④(①＋②)－③合計	$4,134	$24,804	$13,870

　　　　　　此致

臺灣臺中地方法院

　　　　　　　　　　具狀人：　　甲　　印　（簽章）
　　　　　　　　　　撰狀人：　　　　　　　　（簽章）

中　　華　　民　　國　　97　年　　12　月　　29　　日

(三) 聲請保全（消費者債務清理條例第19條）

案例事實

　　同前例，債務人聲請清算，恐法院進行強制執行程序，聲請法院停止執行。

撰狀說明

　　依消費者債務清理條例第19條第1項「法院就更生或清算之聲請為裁定前，得因利害關係人之聲請或依職權，以裁定為下列保全處分：一、債務人財產之保全處分。二、債務人履行債務及債權人對於債務人行使債權之限制。三、對於債務人財產強制執行程序之停止。四、受益人或轉得人財產之保全處分。五、其他必要之保全處分。」債務人聲請更生或清算時，可聲請法院停止執行。

書狀內容

狀別：消費者債務清理保全處分聲請狀
案號：　　年度　　　字第　　　號
承辦股別：
聲　請　人　甲　　　　　　在卷
即債務人
為聲請為保全處分事。
一、聲請之事項
　　請依消費者債務清理條例第19條規定為下列保全處分：對於債務人財產強制執行之停止。
二、依聲請事項所聲請保全處分之具體內容
　　中國信託商業銀行以聲請人積欠377,041元及自民國97年8月26日起至清償日止按年息百分之二十計算之利息，暨按月計付新臺幣300元之違約金為由，向　鈞院強制執行，　鈞院於98年2月10日核發執行命令（案號98年執字第7867號）強制執行聲請人在第三人○○實業有公司服務之每月薪津（三分之一範圍）。
三、聲請保全處分之理由
　　聲請人已聲請更生，為維持債權人間之公平受償及使債務人有重建更生機會，爰依消費者債務清理條例第19條規定，請求　鈞院停止上開強制執行

程序之執行。
　　　　　　　此致
臺灣臺中地方法院　公鑒
證物：鈞院之執行命令影本1件。
中　華　民　國　98　年　2　月　2　日
　　　　　　　　具狀人　甲　[印]

(四) 聲請復權（消費者債務清理條例第144條）

案例事實

　　同前，在清算後，法院裁定免責，債務人可聲請復權。

撰狀說明

　　依消費者債務清理條例第144條「債務人有下列各款情形之一者，得向法院為復權之聲請：一、依清償或其他方法解免全部債務。二、受免責之裁定確定。三、於清算程序終止或終結之翌日起三年內，未因第一百四十六條或第一百四十七條之規定受刑之宣告確定。四、自清算程序終止或終結之翌日起滿五年。」債務人可聲請復權。

書狀內容

状別：民事聲請復權狀
案號：98年度消債聲字第213號
股別：五股
聲　請　人　甲　　　　　臺中市大里區○○路○○號
為聲請復權事。
　　按債務人受免責之裁定確定，得向法院為復權之聲請，消費者債務清理條例第144條第1項第2款定有明文。
　　聲請人甲業經　鈞院98年度消債聲字第213號，98年10月1日民事裁定應予免責並已確定在案（證1），爰依法向　鈞院聲請准予復權，至感德便。
　　　　　　　　謹狀
臺灣臺中地方法院　公鑒
證物：鈞院98年消債聲字第213號民事裁定影本1件、確定證明書影本1件。
中　華　民　國　98　年　10　月　30　日
　　　　　　　具狀人　甲　　印

臺灣臺中地方法院民事裁定　　　　　　　　98年消債聲字第213號

聲　請　人	甲	住臺中市大里區○○路○○號
債　權　人	渣打國際商業銀行股份有限公司	住新竹市○○路○○號
法定代理人	麥侃哲	住同上
債　權　人	香港商香港上海匯豐銀行股份有限公司	住新北市板橋區○○路○○號
法定代理人	顧銳賢	住同上
債　權　人	遠東國際商業銀行股份有限公司	住臺北市○○路○○號
法定代理人	劉遇春	住同上
債　權　人	新加坡商星展銀行股份有限公司	住臺北市信義區○○路○○號
法定代理人	陳亮丞	住同上
債　權　人	台新國際商業銀行股份有限公司	住臺北市中山區○○路○○號
法定代理人	蔡孟峰	住同上
債　權　人	大眾商業銀行股份有限公司	住高雄市苓雅區○○路○○號
法定代理人	陳建平	住同上
債　權　人	日盛國際商業銀行股份有限公司	住臺中市南屯區○○路○○號
法定代理人	陳佩伶	住同上
債　權　人	中國信託商業銀行股份有限公司	住臺北市信義區○○路○○號
法定代理人	羅聯福	住同上

上列當事人因消費者債務清理事件聲請清算，本院裁定如下：

　　主文

　債務人甲應予免責。

　　　理由

　按法院為終止或終結清算程序之裁定確定後，除別有規定外，應以裁定

免除債務人之債務，消費者債務清理條例第132條定有明文。又法院裁定開始清算程序後，債務人有薪資、執行業務所得或其他固定收入，而普通債權人之分配總額低於債務人聲請清算前二年間，可處分所得扣除自己及依法應受其扶養者所必要生活費用之數額者，法院應為不免責之裁定，但債務人證明經普通債權人全體同意者，不在此限，復為同條例第133條所明定。另債務人有下列各款情形之一者，法院應為不免責之裁定，但債務人證明經普通債權人全體同意者，不在此限：一、於七年內曾依破產法或本條例規定受免責；二、隱匿、毀損應屬清算財團之財產，或為其他不利於債權人之處；三、捏造債務或承認不真實之債務；四、因浪費、賭博或其他投機行為，致財產顯然減少或負擔過重之債務，而生開始清算之原因；五、於清算聲請前一年內，已有清算之原因，而隱瞞其事實，使他人與之為交易致生損害；六、明知已有清算原因之事實，非基於本人之義務，而以特別利於債權人中之一人或數人為目的，提供擔保或消滅債務；七、隱匿、毀棄、偽造或變造帳簿或其他計文件之全部或一部，致其財產之狀況不真確；八、故意於財產及收入狀況說明書為不實之記載，或有其他故意違反本條例所定義務之行為，亦為同條例第134條所明定。

　　本件經通知全體無擔保債權人到院表示意見，債權人均認債務人預借現金，並有航空機票、汽車駕訓及電話通訊費用等支出，係屬奢侈浪費等語。經查債務人原聲請更生，嗣於98年5月15日具狀陳明因遭資遣而無固定收入，故請求聲請清算等語，是以本件債務人雖未提出更生方案，然此係因債務人失業欠缺收入所致，自難認其故意違反本條例所定義務之情事，先予敘明。

　　再查債務人供稱其家鄉為澎湖，故須返家購買機票，與其戶籍所載出生地為澎湖一節相符，且上述機票消費，金額不高，頻率適當，要難認定有何投機、浪費之情事。至於駕訓班費用衡諸社會常情，並無可議之處。此外一萬一千餘元之餐飲費用（九龍小館）固然非低，然其次數偶然，亦難遽認係屬奢侈消費。依卷附95、96年度財稅資料及所得清單記載，債務人兩年間收入僅有一萬餘元，別無其他積極財產，配偶亦無工作，扶養三名未成年子女（14歲、8歲及6歲），幼女並患有極重度多重障礙，領有身心障礙手冊等情，亦有卷證資料可稽。債務人名下並無任何不動產及存款，收入有限，勉力扶養三名未成年子女，則因家庭生活費用不足，借貸卡債支應，亦與其家庭情況相符，自堪採信。衡諸上述各項事由，本院認本件債務人並無投機、

奢侈、浪費之行為，亦無其他消費者債務清理條例第133條前段或第134條各款所定之情事，依上開説明，自應依上開規定裁定本件債務人免責，爰裁定如主文。

中　華　民　國　　98　　年　　10　　月　　1　　日

民事庭法官　張升星

上為正本係照原本作成。

如不服本裁定，應於裁定送達後十日內，以書狀向本院提出抗告，並繳納抗告費新臺幣1,000元。

中　華　民　國　　98　　年　　10　　月　　1　　日

書記官　詹世洲

(五) 向金融機構請求協商（消費者債務清理條例第151條第1項）

在聲請更生或清算時，依消費者債務清理條例第151條第1項「債務人對於金融機構因消費借貸、自用住宅借款、信用卡或現金卡契約而負債務，在聲請更生或清算前，應提出債權人清冊，以書面向最大債權金融機構請求協商債務清償方案，並表明共同協商之意旨。」必須先請求與金融機構協商，此為請求書範例如下：

「消費者債務清理條例」債務人向最大債權金融機構辦理前置協商申請書

最大債權金融機構名稱：					
申請人姓名		身分證統一編號		出生日期	
戶籍地址			戶籍電話		
通訊地址			通訊電話	市內：	
				行動：	
聯絡人姓名			聯絡人電話	市內：	
				行動：	

本人依中華民國「消費者債務清理條例」第151條之規定，對於金融機構所負債務表明共同協商之意旨，在聲請更生或清算前，向最大債權金融機構請求協商債務清償方案（以下稱前置協商方案），並聲明及承諾下列事項：

一、本人同意若最大債權金融機構無法聯絡上本人，得請聯絡人代為轉達相關訊息。

二、本人明確瞭解此前置協商方案是為協助本人對於金融機構因消費借貸、自用住宅貸款、信用卡或現金卡契約所負債務與全體債權人共同協商還款方案。

三、本人有對＿＿＿＿＿＿金融機構之自用住宅借款，今一併提出前置協商之申請，並同意依「個人購車購屋貸款定型化契約應記載事項」第5條之1有關遲延期數及分期償還方式等之規定辦理。

四、本人保證所提出之文件及資料均正確無誤，其內容如有不實或欺瞞等情事，願負相關之民、刑事責任。

五、本人同意授權受理前置協商方案申請之最大債權金融機構得向稅捐機
　　關、勞保局、臺灣集保結算所公司、其他金融機構或其他機關、團體查
　　詢本人之財產、收入、業務及向財團法人金融聯合徵信中心（以下簡稱
　　聯徵中心）查詢本人之各項信用狀況。

六、本人同意自前置協商方案申請開始後，全體金融機構得停止本人動用既
　　有信用卡、現金卡、信用貸款及其他貸款之未動用額度、停止核准新授
　　信額度或強制停用本人所有金融機構信用卡及現金卡之權利等。

七、本人同意以最大之誠意與最大債權金融機構協同辦理前置協商相關程序
　　（包括面談及簽約）及提供各項文件。

八、本人同意自前置協商方案申請開始，由最大債權金融機構依規定向聯徵
　　中心報送各項相關信用註記。若協商未能成立，亦同意申請前置協商之
　　註記期間加計自前置協商程序完成日（結案日）起六個月。

九、本人同意如有下列情形之一者，視為未請求前置協商：1.未提出身分證
　　正反面影本、2.主動要求撤件、3.無法聯繫到本人（失聯）、4.經最大債
　　權金融機構通知面談兩次無故不到場面談者。

十、為使前置協商程序能夠順利進行，應檢附下列資料：□身分證正反面影
　　本、□債權人清冊（向聯合徵信中心申請近一個月之金融機構債權人清
　　冊）、□前置協商申請人財產及收支狀況說明書、□近三個月薪資證明
　　文件（薪資單正本或薪轉存摺影本）或收入切結書、□近兩年度綜合所
　　得資料清單及最近一個月核發之財產資料清單（向各地國稅局申請）、
　　□勞工保險被保險人投保資料表及明細正本（向各地勞保局申請），但
　　確無本項資料者，可免提供。

註：1.各金融機構不因本人申請前置協商而當然停止各項債權保全程序及催
　　　理措施。
　　2.協商成立之還款條件未達主管機關所定免列報逾期放款之標準者，各
　　　債權金融機構仍將依主管機關之規定列報逾期紀錄或轉銷呆帳。原債
　　　務如已有債信不良紀錄者，不因申請前置協商方案而得予註銷。
　　3.本申請書為各債權金融機構辦理共同協商之制式文件。

　　此　致
全體債權人

　　　　申請人或法定代理人簽章：
　　　　　　日期：　　年　　月　　日

國家圖書館出版品預行編目資料

訴訟文書撰寫範例. 非訟編／吳光陸主編. --
三版. -- 臺北市：五南圖書出版股份有限
公司, 2025.01
　　面；　公分
　　ISBN 978-626-393-970-7 (平裝)

　1.CST: 書狀　2.CST: 民事訴訟法

586.34　　　　　　　　　　113018130

1V68

訴訟文書撰寫範例─非訟編

主　　　編 ─ 吳光陸（57）

編輯主編 ─ 劉靜芬

責任編輯 ─ 呂伊真

封面設計 ─ 姚孝慈、P. Design視覺企劃

出 版 者 ─ 五南圖書出版股份有限公司

發 行 人 ─ 楊榮川

總 經 理 ─ 楊士清

總 編 輯 ─ 楊秀麗

地　　　址：106臺北市大安區和平東路二段339號4樓

電　　　話：(02)2705-5066

網　　　址：https://www.wunan.com.tw

電子郵件：wunan@wunan.com.tw

劃撥帳號：01068953

戶　　　名：五南圖書出版股份有限公司

法律顧問　林勝安律師

出版日期　2012年 4 月初版一刷
　　　　　　2014年10月二版一刷（共三刷）
　　　　　　2025年 1 月三版一刷

定　　　價　新臺幣480元

經典永恆·名著常在

五十週年的獻禮 ── 經典名著文庫

五南，五十年了，半個世紀，人生旅程的一大半，走過來了。

思索著，邁向百年的未來歷程，能為知識界、文化學術界作些什麼？

在速食文化的生態下，有什麼值得讓人雋永品味的？

歷代經典·當今名著，經過時間的洗禮，千錘百鍊，流傳至今，光芒耀人；

不僅使我們能領悟前人的智慧，同時也增深加廣我們思考的深度與視野。

我們決心投入巨資，有計畫的系統梳選，成立「經典名著文庫」，

希望收入古今中外思想性的、充滿睿智與獨見的經典、名著。

這是一項理想性的、永續性的巨大出版工程。

不在意讀者的眾寡，只考慮它的學術價值，力求完整展現先哲思想的軌跡；

為知識界開啟一片智慧之窗，營造一座百花綻放的世界文明公園，

任君遨遊、取菁吸蜜、嘉惠學子！